Le Guide de la Livebox

FIRST
> Interactive

Domnique Maniez

Le Guide de la Livebox

27, rue Cassette
75006 PARIS - France
Tél. 01 45 49 60 00
Fax 01 45 49 60 01
E-mail : firstinfo@efirst.com
Internet : www.efirst.com

ISBN : 2-84427-755-1
Dépôt légal : 2e trimestre 2005
Imprimé en France

Mise en page : pbi1@mac.com

Table des matières

Chapitre 3 - Notions fondamentales sur les réseaux 61

Chapitre 4 - Introduction aux réseaux sans fil 73

Chapitre 5 - Accéder à la Livebox en Wi-Fi 105

Chapitre 6 - Utiliser le réseau de la Livebox 133

Chapitre 7 - Téléphoner avec la Livebox 181

Chapitre 8 - Regarder la télévision avec la Livebox 211

Avertissement aux lecteurs

Les Éditions First Interactive attirent l'attention de leurs lecteurs sur les risques encourus par le téléchargement illégal, sur Internet, ou la gravure de fichiers protégés par des droits d'auteur.

Les Éditions First Interactive rappellent que la copie partielle ou totale, et, par voie de conséquence, le téléchargement d'œuvres littéraires, cinématographiques ou musicales sont strictement interdits sans autorisation expresse des ayants droit. En l'absence d'une telle autorisation, les utilisateurs d'Internet téléchargeant des œuvres protégées s'exposent aux peines prévues à l'article L. 335-4 du Code de la Propriété intellectuelle.

Quel que soit leur pays, les lecteurs sont invités à prendre connaissance des lois locales portant sur la protection des œuvres intellectuelles.

Remerciements

Il est assez rare qu'un ouvrage technique soit l'œuvre d'une seule personne ; ce livre ne fait pas exception à la règle et doit beaucoup à certaines personnes à qui je tiens à rendre hommage.

J'aimerais tout d'abord remercier Pierre Auchatraire, mon éditeur, qui a cru à ce projet de livre un peu atypique.

Je souhaiterais aussi saluer le travail et la patience de Serge Tanet qui a mis tout son talent de photographe pour produire les superbes photos de cet ouvrage. Si certaines photos vous paraissent de moins bonne qualité, j'en suis l'unique responsable car c'est alors moi qui les ai prises.

Les contributeurs du site Web du forum de la Livebox m'ont fourni beaucoup d'idées et une partie des renseignements qui figure dans ce livre est le fruit de leurs cogitations plurielles.

Je veux enfin remercier Suzy Ciceron qui m'a généreusement pourvu en Livebox et décodeurs numériques. Même s'il m'arrive parfois d'égratigner dans ce livre l'entreprise qui préside au destin de la Livebox, il faut savoir reconnaître le mérite et l'amabilité de certains de ses agents !

Présentation

Pourquoi ce livre ?

C'est peut-être parce que je n'arrivais pas à trouver les livres que j'avais envie de lire que je me suis mis à en écrire. Cela ne veut pas dire que mes livres sont meilleurs que les autres, mais tout simplement qu'ils correspondent mieux à ce que je recherche.

Cet ouvrage part d'un constat simple : bien qu'étant par sa fonction destinée au grand public, la Livebox n'est pas un produit si simple que cela à installer, à configurer et à maintenir. Si les téléconseillers de la hotline de Wanadoo se sont mis en grève deux fois à la fin de l'année 2004, c'est bien en raison d'un certain malaise avec ce produit. D'autre part, si l'on prend la peine de parcourir les groupes de discussion consacrés à la Livebox afin de lire les témoignages des heureux possesseurs de la passerelle résidentielle de Wanadoo, on se rend finalement compte que le consommateur a été une nouvelle fois pris pour un cobaye. Certes, la téléphonie par Internet et la télévision par ADSL sont des technologies émergentes et l'on peut avoir un certain sentiment de fierté à faire office de pionnier, mais il faut bien constater que l'on se sent le plus souvent très seul quand tout plante et que plus rien ne marche !

Ce *Guide de la Livebox* essaie par conséquent de répondre aux questions les plus fréquentes que les utilisateurs se posent. Il ne s'agit pas d'une pâle resucée de la documentation livrée avec la Livebox, mais bien d'une série de conseils, de trucs et d'astuces pour arriver à régler les problèmes qui ne manqueront pas de survenir dans votre usage quotidien de la Livebox.

Mon ambition personnelle est que, grâce à ce livre, vous n'ayez plus jamais à appeler la *hotline* de Wanadoo, geste qui est en général synonyme de perte de temps et d'argent.

Comme toujours en la circonstance, c'est le lecteur qui aura le dernier mot et qui pourra juger si j'ai rempli mon objectif. C'est avec grand plaisir que je répondrai à toutes vos critiques, remarques ou suggestions (les encouragements font plaisir aussi…) si vous m'écrivez à l'adresse suivante :

`dominique.maniez@cosi.fr`

Vous pouvez également orienter votre navigateur sur mon site Web pour voir s'il n'y a pas des choses intéressantes (mise à jour, erratum, liens hypertexte, code, *etc.*).

`http://www.cosi.fr`

Contenu de ce livre

Le *chapitre 1* est une présentation de la Livebox et de ses grandes fonctionnalités. Vous y apprendrez ce que recouvre le concept de triple play.

Le *chapitre 2* décortique par le menu l'installation d'une Livebox (modèle Sagem et modèle Inventel). De nombreux scénarios sont envisagés de manière que vous puissiez concevoir la meilleure installation pour votre environnement personnel.

Le *chapitre 3* explique les notions fondamentales que vous devez connaître sur les réseaux si vous voulez profiter au mieux de toutes les possibilités de votre Livebox.

Le *chapitre 4* est une introduction aux réseaux locaux sans fil, dans la mesure où votre Livebox est également un point d'accès Wi-Fi.

Le *chapitre 5* vous apprend à utiliser le réseau Wi-Fi avec votre Livebox, aussi bien avec un PC qu'avec un Macintosh.

Le *chapitre 6* aborde le délicat problème de la gestion du réseau avec une Livebox. Vous y apprendrez à partager des fichiers et des imprimantes, y compris dans un environnement informatique hétérogène.

Le *chapitre 7* vous apprend à utiliser au mieux le service de téléphonie IP (option Wanadoo Phone) avec votre Livebox.

Le *chapitre 8* traite du service MaLigne tv, qui vous permet de recevoir la télévision par ADSL grâce à la Livebox.

Le *chapitre 9* vous montre comment utiliser un assistant numérique (PDA) avec votre Livebox. Vous utiliserez au mieux les possibilités du réseau Wi-Fi et arriverez à faire des choses étonnantes.

Le *chapitre 10* vous donne toute une série de conseils pour sécuriser votre Livebox et ainsi repousser les éventuels hackers.

Le *chapitre 11* vous fait plonger au cœur de votre Livebox et vous en fait découvrir tous les secrets, ce qui vous ouvre d'immenses perspectives.

Le *chapitre 12* montre comment et pourquoi installer un pare-feu logiciel, afin de protéger votre connexion Internet.

Conventions de ce livre

Ce livre est agrémenté de paragraphes spécifiques fournissant des informations complémentaires :

Note Informations complémentaires en relation avec le sujet traité.

Conseil Recommandations sur l'utilisation d'une étape.

Astuce Solution pour aller plus loin sur le sujet traité.

Définition Explicitation et clarification relatives à un terme technique.

Attention Mises en garde à lire attentivement pour éviter les fausses manœuvres.

I Procédure propre au modèle de Livebox de marque Inventel.

S Procédure propre au modèle de Livebox de marque Sagem.

Bonne lecture !

CHAPITRE 1

Découvrir la Livebox

Concept de la Livebox

Wanadoo définit la Livebox comme une passerelle résidentielle qui offre de multiples services. Le terme passerelle, qui appartient au vocabulaire du monde des réseaux, indique bien que la Livebox se situe au carrefour de plusieurs technologies. Pour qualifier la Livebox, on entend également parfois parler d'offre « triple play », ce qui signifie que ce boîtier offre trois types de services : l'accès à Internet, la téléphonie et la télévision par l'ADSL. Les offres triple play sont dans l'air du temps et il faut considérer la Livebox comme une réponse commerciale (tardive) de Wanadoo aux offres de ses concurrents (notamment Free avec sa Freebox et Neuf Telecom avec sa Neufbox). La Livebox illustre à merveille le concept de convergence qui désigne le rapprochement entre des moyens de communications apparemment indépendants, comme la téléphonie, la radiophonie, la télévision, le cinéma et l'informatique. Ce rapprochement est désormais rendu possible grâce à la numérisation de l'information et à la montée en puissance des réseaux.

Attention La Livebox ne fonctionne qu'avec les services du fournisseur d'accès à Internet Wanadoo qui est désormais une filiale de France Telecom.

Fonctionnalités

La Livebox offre de nombreuses fonctionnalités que nous allons décrire succinctement et qui seront expliquées en détail dans le reste de cet ouvrage.

Modem ADSL

La Livebox fait d'abord office de modem ADSL, ce qui signifie qu'elle va remplacer votre modem ADSL (si vous étiez déjà abonné à Internet grâce à cette technologie) ou bien votre bon vieux modem RTC à 56 Kbps si vous n'étiez pas encore passé à l'ADSL. Dans ce cas présent ou bien dans le cas où vous n'auriez encore jamais été abonné à l'ADSL, vous devez d'abord vérifier l'éligibilité de votre ligne téléphonique à l'ADSL. Sous ce terme se cache la réalité de la fracture numérique qui veut que tous les Français ne puissent pas bénéficier de la technologie ADSL. Même si l'immense majorité du territoire national est couvert par l'ADSL, il reste encore quelques zones rurales où il est encore impossible d'être raccordé à cette technologie d'accès à Internet. En pratique, vous ne devez pas habiter trop loin du central téléphonique dont vous dépendez. Pour savoir si votre ligne est éligible à l'ADSL, le plus simple est encore de téléphoner au service commercial de France Telecom (10 14) et de poser la question.

Il existe également une autre solution si vous bénéficiez d'une connexion Internet : rendez-vous sur le site suivant :

`http://www.degrouptest.com/`

Ce site vous permet de connaître les caractéristiques de votre ligne et ainsi de savoir si votre ligne est éligible à l'ADSL. Vous pourrez également savoir quel débit ADSL est supporté par votre ligne, ce débit dépendant de la distance entre votre domicile et votre central téléphonique (appelé DSLAM).

Il n'est en effet pas rare dans certaines communes que France Telecom ne propose pas des débits supérieurs à 512 Kbps si votre domicile est trop éloigné du central téléphonique. Dans l'exemple illustré à la figure 1-2, l'abonné se trouve à près de 6 kilomètres du central (5834 mètres exactement) et seuls les débits 128 Kbps et 512 Kbps sont proposés.

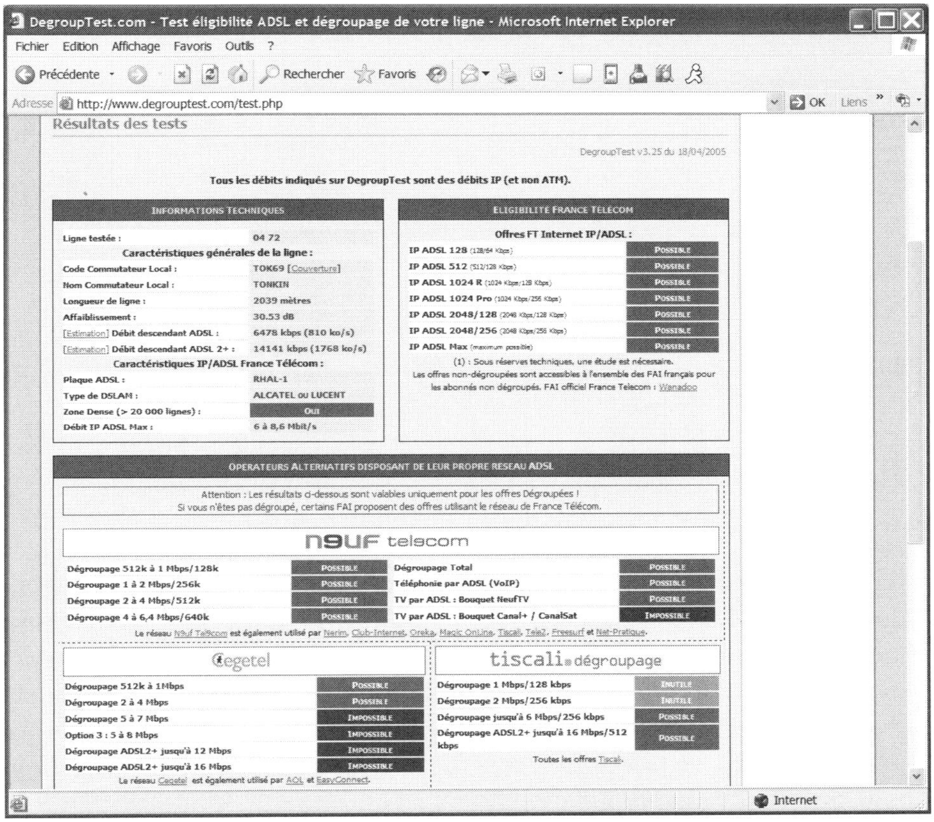

Figure 1-1 Testez les caractéristiques de votre ligne sur le site Degrouptest

Si la technologie fait aujourd'hui des merveilles, vous ne devez cependant jamais perdre de vue que ces contraintes physiques sont importantes et qu'elles conditionnent la qualité de votre ligne. Par conséquent, si votre Livebox ne fonctionne pas bien, vous devez d'abord penser à vérifier les caractéristiques de votre ligne.

Note Aujourd'hui en France, plus de la moitié des internautes sont connectés à Internet par le biais de la technologie ADSL qui est synonyme de rapidité et de connexion permanente sans occupation de la ligne téléphonique classique.

Informations techniques	
Ligne testée :	04 78
Caractéristiques générales de la ligne :	
Code Commutateur Local :	LIS69 [Couverture]
Nom Commutateur Local :	LISSIEU
Longueur de ligne :	5834 mètres
Affaiblissement :	62.91 dB
[Estimation] Débit descendant ADSL :	503 kbps (63 ko/s)
[Estimation] Débit descendant ADSL 2+ :	436 kbps (55 ko/s)
Caractéristiques IP/ADSL France Télécom :	
Plaque ADSL :	RHAL-1
Type de DSLAM :	ALCATEL
Zone Dense (> 20 000 lignes) :	Non

Eligibilité France Telecom	
Offres FT Internet IP/ADSL :	
IP ADSL 128 (128/64 Kbps)	Possible (1)
IP ADSL 512 (512/128 Kbps)	Possible (1)
IP ADSL 1024 R (1024 Kbps/128 Kbps)	Impossible
IP ADSL 1024 Pro (1024 Kbps/256 Kbps)	Impossible
IP ADSL 2048/128 (2048 Kbps/128 Kbps)	Impossible
IP ADSL 2048/256 (2048 Kbps/256 Kbps)	Impossible
IP ADSL Max (maximum possible)	Impossible

(1) : Sous réserves techniques, une étude est nécessaire.
Les offres non-dégroupées sont accessibles à l'ensemble des FAI français pour les abonnés non dégroupés. FAI officiel France Telecom : Wanadoo

Figure 1-2 Le débit ADSL dépend de la distance entre votre domicile et le central téléphonique

Routeur

La Livebox fait également fonction de routeur et il convient d'expliquer ce terme. Sur Internet, les informations circulent sous la forme de paquets de données de longueur variable que l'on appelle paquet IP ou datagramme. Quand vous envoyez, par exemple, un courrier électronique par Internet, le message est d'abord découpé en différents paquets ; chaque paquet est ensuite acheminé par des routes qui peuvent être différentes, puis tous les paquets, quand ils ont atteint leur destination finale, sont assemblés pour reformer le message original.

On appelle routage l'opération d'acheminement des différents paquets qui composent l'information à transmettre ; le routage détermine le chemin qu'empruntent les paquets à travers les différents routeurs qui composent le réseau Internet. Un routeur est un équipement installé à l'intersection d'un réseau qui a pour fonction d'optimiser la transmission des données, en déterminant pour elles le meilleur chemin à emprunter.

La Livebox est un routeur qui se situe à l'intersection du réseau Internet et de votre réseau local personnel. C'est grâce à cette fonction de routage que vous allez pouvoir partager votre connexion Internet entre les différents postes informatiques dont vous disposez (poste fixe, ordinateur portable, assistant numérique, *etc.*). Bien évidemment, si vous ne reliez qu'un seul ordinateur à votre Livebox, vous ne vous servez pas de la fonctionnalité de routeur.

Point d'accès Wi-Fi

Le Wi-Fi est une technologie d'accès réseau sans fil qui fonctionne sur le même principe que la radio ; en jouant le rôle de point d'accès Wi-Fi, votre Livebox permet aux ordinateurs équipés d'une carte réseau Wi-Fi de se connecter à Internet sans avoir recours à un câble réseau. Aujourd'hui, la plupart des ordinateurs portables sont équipés en standard de la fonctionnalité Wi-Fi et vous pouvez acquérir des cartes Wi-Fi pour vos ordinateurs qui ne sont pas pourvus de cette technologie. Il est à noter que le package de la Livebox comprend une clé USB Wi-Fi qui permet de se raccorder à Internet en utilisant une liaison sans fil. Pour que la Livebox puisse retransmettre le signal Internet à un ordinateur équipé d'une carte Wi-Fi, il ne faut pas que les deux équipements soient trop éloignés l'un de l'autre (une vingtaine de mètres) et qu'il y ait trop d'obstacles (mur très épais, par exemple).

Bluetooth

Bluetooth est également une technologie sans fil normalisée qui utilise la bande de fréquences radio des 2,4GHz. Conçue à l'origine pour remplacer les câbles qui relient les périphériques à l'unité centrale (clavier, imprimante, modem, *etc.*) et améliorer les performances des liaisons infrarouges, cette norme est prévue pour de courtes distances (une dizaine de mètres).

Même si Bluetooth, en raison de ces limitations, n'est pas un concurrent sérieux pour les réseaux sans fil Wi-Fi, il n'en reste pas moins que l'on trouve sur le marché de plus en plus d'appareils compatibles Bluetooth (ordinateurs portables, assistants numériques, téléphones mobiles, *etc.*). Le débit est certes limité à 1 Mbits/s, mais cela est largement suffisant pour échanger des fichiers de taille moyenne entre deux machines.

Si l'on ajoute à la simplicité de mise en œuvre de la norme Bluetooth le fait que Windows XP supporte à présent cette technologie, on comprend l'intérêt que suscite Bluetooth pour les fabricants de périphériques.

Si vous bénéficiez, par exemple, d'un assistant numérique compatible Bluetooth, vous pouvez vous servir de votre Livebox pour apparier ces deux équipements et ainsi connecter votre assistant numérique à Internet.

Téléphonie IP

La téléphonie par Internet, également appelée téléphonie IP (ou bien encore voix sur IP), permet de téléphoner en utilisant le réseau Internet et non plus le réseau téléphonique classique. Cette technologie est encore balbutiante en France, mais elle est promise à un très grand avenir. Si la qualité des communications est certes moins bonne qu'avec une ligne classique, le coût des communications est beaucoup moins élevé et les bavards y trouvent donc leur compte.

Grâce à votre Livebox et en souscrivant au service Wanadoo Phone, vous disposez ainsi d'une deuxième ligne (ayant un numéro différent) très bon marché.

Télévision par ADSL

En souscrivant un abonnement à un opérateur de télévision (TPS ou bien Canal Satellite), votre Livebox va pouvoir acheminer un très grand nombre de chaînes de télévision dont le contenu arrivera par les fils de cuivre de votre ligne téléphonique. Pour ce faire, vous devez utiliser un décodeur (fourni avec votre abonnement à TPS ou à Canalsat) qui s'intercale entre votre téléviseur et la Livebox.

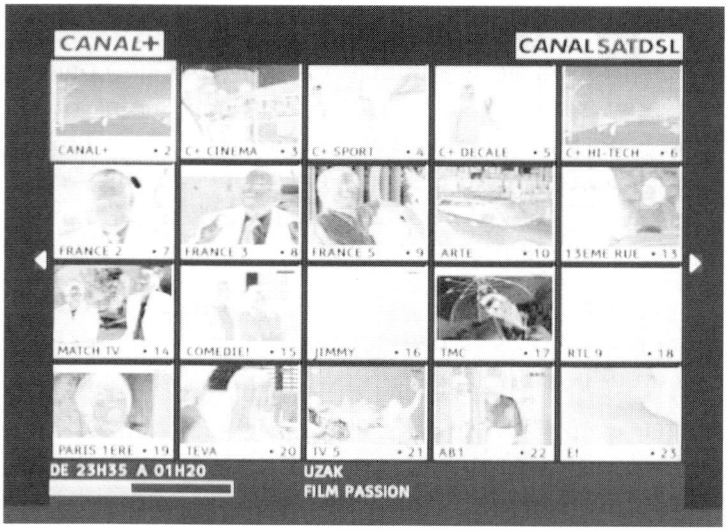

Figure 1-3 Grâce à la Livebox, vous avez accès à la télévision par ADSL

Pour pouvoir bénéficier de ce service, vous ne devez pas être situé trop loin de votre central téléphonique car la transmission de la télévision demande un débit Internet assez élevé.

Plusieurs modèles de Livebox

On dit la Livebox, mais cela est impropre et il serait plus juste de parler des Livebox. En effet, il existe pour l'instant (mai 2005) pas moins de quatre modèles de Livebox :

- la Livebox Inventel ;
- la Livebox Sagem ;
- la Livebox Fashion ;
- la Livebox Pro.

À l'origine, seuls les deux premiers modèles étaient commercialisés (ou loués) et les deux derniers modèles sont des créations récentes.

Pour des raisons que nous ignorons, Wanadoo a fait développer sa Livebox par deux constructeurs différents : Inventel et Sagem. Il existe donc à la base deux modèles différents et quand vous achetez ou louez une Livebox vous pouvez recevoir soit un modèle Inventel, soit un modèle Sagem. La conception électronique et logicielle de ces deux modèles est véritablement différente, ce qui explique que dans le cadre de cet ouvrage nous serons parfois obligé de décrire une même manipulation de deux manières différentes, en fonction du modèle de Livebox.

Même si l'aspect extérieur est relativement similaire, nous pouvons vous garantir qu'à l'intérieur, ce n'est absolument pas la même chose.

Figure 1-4 Livebox Inventel

La Livebox Fashion, quant à elle, est une Livebox Inventel dont le capot arbore une couleur rose vif du plus bel effet si l'on apprécie les poupées Barbie. Série limitée, tirée à 20 000 exemplaires, la Livebox Fashion est sans nul doute la conséquence d'une activité intense des créatifs de l'équipe marketing de Wanadoo…

La Livebox Pro, comme son nom l'indique, est destinée au marché des professionnels. Elle offre des fonctionnalités supplémentaires, comme la possibilité de transformer facilement la Livebox en hot spot (point d'accès Wi-Fi pour les visiteurs de l'entreprise). En outre, elle dispose de deux prises réseau supplémentaires (trois prises Ethernet au lieu d'une sur la Livebox).

Vous trouverez une description plus complète de la Livebox à l'adresse suivante :

`http://assistance.wanadoo.fr/reponse1163.asp`

Figure 1-5 Livebox Sagem

Note Dans le cadre de cet ouvrage, nous ne traitons que des Livebox Sagem et Inventel et pas de la Livebox Pro.

Il est également prévu dans le courant de l'été un autre modèle de Livebox destinée aux entreprises. Ce modèle doit permettre de prendre en compte l'infrastructure téléphonique existante de l'entreprise tout en assurant d'autres services tels que la visiophonie ou la monétique.

Louer ou acheter sa Livebox ?

Lancée en juillet 2004, la Livebox pouvait être louée au prix de 3 euros par mois ou bien achetée au prix de 99 euros par mois. Si le tarif de location est resté inchangé, il est désormais possible de trouver à la vente la Livebox au prix de 79 euros. Un rapide calcul indique que l'achat d'une Livebox équivaut à 26 mois de location. Même si le montant de la Livebox ne paraît pas excessif compte tenu de toutes les fonctionnalités qu'elle remplit (modem, routeur, point d'accès Wi-Fi), il n'en reste pas moins que nous vous conseillons de la louer plutôt que de l'acquérir. Il existe en effet plusieurs raisons qui nous font préférer la location :

- si vous n'êtes pas satisfait des services rendus par votre Livebox, il est alors plus facile de la rapporter à votre agence commerciale plutôt que de chercher à la revendre ;
- si vous souhaitez changer de modèle et prendre, par exemple, un modèle Inventel à la place d'un modèle Sagem (ou l'inverse), la location facilite ce type d'échange ;
- en cas de panne, l'agence commerciale procédera à un échange standard et vous n'aurez pas à attendre le délai de réparation de la Livebox ni à supporter les frais de retour en atelier ;
- deux années constituent une très longue période sur l'échelle des innovations technologiques et il y a fort à parier qu'il y aura prochainement une deuxième version de la Livebox qui intégrera d'autres fonctionnalités et donnera accès à d'autres services ; dans ces conditions, il est alors plus facile de changer de modèle si on loue sa Livebox.

Si malgré tout, vous tenez à acheter votre Livebox, vous la trouverez dans les agences commerciales de France Telecom ou bien dans les magasins de la grande distribution (FNAC, Darty, Auchan, *etc.*).

Pour louer une Livebox, vous pouvez vous rendre en agence ou bien la commander par Internet sur le site de Wanadoo. Cependant, nous vous conseillons, que ce soit d'ailleurs pour un achat ou une location de vous déplacer. En effet, seule cette dernière solution vous permettra de choisir votre modèle de Livebox (Inventel ou Sagem). Quand vous louez votre Livebox à distance (que ce soit par Internet ou bien en appelant le 10 14), vous ne pouvez pas choisir votre modèle ; en revanche, si vous vous déplacez dans une agence commerciale de France Telecom, vous serez alors en mesure de sélectionnez votre type de Livebox, si les deux modèles sont en stock (ce qui n'est malheureusement pas toujours le cas). Le fait de se rendre dans une agence commerciale de France Telecom pour récupérer sa Livebox reste finalement la meilleure solution car vous identifierez ainsi un contact humain vers lequel vous pourrez vous rapprocher quand vous aurez des soucis avec votre Livebox. On reproche souvent à France Telecom d'être plus cher que la concurrence, mais le fait de pouvoir se rendre dans une boutique et d'exposer son problème à un interlocuteur qui vous fait face plutôt que de tenter vainement de joindre par téléphone un service technique qui ne répond jamais est un avantage indéniable dont il ne faut hésiter à profiter.

Quel modèle choisir : Inventel ou Sagem ?

Sachant qu'il existe deux modèles de Livebox, une question se pose inévitablement : est-ce qu'un modèle est meilleur que l'autre ? Il est difficile de répondre à cette question qui agite de manière récurrente les forums de discussion consacrés à la Livebox. En effet, les deux modèles sont censés avoir des fonctionnalités équivalentes car nous supposons qu'ils ont été construits selon un cahier des charges similaire. Cependant, quand on regarde ce qu'il y a sous le capot, même si l'on n'est pas électronicien, on se rend bien compte que la conception des deux modèles est différente. En outre, quand on examine le logiciel qui pilote chaque Livebox, il existe également des différences. Si l'on prend en compte les nombreux témoignages des utilisateurs de Livebox, il semble qu'il n'y ait pas pour l'instant de modèle idéal car chaque constructeur a ses qualités et ses défauts ; on rencontre également des utilisateurs qui ont eu des problèmes avec l'un ou l'autre modèle. Il faut enfin signaler une vérité fondamentale en matière de dépannage informatique : il est toujours très difficile d'isoler la source d'une panne étant donné le nombre de paramètres qui rentrent en jeu ; en la matière, en cas de problème avec une Livebox, les causes peuvent être multiples et l'on peut notamment citer sans prétendre à l'exhaustivité :

- le matériel de la Livebox (l'alimentation est défectueuse, l'antenne Wi-Fi est cassée, *etc.*) ;
- le logiciel de la Livebox (bug dans certaines fonctionnalités, incompatibilité avec d'autres logiciels, *etc.*) ;
- la qualité des prises téléphoniques (filtre mal monté ou défectueux, rallonge de téléphone de mauvaise qualité, *etc.*) ;
- la qualité du réseau de France Telecom (abonné très éloigné du central, plantage d'un serveur gérant la voix sur IP, *etc.*) ;
- le matériel de l'utilisateur (barrette de mémoire défectueuse, disque dur endommagé, *etc.*) ;
- le logiciel de l'utilisateur (virus, mauvaise version d'un pilote de périphérique, *etc.*) ;
- l'environnement de l'utilisateur (courant électrique de mauvaise qualité, ondes radio perturbant le signal Wi-Fi, *etc.*).

Ainsi, quand un utilisateur cloue au pilori le constructeur de sa Livebox parce que cette dernière ne fonctionne pas, il est bien délicat d'imputer la seule responsabilité au fabricant de la Livebox.

Cependant, d'après le recoupement de différents témoignages, le modèle de chez Inventel aurait un avantage au moins sur deux points : la portée du signal Wi-Fi serait plus importante que sur le modèle de chez Sagem ; enfin, l'installation d'un réseau hétérogène (machines se connectant en USB, Ethernet et Wi-Fi) est plus simple sur le modèle Inventel que sur le modèle Sagem, compte tenu de l'architecture logicielle qui a été retenue pour la Livebox Sagem.

Dans ces conditions, si pour vous la portée du réseau sans fil revêt de l'importance (vous habitez une maison sur plusieurs étages), il est préférable de choisir le modèle Inventel. D'autre part, si vous n'êtes pas un spécialiste de la chose informatique et devez créer un réseau composés de machines se connectant à la Livebox par des interfaces différentes (une machine sur la prise USB, un ordinateur sur la prise Ethernet et un portable en Wi-Fi), vous aurez moins de mal à faire communiquer tous ces équipements en choisissant le modèle Inventel.

QUESTION Comment faire la différence entre les deux modèles étant donné que les boîtes sont identiques ?

RÉPONSE Le packaging des deux modèles est effectivement identique, mais une étiquette collée sous l'emballage permet de distinguer les deux modèles, le nom de chaque constructeur étant clairement identifié.

Avez-vous vraiment besoin d'une Livebox ?

Il peut paraître étonnant de poser cette question dans un ouvrage consacré à la Livebox, mais nous pouvons vous assurer que cette interrogation est véritablement pertinente au vu de certaines configurations rencontrées. En fait, pour l'instant, la Livebox n'est véritablement obligatoire que si vous souhaitez utiliser la fonctionnalité de téléphonie IP ; en effet, il n'existe pour le moment (il convient d'insister sur ce point car cette situation devrait très prochainement évoluer) pas d'autre alternative si l'on souhaite rester client de l'opérateur historique de télécommunication. Pour toutes les autres utilisations, il existe d'autres choix que l'emploi d'une Livebox. Si vous souhaitez recevoir la télévision par ADSL, il existe des modems compatibles avec cette fonction ; si vous voulez disposer d'un routeur pour partager votre connexion Internet, vous trouverez sur le marché une quantité impressionnante de matériels performants et faciles à administrer pour un coût raisonnable. Il en va de même pour la fonction de point d'accès Wi-Fi. Qui plus est, vous trouverez pour toutes ces fonctionnalités des produits d'un prix équivalent, mais offrant de meilleures performances.

En clair, si vous voulez une Livebox uniquement pour avoir accès à Internet grâce à la technologie sans fil, incontestablement ce choix ne représente pas la meilleure solution du marché. En revanche, si vous passez des heures au téléphone et voulez diminuer le montant de votre facture, la Livebox et sa fonction de téléphonie IP est un produit qui convient à vos besoins. Pour ceux qui souhaitent avoir la téléphonie IP, l'Internet sans fil et la télévision par ADSL, il faut reconnaître que la Livebox est également un choix correct car elle remplit assez bien toutes ces fonctions dans un boîtier compact et plutôt agréable à l'œil, ce qui est somme toute relativement rare pour un produit informatique.

CHAPITRE 2

Installation de la Livebox

Planification de l'installation

Le terme planification peut paraître abusif dans le contexte de la Livebox car il est généralement utilisé pour l'installation d'équipements ou de logiciels complexes à mettre en œuvre, comme des serveurs ou des systèmes d'exploitation réseau en milieu professionnel. Cela étant, nous pensons que la richesse des fonctionnalités de la Livebox ainsi que la relative précipitation de son lancement en font un produit qui n'est pas si facile que cela à installer. Bon nombre d'utilisateurs s'y sont d'ailleurs cassés les dents et ont ainsi prouvé que la Livebox n'était pas un produit si grand public que cela. Comme nous allons le voir, le fait de pouvoir brancher un téléviseur et un téléphone à la Livebox multiplie les problèmes et les sources d'erreurs.

Conseil Même si vous êtes impatient de déballer et d'installer votre Livebox, prenez au moins le temps de lire les premières pages du Guide de démarrage afin de faire connaissance avec les prises et les voyants de la Livebox. Réfléchissez à son emplacement et à la manière dont vous allez l'installer. Prenez votre temps, cela vous évitera bien souvent de faire des bêtises. Si votre Livebox n'est pas déjà installé, lisez l'intégralité de ce chapitre et vous verrez que son installation se déroulera dans de meilleures conditions.

Il est vrai que l'installation d'une Livebox peut durer 5 minutes pour un utilisateur averti qui a déjà l'expérience de l'ADSL et qui n'utilise que l'Internet. En revanche, une personne néophyte en informatique qui a choisi toutes les options (Internet, TV et téléphonie IP) et qui installe pour la première fois l'ADSL aura souvent bien du mal à s'y retrouver et risque de se décourager en cas de problème.

Si vous êtes dans ce dernier cas, il vaut beaucoup mieux réfléchir avant d'agir et par conséquent prendre le temps de la réflexion avant d'installer quoi que ce soit. Nous vous assurons que ce temps ne sera absolument pas perdu et vous évitera de nombreuses embûches.

Avant de commencer votre installation, vous devez vous poser les questions suivantes :

- Avez-vous déjà l'ADSL ?
- Quels matériels allez-vous brancher sur la Livebox ?
- Où allez-vous installer la Livebox ?
- Combien de prises téléphoniques avez-vous ?
- Quelles extensions prévoyez-vous à votre installation informatique ?

Disponibilité de l'ADSL

Si vous êtes déjà abonné à l'ADSL, vous n'avez aucun souci à vous faire et vous allez remplacer votre ancien modem par la Livebox.

Conseil Si vous êtes propriétaire de votre ancien modem ADSL, ne le jetez surtout pas ! Il pourra reprendre du service si votre Livebox tombe en panne...

En revanche, si vous n'avez jamais été abonné à l'ADSL, il est bien évident que vous devez souscrire un abonnement ADSL en même temps que vous prenez votre Livebox. Reportez-vous au chapitre 1 pour connaître la procédure qui vous permettra de savoir si votre ligne de téléphone est éligible à l'ADSL.

Vous ne devez pas perdre de vue que l'activation de votre ligne ADSL n'est pas immédiate, si bien que vous ne pourrez absolument pas installer votre

Livebox en rentrant chez vous juste après l'avoir retirée dans une agence commerciale France Telecom et avoir souscrit en même temps un abonnement à l'ADSL. Il vous faudra être patient et attendre quelques jours, le délai d'activation de votre ligne ADSL variant de deux à quinze jours, en fonction du nombre de demandes de créations de lignes.

En pratique, l'agent commercial de France Telecom transmet votre demande à l'équipe technique chargée de l'ADSL qui va « construire » votre ligne. Un technicien va alors se rendre au central téléphonique dont vous dépendez (si vous habitez une grande ville, il existe plusieurs centraux téléphoniques et celui dont vous dépendez est indiqué sur la page Web de Degrouptest ; *cf. le chapitre 1*) et intervenir sur le DSLAM (Digital Subscriber Line Access Multiplexer). Comme son nom l'indique, cet équipement réseau assure le multiplexage du flux ADSL vers les abonnés. Une carte du DSLAM correspond à votre ligne téléphonique et le technicien doit la paramétrer et notamment indiquer le débit que vous avez choisi lors de votre abonnement.

Attention Nous venons de décrire la partie technique de l'opération, mais il existe également une partie administrative. En effet, quand vous vous abonnez à l'ADSL dans une agence France Telecom, l'agent commercial doit également transmettre votre dossier à Wanadoo qui va alors gérer la partie administrative (abonnement, facturation, gestion des comptes, *etc.*). Même si Wanadoo qui était auparavant une société indépendant a rejoint le giron de France Telecom, il ne faut jamais perdre de vue quand on a un souci que l'on a toujours au moins deux interlocuteurs : France Telecom qui gère le réseau, c'est-à-dire la couche physique, et sa filiale Wanadoo qui gère les services. Quand vous aurez un problème, la première des choses à faire sera d'identifier ce qui est en cause afin de vous adresser au bon interlocuteur.

Note Si vous êtes déjà abonné à l'ADSL, vous savez que votre ligne ADSL est construite, mais s'il s'agit de votre premier abonnement à cette technologie, vous vous demandez sans doute quand votre ligne sera opérationnelle. France Telecom ne garantit aucun délai en la matière et la seule manière de savoir quand votre ligne sera opérationnelle est de brancher votre Livebox et d'attendre qu'un des voyants indique la synchronisation de votre ligne, ce qui signifie que votre ligne ADSL a été activée. Nous détaillons cette opération plus loin dans ce chapitre.

S'il s'agit de votre premier abonnement à l'ADSL, vous devez donc bien être conscient que l'activation de votre ligne nécessite sa construction sur le DSLAM de votre central téléphonique ainsi que la création administrative de votre compte chez Wanadoo qui sera matérialisée par l'envoi d'un courrier qui indiquera votre identifiant et votre mot de passe. Tant que vous n'aurez pas reçu ce courrier de la part de Wanadoo et que votre ligne ADSL ne sera pas synchronisée, vous ne pourrez pas avoir accès à l'ADSL.

Attention Si vous êtes un ancien abonné à l'ADSL et constatez sur votre fiche client qui est accessible en ligne sur le site de Wanadoo (dans la rubrique Mon compte) que le numéro de téléphone qui figure dans vos coordonnées ne correspond pas à la réalité (parce que vous avez déménagé ou bien parce que vous avez voulu changer de numéro de téléphone), n'essayez surtout pas de mettre à jour cette information. Constatant un jour que nos coordonnées téléphoniques étaient inexactes, nous avons voulu faire du zèle et modifier cette information. Bien mal nous en a pris : quelques jours plus tard, notre ligne ADSL a été coupée. Nous nous sommes résolus, bien malgré nous, à appeler l'assistance téléphonique de Wanadoo où une conseillère nous a répondu de manière fort péremptoire que tout cela était normal puisque nous avions demandé la construction d'une nouvelle ligne ADSL qui n'existait pas. La ligne actuelle avait été déconstruite (donc coupée) et la construction d'une nouvelle ligne avait été lancée. Nous avons eu beau expliquer que tout fonctionnait très bien et que nous avions juste voulu modifier une information de la base de données des clients, rien n'y a fait. Notre ligne ADSL a été rétablie, après déconstruction et reconstruction, au bout de cinq longues journées. L'insupportable chanson qui accompagne votre attente sur la ligne chaude de Wanadoo aurait pourtant dû nous mettre la puce à l'oreille ; en effet, elle nous serine inlassablement les paroles suivantes : « We can be heroes, just for one day ». Visiblement, nous avons dû tomber sur le mauvais jour et nous n'avons vraiment rien remarqué d'héroïque de la part de Wanadoo ce jour-là…

Équipements à brancher sur la Livebox

Pour que votre installation se déroule dans les meilleures conditions, vous devez inventorier tous les équipements que vous allez relier à la Livebox.

Bien entendu, il y aura au minimum un ordinateur et vous pouvez ajouter à cette liste les éléments suivants :

➜ un ou plusieurs autres ordinateurs ;

➜ un ou plusieurs périphériques Bluetooth ;

➜ un décodeur pour visualiser la télévision numérique par ADSL ;

➜ un téléphone pour bénéficier de la fonction de voix sur IP.

Étant donné que les ordinateurs qui sont susceptibles d'être branchés à la Livebox peuvent être aussi divers qu'un ordinateur fixe, un ordinateur portable ou bien encore un assistant numérique et qu'ils peuvent être reliés à la Livebox de trois manières différentes (Ethernet, USB et Wi-Fi), vous avez déjà une petite idée du nombre de combinaisons possibles d'installations à partir d'une seule Livebox…

Note Il est également possible de brancher un visiophone à la Livebox ainsi qu'une console de jeux. Nous ne traiterons pas de ces deux matériels dans le cadre de cet ouvrage. Vous noterez cependant que l'offre de visiophonie est incompatible avec le service de télévision par ADSL.

Il est important de bien prévoir les matériels que vous allez raccorder à votre Livebox car votre configuration va déterminer certains choix matériels et logiciels. En fonction du type d'installation que vous allez déterminer, vous aurez par exemple besoin d'acquérir du matériel (câble, adaptateur Wi-Fi, téléphone, *etc.*).

Dans ces conditions, il ne sert à rien de commencer l'installation de la Livebox s'il vous manque des éléments pour finaliser votre configuration. Comme nous l'avons déjà expliqué, les combinaisons sont tellement nombreuses qu'il est illusoire de vouloir prétendre toutes les passer en revue. Nous nous bornerons donc à donner des conseils très généraux en la matière, notamment :

➜ si vous voulez connecter un ordinateur à la Livebox en Ethernet, assurez-vous de disposer d'un câble réseau de type RJ 45 suffisamment long ;

- si vous voulez connecter un ordinateur à la Livebox en USB, assurez-vous de disposer du pilote (driver) compatible avec votre ordinateur et votre système d'exploitation (par exemple, si vous avez un ordinateur Macintosh, vous ne pourrez pas le relier à la Livebox par le port USB) ;
- si vous voulez connecter un ordinateur à la Livebox en Wi-Fi, assurez-vous de disposer d'un adaptateur Wi-Fi sur cet ordinateur (un seul adaptateur Wi-Fi est livré avec la Livebox ; si vous voulez connecter deux ordinateurs en Wi-Fi, il faudra obligatoirement que le deuxième ordinateur possède une carte Wi-Fi ou bien en acquérir une autre) ;
- si vous voulez connecter un téléphone à la Livebox, assurez-vous qu'il soit compatible avec la fonction de voix sur IP ;
- si vous voulez profiter du service de télévision par ADSL, vous devez vous abonner à un service supplémentaire et utiliser un décodeur numérique (compris dans le prix de l'abonnement).

Choix de l'emplacement de la Livebox

Au début de l'ADSL, on n'avait pas tellement de questions métaphysiques à se poser quand on voulait installer son modem : il fallait le raccorder sur une prise téléphonique et installer son ordinateur pas trop loin. Aujourd'hui, avec la Livebox, la donne a changé car la passerelle permet également de recevoir la télévision et sert aussi de point d'accès Wi-Fi. Il faut donc intégrer ces deux contraintes si vous envisager de profiter de ces deux fonctionnalités.

La plupart des utilisateurs résolvent en fait ce problème en installant le téléviseur et l'ordinateur près d'une prise téléphonique ou bien en demandant le rajout d'une prise téléphonique près du téléviseur s'il n'y en a pas. Si cette solution a le mérite de la simplicité, elle n'est fonctionnellement guère pratique car le téléviseur et l'ordinateur devront être en général situés dans la même pièce, ce qui peut se révéler gênant si deux personnes souhaitent en même temps avoir des activités différentes, comme naviguer sur Internet et regarder la télévision. La Livebox supportera sans problème ces deux fonctionnalités, mais il n'est pas certain que la cohabitation humaine se fasse sans heurts. Dans ces conditions, il nous paraît donc souhaitable d'installer le ou les ordinateurs dans une pièce différente de celle du téléviseur qui visionnera les chaînes ADSL.

Attention Quand vous êtes abonné à la télévision par ADSL, il n'est possible de recevoir les chaînes que sur un seul téléviseur.

En fait, dans ce genre de situation, il faut prendre en compte les contraintes les plus fortes et les traiter en priorité. Bien entendu, la contrainte la plus élevée est le raccordement de la Livebox sur une prise téléphonique. Si vous n'avez qu'une seule prise de téléphone dans votre habitation, le choix sera vite effectué. Si cette contrainte est trop forte, vous pouvez demander à France Telecom, moyennant finance (une soixantaine d'euros par prise), l'ajout de prises supplémentaires. Si vous êtes un bon bricoleur, vous pouvez réaliser cette prestation vous-même, mais le fait de réaliser cette prestation par un professionnel assure au moins une garantie en cas de dysfonctionnement.

Si vous possédez plusieurs prises dans votre habitation, il est préférable de choisir la première prise du réseau, c'est-à-dire la prise à partir de laquelle les autres prises ont été montées. En effet, le signal ADSL sera en général meilleur sur cette prise, surtout si votre ligne n'est pas d'une qualité exceptionnelle. Si vous n'arrivez pas à déterminer la première prise de votre réseau, sachez qu'habituellement c'est celle qui se situe le plus près de la porte d'entrée dans la mesure où c'est celle qui est raccordée sur le répartiteur de France Telecom (typiquement situé dans la cage d'escalier si vous habitez dans un immeuble).

Conseil Votre Livebox doit bien entendu être alimentée électriquement pour fonctionner. Nous vous conseillons vivement de la relier au réseau électrique par le biais d'une prise multiple équipée d'un interrupteur. En effet, vous n'aurez souvent pas d'autre moyen pour relancer la Livebox que de l'éteindre puis de la rallumer. Dans la mesure où la Livebox ne possède pas d'interrupteur, il faut débrancher le câble d'alimentation et le rebrancher pour ce faire. Comme ce câble est situé sous la Livebox, vous verrez à l'usage qu'un interrupteur sur une prise multiple se révèle très pratique.

Une fois que vous avez choisi la prise téléphonique sur laquelle vous allez raccorder la Livebox, vous devez réfléchir au problème du raccordement des ordinateurs. Comme nous l'avons déjà signalé, vous pouvez raccorder vos ordinateurs de trois manières différentes :

- ➜ par la prise réseau ;
- ➜ par le port USB ;
- ➜ en sans fil (Wi-Fi).

Si vous branchez votre ordinateur par le biais de sa carte réseau, vous devez utiliser un câble Ethernet (ou RJ 45) qui n'est pas fourni dans le package de la Livebox. Cette solution a le mérite de la simplicité d'emploi et en outre vous bénéficierez d'une vitesse de transmission excellente. En outre, la longueur du câble peut être très élevée sans aucune déperdition du signal ADSL. Ainsi, vous pouvez envisager sereinement une longueur de 50 mètres de câble réseau pour relier votre Livebox à votre ordinateur, ce qui peut se révéler pratique dans le cas d'une grande maison. Le seul inconvénient du câble finalement est qu'il faut le faire courir le long des murs, éventuellement percer des cloisons et le protéger des agressions extérieurs et des parasites électriques.

Conseil Si vous envisagez d'utiliser des câbles Ethernet, achetez des câbles tout faits et sertis en usine. Si l'on peut avoir une grande satisfaction personnelle à réaliser soi-même ses câbles réseau à l'aide d'une pince à sertir, l'expérience prouve que la qualité n'est pas équivalente avec les câbles sertis en usine.

En revanche, si vous reliez votre ordinateur à la Livebox en utilisant le port USB, vous allez être limité par la longueur du câble qui est livré dans le package. Vous pourrez éventuellement acheter dans le commerce une rallonge USB, mais vous ne trouverez guère de rallonge excédant 5 mètres. En outre, nous verrons plus loin dans ce chapitre que la connexion sur le port USB n'est guère recommandée.

Si vous reliez votre ordinateur à la Livebox grâce à la technologie sans fil, vous allez être tributaire de la distance qui vous sépare de la Livebox et des obstacles qui sont situés entre votre ordinateur et la Livebox. Du point de vue Wi-Fi, si vous disposez de plusieurs prises téléphoniques dans votre habitation, il est préférable de choisir la prise la plus centrale de manière à ce que la zone d'émission des ondes radio couvre la surface maximale de votre habitation. Nous reviendrons en détail sur ce problème dans le chapitre consacré à la technologie Wi-Fi, mais vous l'idéal en la matière est de tester la portée de votre Livebox en vous promenant dans toutes les pièces de votre habitation avec un ordinateur portable équipé d'une carte Wi-Fi et d'un logiciel qui permet de scanner le point d'accès. Vous aurez ainsi une idée très précise des pièces dans lesquelles vous pouvez capter un signal Wi-Fi.

Le dernier problème concerne la connexion de la Livebox au téléviseur qui recevra les chaînes ADSL. Il faut ici rappeler que le schéma de connexion est le suivant : vous devez brancher un décodeur numérique par le biais d'un câble réseau (RJ 45) à votre Livebox puis relier le décodeur à votre téléviseur par l'intermédiaire d'un câble Péritel. Ces deux câbles sont bien entendus fournis avec le décodeur numérique qui vous est livré quand vous vous abonnez à l'option Ma Ligne TV. Malheureusement, le câble réseau fourni dans le package ne doit pas excéder trois mètres et la logique voudrait donc que vous installiez la Livebox près de votre téléviseur, ce qui implique donc une prise téléphonique proche. En fait, si vous avez suivi ce qui est dit plus haut sur les câbles Ethernet, vous aurez compris que vous pouvez parfaitement acquérir un câble RJ 45 beaucoup plus long si cela convient mieux à l'agencement de votre installation. Par conséquent, si vous ne souhaitez pas ou ne pouvez pas installer la Livebox près de votre téléviseur, il vous suffit d'acheter un câble réseau de la bonne longueur. Idéalement le décodeur numérique se trouvera proche du téléviseur car il inutile d'avoir un câble Péritel trop long et votre décodeur sera relié à la Livebox par un câble réseau de la taille qui convient à votre installation.

Conseil Quand vous achetez un câble réseau Ethernet, demandez au vendeur un câble de très bonne qualité ; exigez un câble blindé de catégorie 5 (appelé également câble STP pour *shielded twisted pair*, paire torsadée blindée). Le surcoût est minime par rapport à un câble plus standard, mais vous n'aurez pas de problème de perte de signal. Vous noterez d'autre part que le câble doit être droit, et non pas croisé.

Nous utilisons pour notre part un câble réseau de 15 mètres pour relier notre décodeur numérique à la Livebox et cela ne pose aucun problème. En théorie, il n'y a aucune perte de signal en Ethernet sur une longueur de câble de 100 mètres.

Le problème des filtres

Vous vous êtes peut-être déjà demandé comment il était possible avec l'ADSL de pouvoir naviguer sur Internet tout en continuant à utiliser sa ligne téléphonique pour converser avec un correspondant. Le principe est relativement simple dans son énoncé : sur la paire de fils de cuivre de votre ligne téléphonique circulent des signaux différents qui utilisent des fréquences différentes. Dans la bande de fréquence en dessous de 4 KHz, c'est la voix qui est transportée ; dans la bande au dessus de 20 KHz, ce sont les données qui sont acheminées. Si l'on veut prendre une métaphore routière, nous dirons que la voix et les données circulent sur la même autoroute à trois voies, mais que la voie de droite est réservée à la téléphonie et que les deux voies de gauche sont réservées à l'Internet. Quand toutes ces informations arrivent chez l'abonné et qu'il souhaite utiliser en même temps le téléphone et l'Internet, il faut utiliser un dispositif qui sépare bien ces deux bandes de fréquences. Pour ce faire, on emploie un filtre ADSL. Si vous n'utilisez pas de filtre ADSL, vous ne pourrez pas téléphoner et naviguer sur Internet en même temps.

Il y a deux filtres ADSL livrés dans le package de la Livebox.

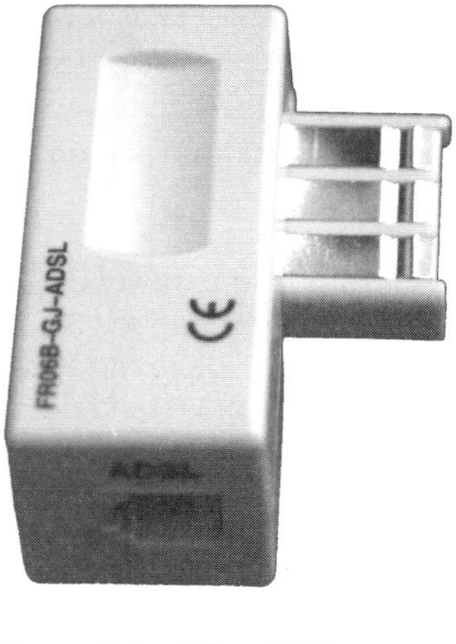

Figure 2-1 Filtre ADSL

Vous devez brancher un filtre ADSL sur chacune des prises de téléphone de votre habitation, si bien que si vous avez trois prises de téléphone dans votre maison ou votre appartement, il faudra que vous fassiez l'acquisition d'un filtre supplémentaire.

Si vous avez plus de trois prises téléphoniques dans votre habitation, la solution du filtre ADSL n'est plus valable et il va falloir que vous procédiez à l'installation d'un filtre maître sur la première prise de votre installation téléphonique. Cette prestation peut être réalisée par un technicien de France Télécom, mais elle est relativement onéreuse (une centaine d'euros). Si vous êtes bricoleur, vous pouvez vous procurer un filtre maître dans le commerce (il en existe plusieurs modèles) et l'installer vous-même. Le filtre maître se présente sous la forme d'un boîtier qui s'installe à côté de la prise téléphonique qui constitue la tête du réseau. Une fois le filtre maître installé, vous n'avez plus besoin de prise filtre sur les autres prises de téléphone de votre habitation. Du filtre maître sort un câble RJ 11 qu'il vous faudra brancher sur votre Livebox.

Figure 2-2 Filtre maître Alcatel 1000 ADSL LP

Note Vous trouverez des renseignements sur les filtres ADSL sur les sites suivants :

`http://www.agence.francetelecom.com/vfrance/esav/internet/pages/utilisation_adsl/faq_materiels.shtml`

`http://perso.wanadoo.fr/cherchetout/index.html`

Extensibilité de votre installation

Même si vous avez du mal à vous projeter dans l'avenir, vous devez essayer d'imaginer l'évolution de votre équipement informatique sur une période d'un ou deux ans afin de savoir si l'installation que vous êtes en train de réaliser sera toujours valable ou bien sera susceptible d'évoluer simplement. Certaines décisions sont parfois lourdes de conséquences et empêchent toute possibilité d'extension ou d'évolution.

Par exemple, un des ports de la Livebox sert à acheminer la télévision par ADSL, mais si vous n'êtes pas abonné à ce service, vous pouvez réaffecter cette prise pour y brancher, grâce à un câble réseau RJ 45, un ordinateur qui bénéficiera ainsi de l'ADSL pour accéder à Internet. Si vous adoptez cette solution, vous ne pourrez plus avoir la possibilité de vous abonner à la télévision par ADSL ou bien alors il vous faudra trouver une autre solution pour connecter à Internet l'ordinateur qui occupait cette prise.

Vous devez tenter de prévoir la manière dont vous allez connecter vos machines supplémentaires si vous décidez d'augmenter le nombre d'ordinateurs de votre réseau. Songez, par exemple, si vous envisagez de connecter un poste supplémentaire en Wi-Fi qu'il faudra qu'il soit dans la zone de couverture de la Livebox.

Nous reconnaissons que cet exercice de prospective n'est pas facile, mais il vaut mieux passer un peu de temps à y réfléchir. Dans la mesure du possible, adoptez une solution technique qui ne bloque pas le développement futur de votre équipement informatique.

Vérification du contenu de la boîte

Que vous ayez loué ou acheté votre Livebox, la première des choses à faire consiste à vérifier le contenu de ce qui se trouve dans la boîte. En effet, il est inutile de se lancer dans l'installation de votre Livebox si c'est pour vous apercevoir qu'il manque un élément du package. Même si un grand soin a été apporté dans le conditionnement des Livebox, le nombre important des éléments qui composent le package rend la probabilité qu'il manque quelque chose plus élevée et certains utilisateurs ont déjà signalé ce genre de mésaventure. En pareil cas, retournez le plus rapidement possible à l'endroit où vous vous êtes procuré votre Livebox (agence commerciale France Telecom ou magasin) et signalez le problème. Bien évidemment, si votre Livebox est arrivée par la poste, les réclamations sont plus compliquées, d'où l'intérêt de se procurer le matériel en agence. Encore une fois, avoir la possibilité de se retrouver face à un être humain est une chance, même si ce dernier n'est pas des plus compétents.

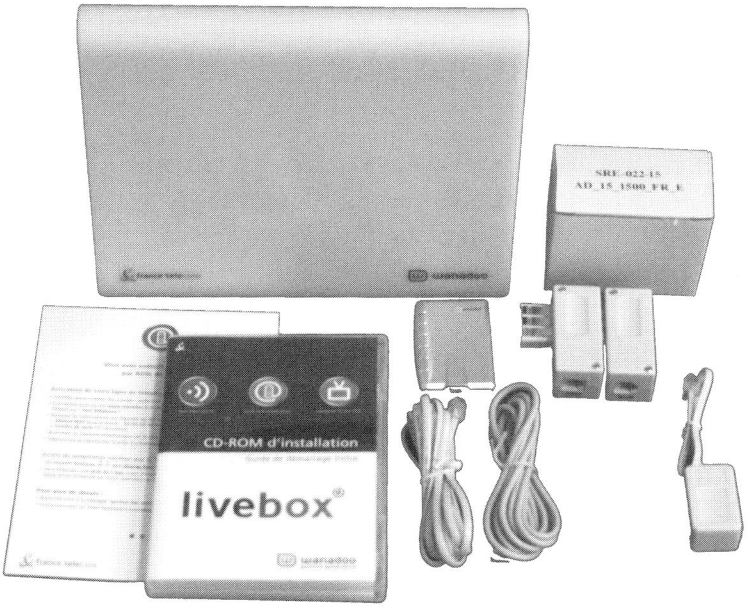

Figure 2-3 Contenu de la boîte de la Livebox

Pour contrôler votre matériel, vous devez consulter les pages 4 et 5 du **Guide de démarrage** de votre Livebox qui se trouve dans le boîtier DVD qui contient en outre un CD-ROM d'installation et les conditions générales de vente. Si vous avez perdu le Guide de démarrage ou bien s'il est absent de votre package, vous pouvez le télécharger à l'adresse suivante pour le modèle Sagem :

`http://www.sagem.com/support/site/livret/LIVEBOXint.PDF`

Vous pouvez aussi consulter la liste des éléments qui composent le package à l'adresse suivante :

`http://assistance.wanadoo.fr/reponse1016.asp`

Pour mémoire, la figure 2-3 illustre le contenu des éléments du package Livebox.

Note Dans le package Sagem, l'adaptateur Wi-Fi est une clé USB qui se branche directement sur un port USB, alors que dans le package Inventel, l'adaptateur Wi-Fi se branche sur un port USB par le biais d'une rallonge.

Important Il n'y a pas de câble réseau Ethernet (appelé aussi câble RJ 45) dans le package de la Livebox. Cette lacune est fort ennuyeuse et nous vous conseillons d'en acquérir un, ne serait-ce que pour installer plus facilement la Livebox.

Si vous avez loué votre Livebox, vous avez intérêt à prendre soin des éléments qui composent le package ; en effet, voici les tarifs qui seront appliqués si votre matériel est perdu ou endommagé :

Livebox	99 euros
Adaptateur USB Wi-Fi + câble	69 euros
Adaptateur secteur 230V	2 euros
Filtre (à l'unité)	12 euros
Câble RJ11	2 euros
Câble RJ11 M/TF	2 euros
Câble de connexion USB PC/modem	2 euros

Note Le Guide de démarrage de la Livebox se compose d'une vingtaine de pages et le livret des conditions générales de vente totalise plus de soixante pages qu'il faut lire avec une loupe à moins d'avoir une vision bionique. Il faudra bien qu'un jour l'utilisateur se révolte contre ce genre de pratique !

Branchement de la Livebox

Une fois que vous avez réfléchi à votre installation et contrôlé que vous avez bien la totalité des éléments nécessaires à votre installation, vous pouvez procéder au branchement de votre Livebox.

Conseil L'installation d'une Livebox peut prendre du temps ; ne commencez pas l'installation de votre Livebox si vous n'avez pas au moins deux heures de temps disponible devant vous.

Dans un premier temps, vous devez relier votre Livebox à la prise de téléphone par l'intermédiaire du câble RJ 11 qui est fourni dans le kit.

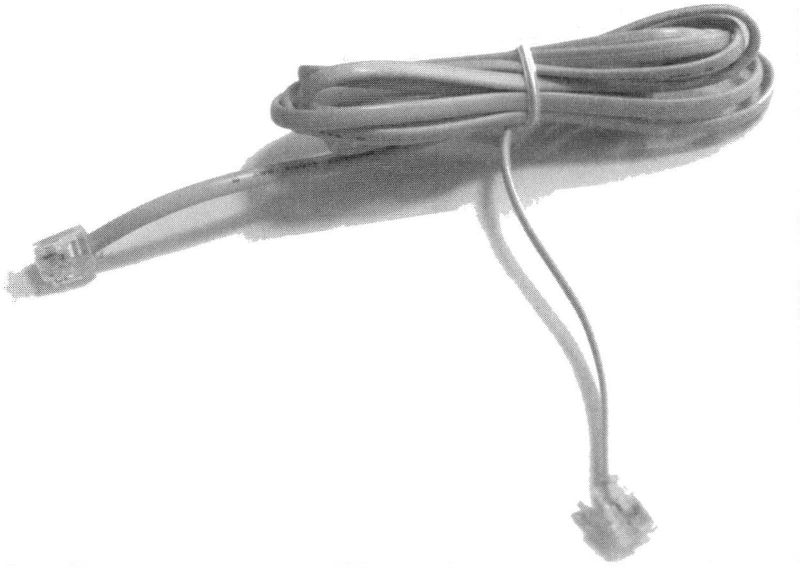

Figure 2-4 Câble RJ 11 servant à relier la Livebox à la ligne téléphonique

Important Avez-vous bien pensé à installer une prise filtre sur chacune de vos prises téléphoniques ?

Sur la Livebox Sagem, vous placerez le câble RJ 11 dessous, dans la prise indiquée LINE.

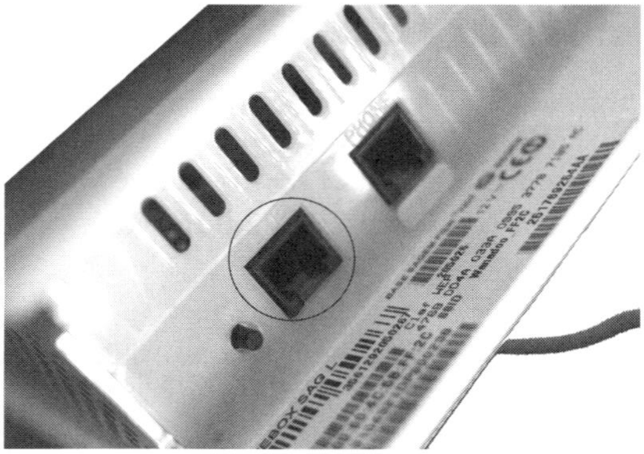

Figure 2-5 Emplacement du câble RJ 11 sur la Livebox Sagem

Sur la Livebox Inventel, vous placerez le câble RJ 11 dessous, dans la prise située juste à côté de la prise d'alimentation.

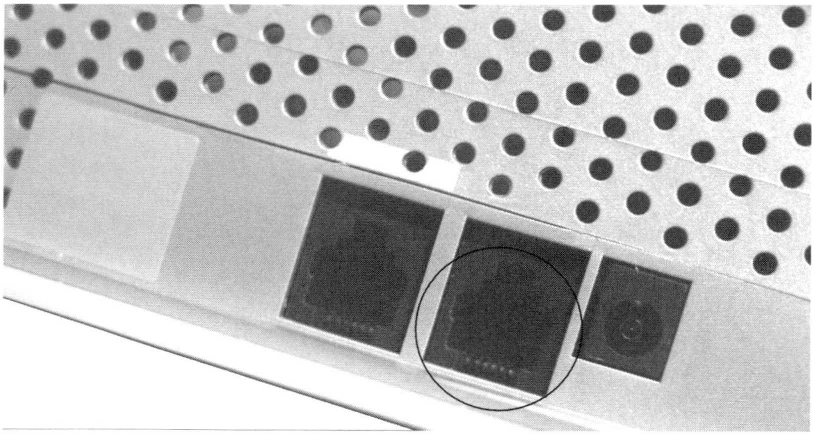

Figure 2-6 Emplacement du câble RJ 11 sur la Livebox Inventel

Quand le branchement du câble RJ 11 est effectué au niveau de la Livebox, vous devez brancher l'autre extrémité du câble sur la prise filtre qui doit être enfichée dans la prise téléphonique.

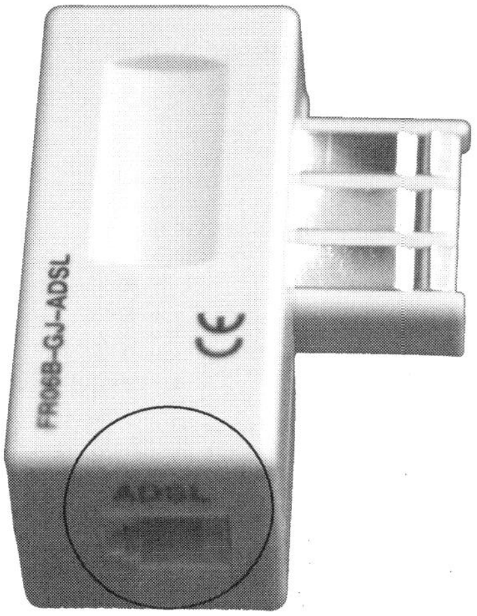

Figure 2-7 Emplacement du câble RJ 11 dans la prise filtre

Une fois la liaison effectuée, vous pouvez brancher un poste téléphonique sur la prise filtre. C'est d'ailleurs une bonne idée de vérifier que vous avez bien la tonalité quand vous décrochez votre combiné. Si tel n'est pas le cas, c'est en général parce qu'il y a un faux contact avec le filtre. Dans ce cas-là, essayez de déplacer légèrement le filtre pour voir si cela résout le problème. Parfois, le filtre s'enfonce trop loin dans la prise et la solution consiste alors à confectionner une petite cale en carton que l'on insérera entre le mur et la prise filtre, afin d'éviter le faux contact.

Quand vous avez effectué la liaison du câble RJ 11 et que vous vous êtes assuré d'avoir la tonalité, vous pouvez procéder au branchement électrique de la Livebox en utilisant le bloc d'alimentation qui est fourni dans le package. La prise d'alimentation est située sous la Livebox.

Quand vous alimentez en électricité la Livebox, ses diodes s'allument et s'éteignent pendant la phase d'auto-test, puis la Livebox cherche à établir la synchronisation avec le DSLAM. Si vous étiez déjà abonné à l'ADSL, vous ne devriez pas avoir de problème pour cette opération. S'il s'agit de votre premier abonnement à l'ADSL, il se peut que votre ligne ne soit pas encore construite et vous devez alors attendre la synchronisation de votre Livebox pour poursuivre l'installation. Si le délai entre votre demande d'abonnement à l'ADSL et la synchronisation de votre Livebox vous paraît trop long, appelez le 10 14 ou le 10 13 pour leur demander ce qui se passe. Ils pourront alors vous dire où en est votre dossier et éventuellement effectuer un test DSLAM qui indiquera si votre ligne est construite ou non.

QUESTION Comment reconnaît-on que la Livebox est synchronisée ?

RÉPONSE Si le voyant situé sur le dessus de la Livebox qui représenté un arobase (@) clignote rapidement, c'est que la synchronisation n'a pas pu avoir lieu ; si la diode clignote lentement, c'est que la synchronisation est effectuée, mais que la connexion à Internet n'est pas encore établie. Cela signifie tout simplement que vous n'avez pas été reconnu par Wanadoo en tant qu'utilisateur. Quand vous branchez votre Livebox pour la première fois, cela est normal car il faut lui fournir votre identifiant ainsi que votre mot de passe Wanadoo.

Connexion à l'ordinateur

Quand votre Livebox est synchronisée, vous pouvez alors passer à la phase de connexion à votre ordinateur. Nous allons étudier successivement la méthode pour connecter un PC sous Windows XP, un Macintosh sous OS X et un PC sous Linux. Comme nous prétendons que cet ouvrage n'est pas une vague paraphrase de la documentation officielle de la Livebox, nous allons ici le prouver et vous proposer une méthode alternative d'installation. En effet, les procédures qui sont décrites dans le **Guide de démarrage** de la Livebox utilisent le CD-ROM qui est livré dans le package et réalisent une installation automatique. Or, l'expérience prouve que les installations automatiques ne sont pas la panacée en la matière et qu'il est bien préférable d'effectuer une installation manuelle. Nous vous proposons donc de suivre nos recommandations et, en dernier recours, de suivre la procédure décrite dans le Guide de démarrage si les manipulations que nous proposons ont échoué.

Installation sous Windows

Nous partirons du principe que vous utilisez Windows XP Service Pack 2 (SP2) ; si vous utilisez une autre version de Windows, cela n'est pas très grave car le principe reste le même. Comme nous l'avons déjà dit, il existe trois façons de connecter la Livebox à un PC : par la prise réseau, par le port USB et en technologie sans fil.

Installation sur port Ethernet

Le port Ethernet, ou port réseau, permet de communiquer facilement avec un équipement réseau. Tous les PC actuels possèdent une carte réseau munie d'un port Ethernet et si votre PC est trop ancien pour en être pourvue, c'est un très bon investissement que d'acquérir une carte réseau (on en trouve à partir de 10 euros). L'installation de la Livebox à partir de la carte réseau est très simple et il est vraiment regrettable qu'un câble réseau RJ 45 n'ait pas été livré dans le package. En outre, comme nous allons le voir, ce type d'installation ne nécessite pas l'usage du CD-ROM.

Figure 2-8 Câble RJ 45

Note Ne confondez par Internet et Ethernet. Internet est le réseau des réseaux que tout le monde connaît. Ethernet, en revanche, est un protocole normalisé de réseau local. Quand on parle de carte Ethernet, il s'agit d'une carte réseau au standard Ethernet.

Conseil Si vous n'avez pas de câble réseau RJ 45, nous vous conseillons vivement d'en acquérir un pour réaliser l'installation de votre Livebox de cette manière-là.

Pour relier la Livebox à votre PC, vous devez connecter un câble réseau sur le port Ethernet de votre carte réseau, puis brancher l'autre extrémité du câble sur le port réseau rouge de la Livebox qui est situé sur le côté.

Sur la Livebox Sagem, vous placerez le câble RJ 45 dans la prise indiquée ETH1.

Figure 2-9 Emplacement du câble RJ 45 sur la Livebox Sagem

Sur la Livebox Inventel, vous placerez le câble RJ 45 dans la prise surmontée d'un autocollant rouge.

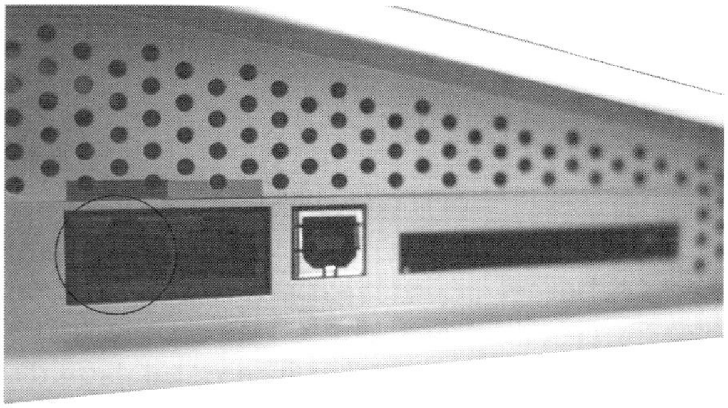

Figure 2-10 Emplacement du câble RJ 45 sur la Livebox Inventel

Quand le branchement du câble RJ 45 est terminé, vous pouvez alors faire communiquer votre Livebox et votre PC. Windows signale d'ailleurs que la connexion s'est effectuée correctement.

Figure 2-11 Détection de la connexion réseau

Il ne vous reste alors plus qu'à accéder à l'utilitaire de configuration de la Livebox pour saisir votre identifiant de connexion et votre mot de passe Wanadoo, puis vous pourrez naviguer sur Internet.

Important Tous les réglages de la Livebox s'effectuent au travers d'une interface Web qui s'exécute par conséquent dans un navigateur Internet. Pour accéder à ce logiciel de configuration, il faut lancer l'exécution d'un navigateur Internet, puis au lieu de saisir une adresse de site Web, saisir l'adresse de la passerelle. Vous accédez ainsi à tous les paramètres de votre Livebox. Il est très important que vous appreniez rapidement à maîtriser cette technique d'accès au logiciel de paramétrage de votre Livebox qui reste valable quel que soit le moyen par lequel vous êtes connecté à votre Livebox (Ethernet, USB ou Wi-Fi).

Procédure pour le modèle Inventel

Attention Dans la procédure que nous allons décrire, nous n'utilisons pas le CD-ROM de la Livebox.

Exécutez votre navigateur Internet puis, dans la barre d'adresse, saisissez l'adresse de la Livebox : **192.168.1.1**

La page d'accueil de la Livebox apparaît.

Si votre Livebox n'est pas synchronisée, vous verrez apparaître le message **Pas de détection de la ligne** dans la zone Statut ADSL. Dans ce cas-là, il est inutile de poursuivre l'installation, la synchronisation de votre ligne étant un préalable à toute installation.

Si votre Livebox est synchronisée, cliquez sur le lien hypertexte Accès aux pages de configuration.

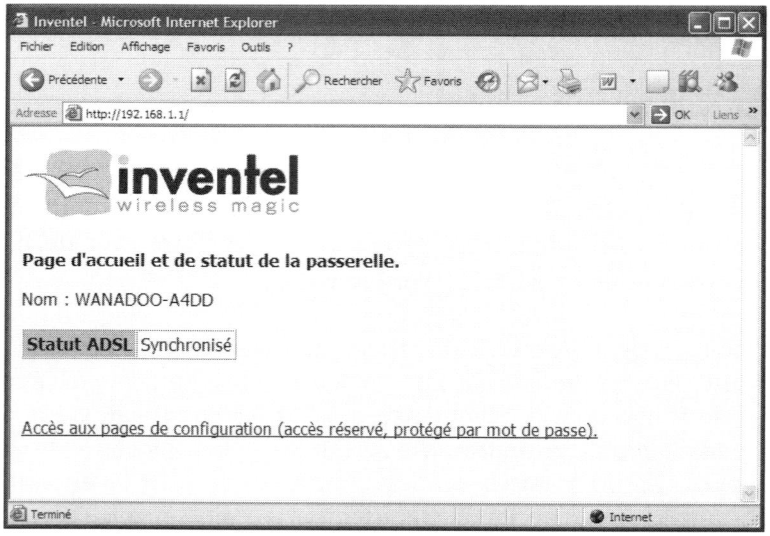

Figure 2-12 Page d'accueil de l'interface de paramétrage de la Livebox Inventel

Une boîte de dialogue apparaît et vous demande de saisir un nom d'utilisateur et un mot de passe. Dans ces deux zones de texte, vous devez saisir le libellé **admin**. Vous pourrez changer ultérieurement ce mot de passe par défaut.

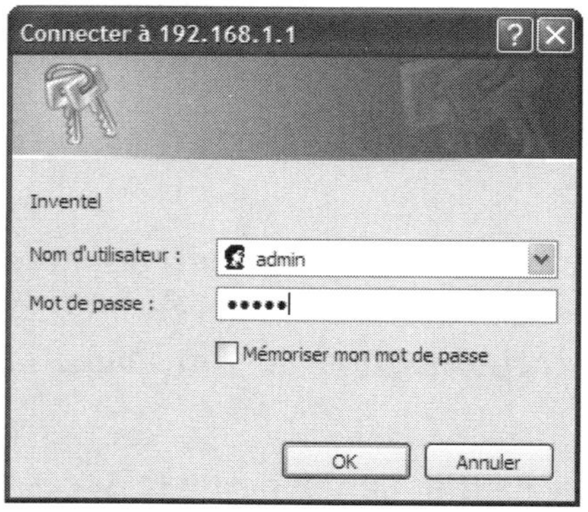

Figure 2-13 Saisie du mot de passe de la Livebox Inventel

Une fois l'identifiant et le mot de passe saisis, vous accédez à la page où vous devez renseigner les informations de votre compte Wanadoo. Normalement, ces renseignements vous ont été transmis par la poste ou bien par un agent commercial de France Telecom. Votre identifiant ADSL commence toujours par les caractères **fti/**.

Attention La saisie de l'identifiant et du mot de passe Wanadoo doit être faite de manière rigoureuse en respectant bien la différence entre les minuscules et les majuscules. Dans le cas contraire, vous ne serez pas identifié correctement et vous ne pourrez pas accéder à Internet. Si la tentative de connexion échoue, saisissez à nouveau votre identifiant et votre mot de passe car la différence entre certains caractères est parfois très ténue, par exemple entre le l (L) en minuscule et le chiffre 1 (un). Les sources d'erreurs sont d'autant plus importantes que la saisie du mot de passe s'effectue en mode masqué, si bien que vous saisissez en aveugle.

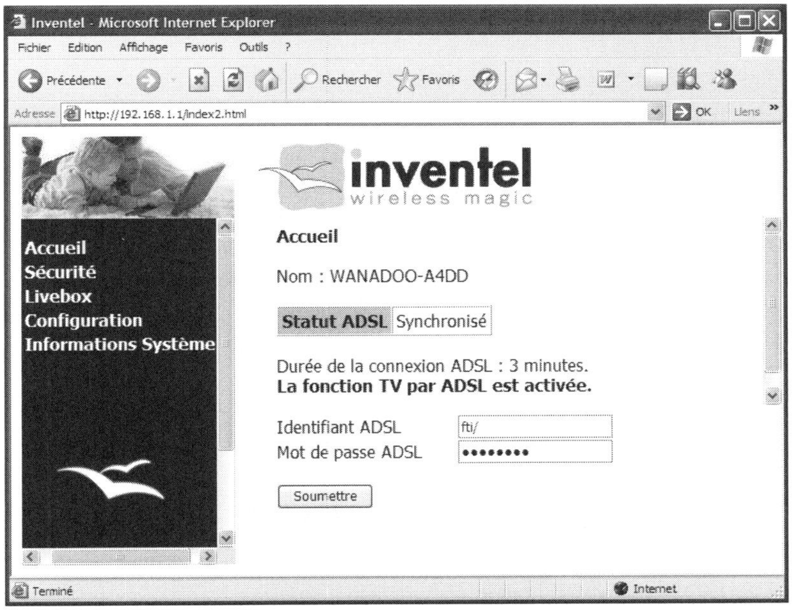

Figure 2-14 Saisie de l'identifiant et du mot de passe Wanadoo

Quand ces deux informations ont été saisies, cliquez sur le bouton **Soumettre**. Si tout se passe bien, vous devez voir apparaître l'écran illustré à la figure 2-15.

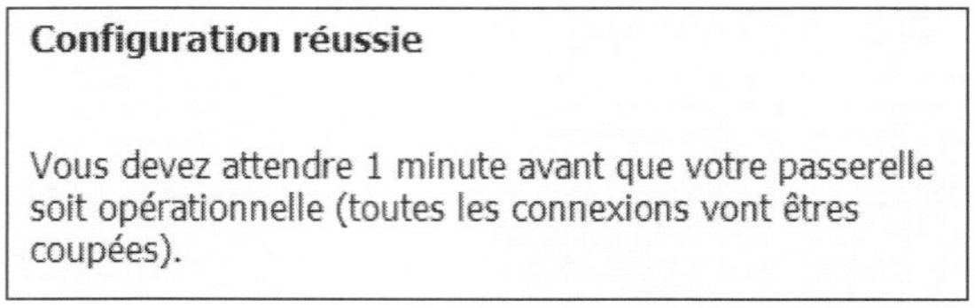

Figure 2-15 La connexion à Internet est réalisée

Quand la Livebox redémarre, elle affiche alors l'adresse IP qui vous a été attribuée par Wanadoo.

Figure 2-16 Une adresse IP vous a été attribuée par Wanadoo

Vous êtes à présent connecté à Internet en ADSL et vous pouvez profiter pleinement de votre accès.

Procédure pour le modèle Sagem

Attention Dans la procédure que nous allons décrire, nous n'utilisons pas le CD-ROM de la Livebox.

Exécutez votre navigateur Internet puis, dans la barre d'adresse, saisissez l'adresse de la Livebox : **192.168.5.1**

Une boîte de dialogue apparaît et vous demande de saisir un nom d'utilisateur et un mot de passe. Dans ces deux zones de texte, vous devez saisir le libellé **admin**. Vous pourrez changer ultérieurement ce mot de passe par défaut.

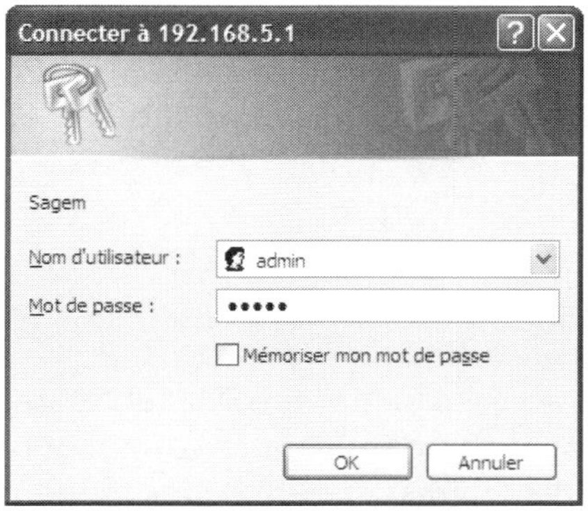

Figure 2-17 Saisie du mot de passe de la Livebox Sagem

Après avoir validé ces deux informations, la page d'accueil de la Livebox apparaît.

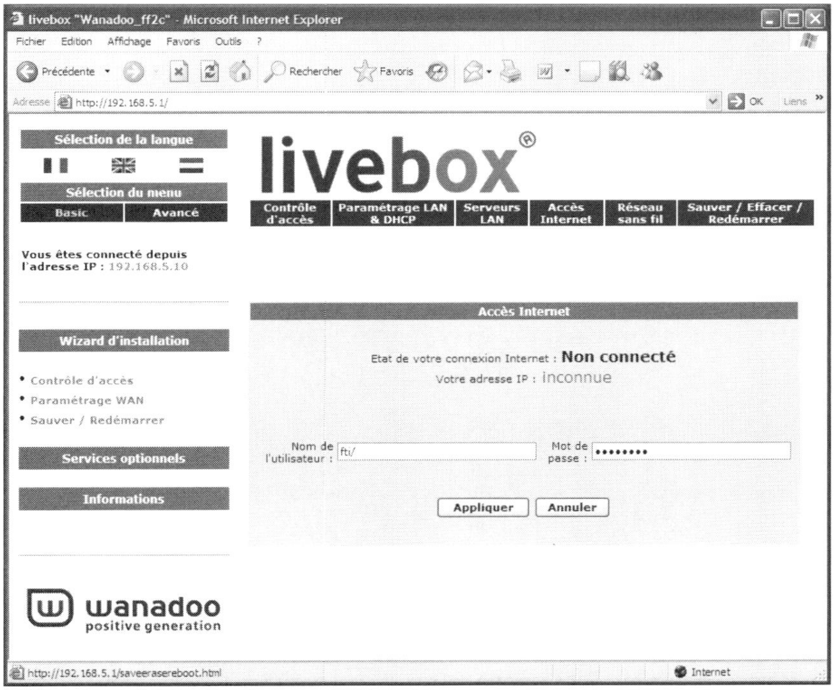

Figure 2-18 Page d'accueil de l'interface de paramétrage de la Livebox Sagem

Vous allez renseigner sur cette page les informations de votre compte Wanadoo. Normalement, ces renseignements vous ont été transmis par la poste ou bien par un agent commercial de France Telecom. Votre identifiant ADSL commence toujours par les caractères **fti/**.

Attention La saisie de l'identifiant et du mot de passe Wanadoo doit être faite de manière rigoureuse en respectant bien la différence entre les minuscules et les majuscules. Dans le cas contraire, vous ne serez pas identifié correctement et vous ne pourrez pas accéder à Internet. Si la tentative de connexion échoue, saisissez à nouveau votre identifiant et votre mot de passe car la différence entre certains caractères est parfois très ténue, par exemple entre le l (L) en minuscule et le chiffre 1 (un). Les sources d'erreurs sont d'autant plus importantes que la saisie du mot de passe s'effectue en mode masqué, si bien que vous saisissez en aveugle.

Saisissez les informations correctes dans les champs **Nom de l'utilisateur** et **Mot de passe**, puis cliquez sur le bouton **Appliquer**. Si tout se passe bien, vous devez voir apparaître l'écran illustré à la figure 2-19.

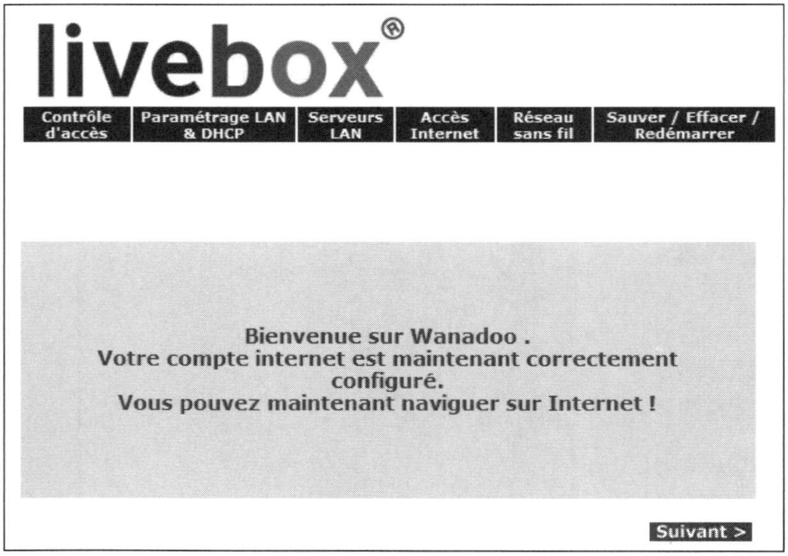

Figure 2-19 La connexion à Internet a réussi

La page d'accueil de la Livebox indique à présent que vous êtes connecté à Internet et affiche l'adresse IP qui vous a été attribuée par Wanadoo. Vous pouvez à présent profiter pleinement de votre connexion Internet.

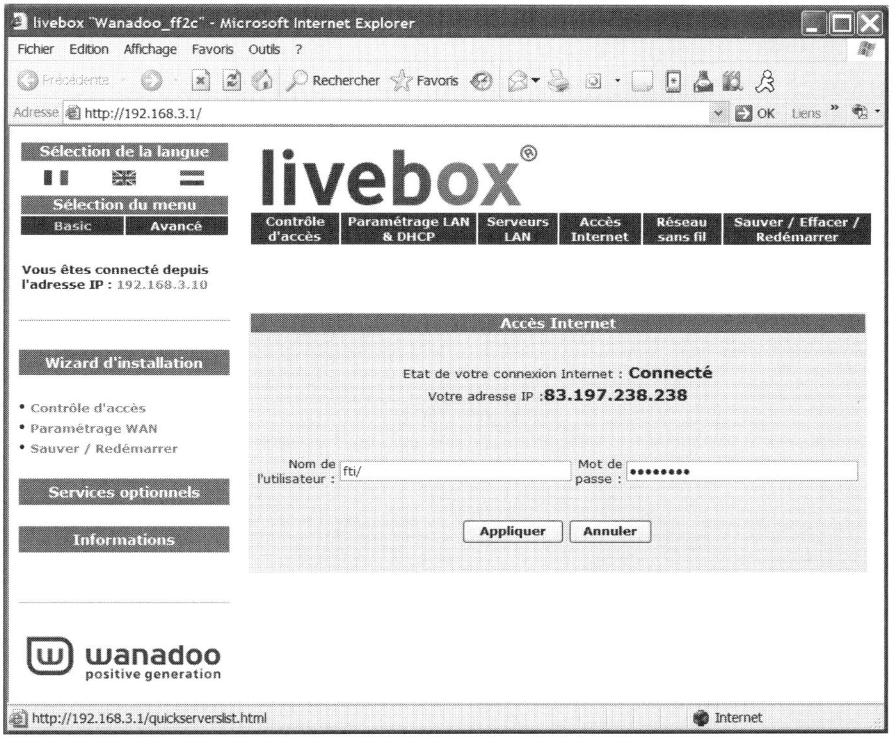

Figure 2-20 Une adresse IP vous a été attribuée par Wanadoo

Installation sur port USB

Le package de la Livebox est livré avec un cordon USB qui vous permet de la relier à votre ordinateur. Pour autant, nous vous déconseillons vivement d'utiliser ce mode de connexion. En effet, bon nombre d'utilisateurs qui installent la Livebox sur un port USB rencontrent des problèmes de stabilité ou de performance. Il est donc toujours préférable de privilégier une connexion à la Livebox par le port Ethernet.

En Ethernet, le débit est plus élevé et vous n'avez pas besoin d'installer de pilote, les pilotes de la carte réseau étant en général déjà installés sur votre machine.

Si malgré tout, vous persistez à vouloir utiliser le cordon USB, nous vous présentons ci-dessous les procédures pour les deux modèles de Livebox.

Procédure pour le modèle Inventel

Il n'est pas obligatoire de lancer la procédure automatique d'installation qui figure sur le CD-ROM avec ce modèle de Livebox, mais vous aurez quand même besoin des fichiers des pilotes USB qui se trouvent sur le CD-ROM.

Commencez par brancher le câble USB dans l'emplacement qui se trouve sur le côté de la Livebox.

Figure 2-21 Câble USB

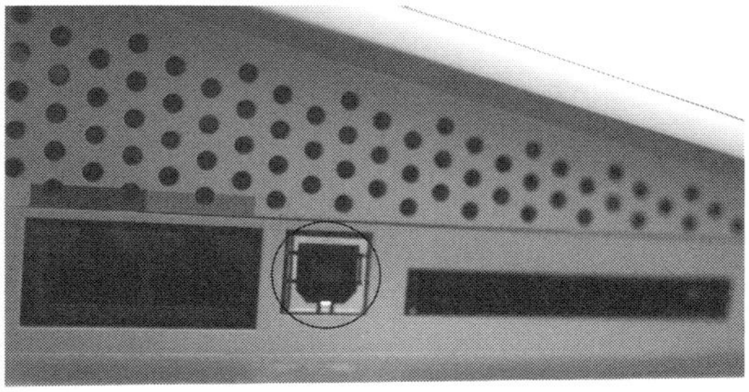

Figure 2-22 Emplacement du câble USB sur la Livebox Inventel

Connectez ensuite l'autre extrémité du câble sur un port USB de votre ordinateur. Aussitôt le branchement effectué, Windows détecte la présence d'un nouveau périphérique.

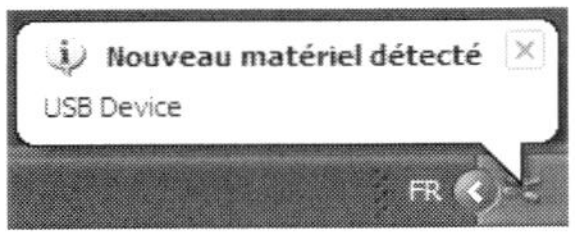

Figure 2-23 Détection de la Livebox par Windows

Quelques secondes plus tard, la fenêtre de l'**Assistant Ajout de nouveau matériel détecté** apparaît.

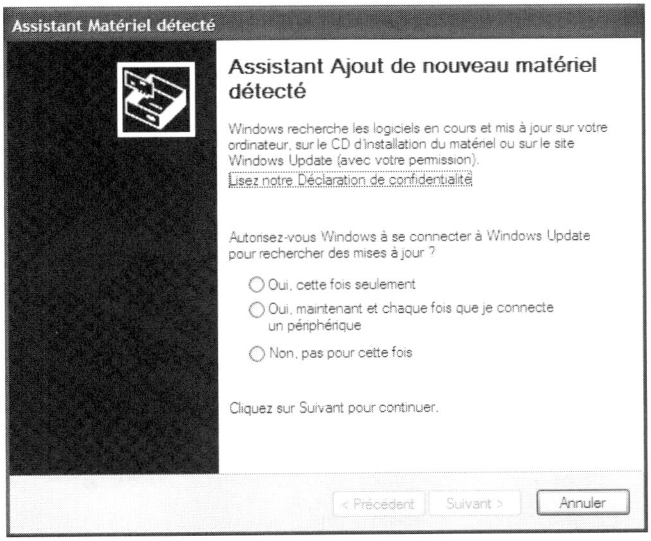

Figure 2-24 Assistant Ajout de nouveau matériel détecté

Sur le premier écran de l'assistant, cochez l'option **Non, pas pour cette fois** et cliquez sur le bouton **Suivant**.

Sur le deuxième écran de l'assistant, cochez l'option **Installer à partir d'une liste ou d'un emplacement spécifié** et cliquez sur le bouton **Suivant**.

Sur le troisième écran de l'assistant, cochez les options **Rechercher le pilote dans ces emplacements** et **Inclure cet emplacement dans la**

recherche ; cliquez sur le bouton **Parcourir** et désignez le dossier **Drivers\USB** du CD-ROM livré avec la Livebox (que vous aurez pris soin d'installer dans votre lecteur de CD-ROM ; si ce dernier démarre automatiquement, fermez l'application) qui, comme son nom l'indique contient le pilote USB. Cliquez sur le bouton **Suivant**.

Windows affiche la boîte de dialogue illustrée à la figure 2-25.

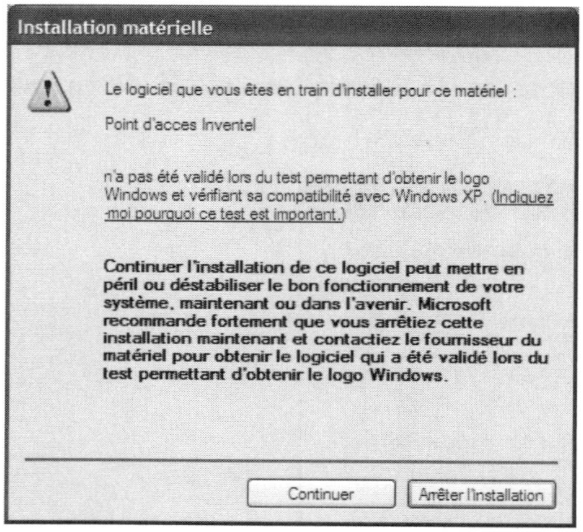

Figure 2-25 Message d'alerte de l'Assistant Ajout de nouveau matériel détecté

Vous devez ignorer cette mise en garde et cliquer sur le bouton **Continuer**. L'assistant installe alors les pilotes du Point d'accès Inventel et vous quitterez le dernier écran de l'assistant en cliquant sur le bouton **Terminer**.

Votre Livebox est à présent opérationnelle et il ne vous reste plus qu'à saisir votre identifiant et votre mot de passe Wanadoo. Pour ce faire, reportez-vous plus haut à la procédure décrite pour la connexion à un port Ethernet (modèle Inventel).

Procédure pour le modèle Sagem

Pour ce type de Livebox, vous devez utiliser la procédure automatique qui figure sur le CD-ROM car les fichiers des pilotes figurent sous forme compressée sur le CD et il est donc impossible d'utiliser la méthode employée pour une Livebox Inventel.

Si votre CD-ROM ne démarre pas automatiquement quand vous l'insérez dans votre lecteur, exécutez le programme **LiveBox** situé dans la racine du CD.

Le premier écran de l'application vous invite à désactiver votre pare-feu et votre antivirus, ainsi qu'à fermer toutes les applications. Si vous êtes discipliné, vous pouvez vous plier à ces recommandations et, dans le cas contraire, les ignorer. Cliquez sur le bouton **Suivant**.

Dans l'écran suivant, cliquez sur le bouton **Installation d'un ordinateur supplémentaire**.

Dans l'écran suivant, cliquez sur le bouton **Câble USB**.

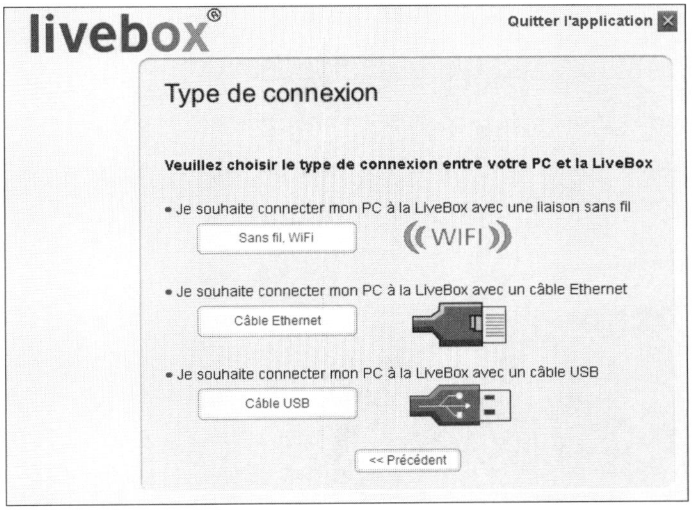

Figure 2-26 Choix du type d'installation pour la Livebox Sagem

Une très belle animation vous indique comment procéder au branchement du câble qui relie la Livebox à votre ordinateur. Si vous n'avez pas eu le temps de bien voir cette animation, vous pouvez cliquer sur le bouton **Relancer l'animation**. Vous disposez de 5 minutes pour réaliser le branchement.

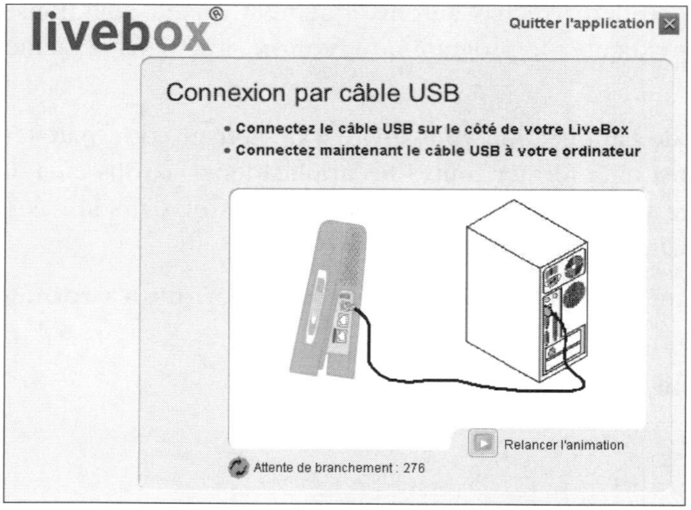

Figure 2-27 Animation indiquant la procédure de branchement en USB

La prise USB est située sur le côté de la Livebox et vous devez brancher le câble sur la prise qui comporte la mention USB PC.

Figure 2-28 Prise USB sur la Livebox Sagem

Quand le pilote est installé, une info-bulle indique que le matériel a été détecté.

Figure 2-29 Le pilote USB de la Livebox Sagem a été installé

Cliquez sur le bouton **OK** dans le dernier écran de l'assistant. Votre Livebox est à présent opérationnelle et il ne vous reste plus qu'à saisir votre identifiant et votre mot de passe Wanadoo. Pour ce faire, reportez-vous plus haut à la procédure décrite pour la connexion à un port Ethernet (modèle Sagem) ; vous devez cependant modifier l'adresse indiquée dans la procédure puisque l'adresse à saisir dans le navigateur quand on est connecté via le port USB est :

```
192.168.2.1
```

Installation en Wi-FI

L'installation en Wi-Fi sera détaillée dans un chapitre spécial consacré à cette technologie *(chapitre 5)*. Si vous souhaitez utiliser votre Livebox uniquement en Wi-Fi, nous vous invitons donc à lire ce chapitre, mais également à parcourir le chapitre 4 qui constitue une introduction aux réseaux sans fil.

Nous vous rappelons cependant que la procédure d'installation grâce à un câble RJ 45 est plus simple. Même si vous voulez vous connecter en Wi-Fi à la Livebox, nous vous recommandons de procéder d'abord à une installation sur le port Ethernet et, par la suite, d'installer votre équipement Wi-Fi.

Installation sous Mac

L'installation en Ethernet est simplissime sous Macintosh et se présente exactement de la même manière que sous Windows. En théorie, vous n'avez qu'à brancher un câble RJ 45 entre votre Mac et la Livebox et suivre la procédure détaillée plus haut pour une connexion en Ethernet sous Windows (suivez la procédure qui concerne votre modèle de Livebox) dans la mesure où l'installation se déroule dans une interface Web.

Si vous n'arrivez pas à vous connecter en Ethernet à la Livebox, vérifiez les paramètres réseau du Macintosh en allant dans le menu Pomme puis dans **Configuration réseau** et **Préférences de Réseau**. Les paramètres doivent être ceux qui sont illustrés à la figure 2-30.

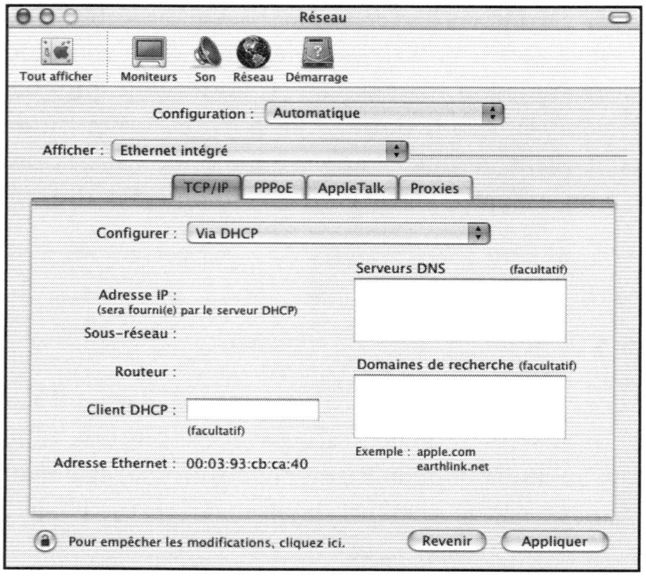

Figure 2-30 Paramètres réseau du port Ethernet sous Macintosh

Tout comme sous Windows, il vous sera demandé un identifiant et un mot de passe pour accéder à l'interface de configuration de la Livebox.

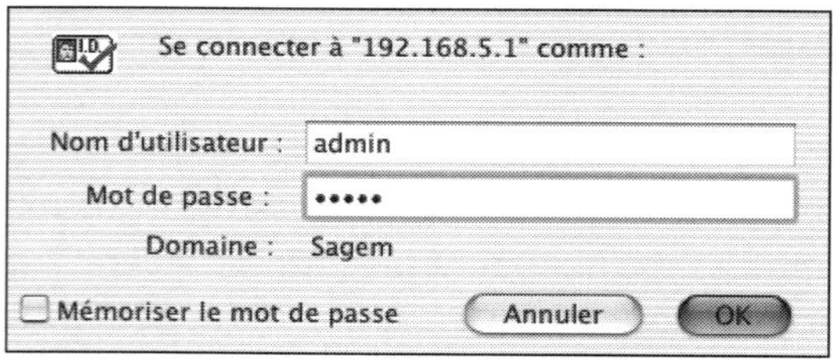

Figure 2-31 Saisie d'un identifiant et d'un mot de passe pour accéder à la Livebox Sagem sous Macintosh

Une fois connecté à l'écran principal de l'interface Web de configuration de la Livebox, vous devez saisir votre identifiant et votre mot de passe Wanadoo.

Important Il n'existe pour l'instant (et sans doute jamais…) de pilote compatible Macintosh pour relier la Livebox à un port USB du Mac.

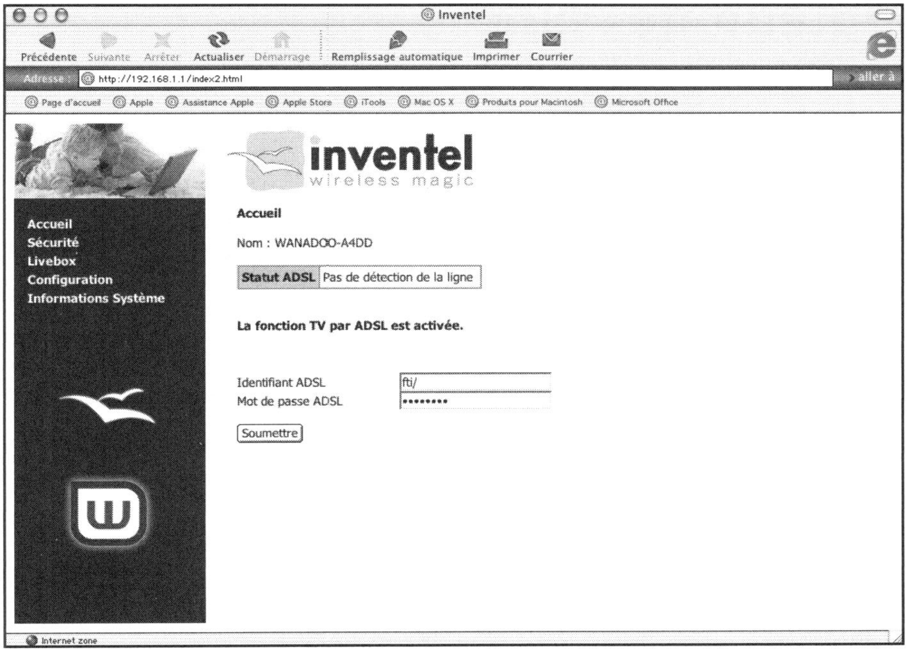

Figure 2-32 Interface de configuration d'une Livebox Inventel sous Macintosh

La configuration d'un Macintosh en Wi-Fi (Airport) sera étudiée au chapitre 5.

Installation sous Linux

L'installation de la Livebox ne pose aucun problème sous Linux si elle est réalisée en Ethernet. La configuration étant identique à celle sous Windows, vous voudrez bien vous reporter plus haut à la section traitant de l'installation de votre modèle de Livebox en Ethernet.

Il n'existe pas pour l'instant de pilote pour brancher la Livebox sur un port USB sous Linux.

Vous trouverez plus d'informations sur l'installation d'une Livebox sous Linux à l'adresse suivante :

`http://www.funix.org/fr/linux/livebox.htm`

Obtenir de l'aide

Si vous avez réussi à configurer votre Livebox et vous connecter à Internet, vous avez déjà accompli une bonne partie du chemin ; cela étant, la Livebox étant un produit riche de fonctionnalités et donc complexe, il vous arrivera très certainement un jour d'avoir à chercher de l'aide parce que quelque chose ne marche pas.

Support téléphonique

Wanadoo propose une assistance technique par téléphone (hotline), mais son prix (0,34 centimes d'euros la minute), son encombrement et le niveau de compétence moyen des techniciens incitent à la plus grande prudence et nous vous recommandons de n'utiliser ce service qu'en cas d'ultime recours. Vous constaterez à la lecture de cette section qu'il existe de nombreux moyens d'obtenir de l'aide de manière plus efficace et sans se ruiner.

Nous nous permettons d'insister sur le fait que votre connexion ADSL implique en fait de nombreux intervenants et qu'avant d'appeler au secours il convient de tenter de déterminer la source du problème afin de se tourner vers le bon interlocuteur. Voici la liste des différentes entités qui sont impliquées dans le bon (ou mauvais) fonctionnement de votre Livebox :

France Telecom	service réseau (entre le central téléphonique et votre habitation)
Wanadoo	abonnement Internet service de voix sur IP
Sagem ou Inventel	constructeur de votre Livebox
TPS ou Canal Satellite	abonnement à la télévision par ADSL

Bien évidemment, il n'existe pas de numéro d'appel unique et chaque entité possède son propre système de gestion du support client. Nous avons déjà dit tout le mal que nous pensons de la hotline de Wanadoo, mais il existe d'autres moyens d'obtenir une assistance téléphonique sans se ruiner.

Vous pouvez notamment appeler le 10 13 (appel gratuit) qui gère les dérangements et possède une cellule Internet. Un appel à ce service permettra d'isoler le niveau de la panne et de savoir si c'est le réseau de France Telecom qui est en cause ou bien votre installation personnelle. En appelant le 10 13, vous pourrez demander à distance un test de votre ligne ADSL et le technicien vous dira tout de suite si votre ligne est en dérangement.

Si vous avez souscrit votre abonnement Wanadoo et loué votre Livebox dans une agence commerciale France Telecom, vous pouvez également appeler le 10 14 et vous plaindre de la mauvaise qualité du service. Vous pourrez aussi argumenter sur le principe que votre agence, en tant que revendeur, est responsable de la bonne marche du produit qu'elle vous a commercialisé. Si en plus vous prétendez que la hotline de Wanadoo est injoignable, il n'est pas rare que l'employé appelle à votre place l'assistance téléphonique de Wanadoo et vous transfert gratuitement l'appel, ce qui sera toujours ça d'économisé.

Note Le constructeur Sagem propose à ses clients un support téléphonique que vous pouvez joindre au numéro suivant : 01 40 70 60 60.

Documentations électroniques

Aussi étonnant que cela puisse paraître, l'utilisateur lambda de l'outil informatique rechigne à lire les documentations officielles qui lui sont proposées, mais (heureusement pour nous) n'hésite pas à acquérir des ouvrages sur le matériel ou les logiciels qu'il emploie. À sa décharge, il faut bien souvent reconnaître que les documentations techniques des constructeurs de matériels et éditeurs de logiciels sont mal rédigées et parfois mal traduites.

En ce qui concerne la Livebox, il n'y a pas de problème de traduction dans la mesure où le produit est conçu par des équipes françaises. Sagem et Inventel proposent toutes les deux une documentation technique de leur produit qui, à défaut d'être très pédagogique, fournit de nombreux renseignements. Il s'agit donc là d'une bonne source d'information et nous vous conseillons de consulter ces documents en cas de besoin ou bien pour approfondir vos connaissances sur la Livebox.

Pour la Livebox Inventel, le fichier d'aide en ligne se trouve dans le dossier `\FR\Inventel\doc` à partir de la racine du CD. Ce fichier, au format HTML compilé, est intitulé HelpGW_FR_36.chm.

Pour la Livebox Sagem, il n'y a pas de documentation au format électronique sur le CD et il faut se la procurer en ligne à l'adresse suivante :

`http://www.sagem.com/support/site/livret/288060374-01.zip`

Note La Livebox Sagem est référencée sous le nom de produit F@st 3202. La page d'accueil du support concernant la Livebox Sagem se trouve à l'adresse suivante :

```
http://www.sagem.com/support/site/
modele_fax.php?page=produit
```

Support en ligne

Le constructeur Inventel propose à ses clients un support en ligne que vous pouvez contacter à l'adresse suivante :

`http://www.inventel.com/fr/support/register`

Pour pouvoir bénéficier de ce support, vous devez vous enregistrer. Pour ce faire, Inventel vous demande de saisir les 6 derniers caractères de la clé WEP du produit ainsi que les 4 derniers caractères du numéro du produit. En fait, pour cette dernière information, il s'agit des 4 derniers caractères du SSID (cette notion ainsi que celle de clé WEP seront abordées ultérieurement). Vous trouverez ces deux renseignements sur une étiquette autocollante située au dos du boîtier qui contient le CD-ROM d'installation.

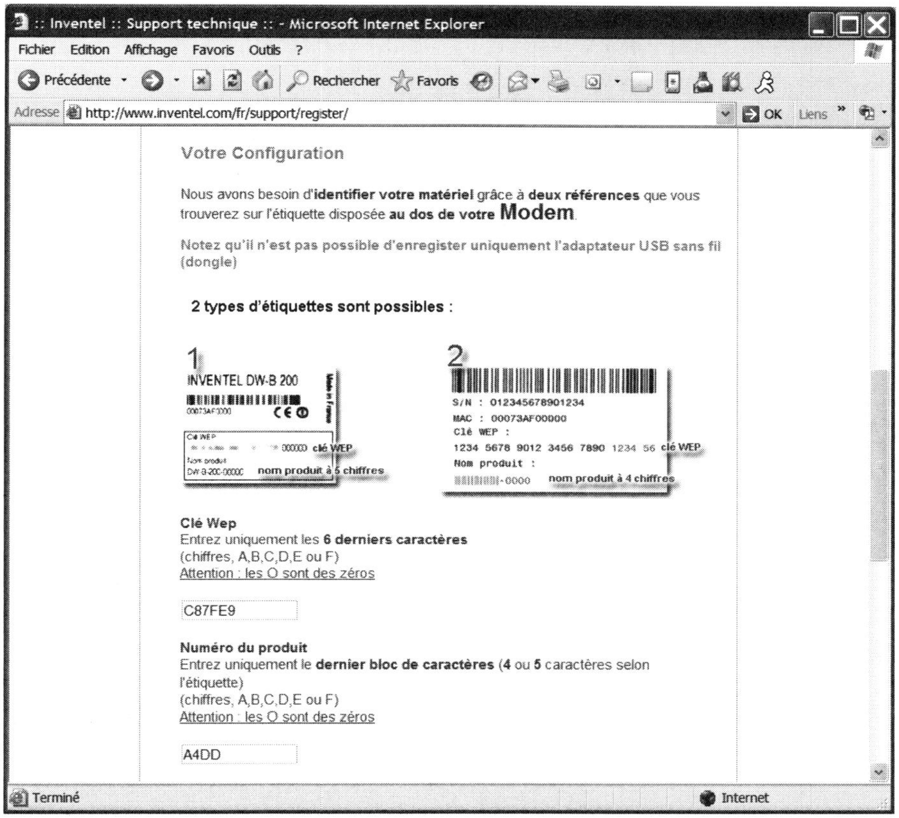

Figure 2-33 Inscription au support en ligne de la Livebox Inventel

Une fois que vous vous serez enregistré, vous aurez accès à différentes documentations (FAQ, guides et copie du CD-ROM d'installation). De plus, vous pourrez laisser un message électronique au support technique qui vous répondra par courriel.

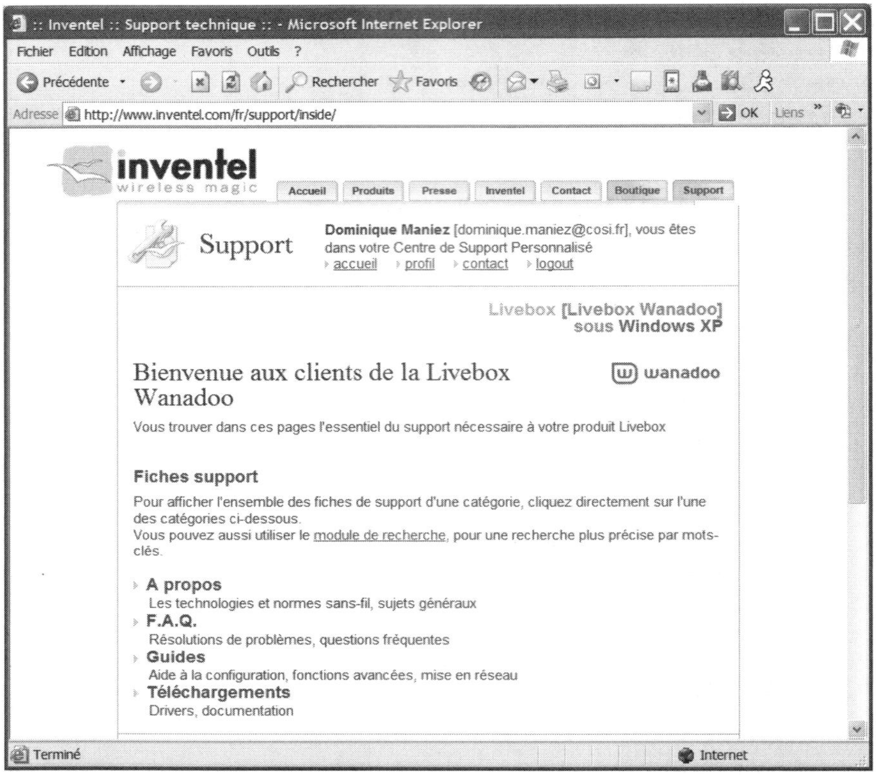

Figure 2-34 Support en ligne de la Livebox Inventel

Sites Web

Devant le succès commercial de la Livebox (416 000 clients au mois de mars 2005), il était normal que des sites Web consacrés à ce sujet apparaissent. Vous trouverez ci-dessous une série d'adresses de sites qui traitent de la Livebox.

Une mention spéciale doit être faite au sujet du site accessible à l'URL suivante :

`http://livebox.forumactif.com/`

Ce site Web héberge un forum où des passionnés de technologie échangent des informations et renseignent les utilisateurs qui ont des soucis avec leur Livebox.

Extrêmement complet, ce forum est classé en rubriques qui permettent de s'orienter efficacement dans la recherche des informations. De plus, de nombreux tutoriels documentent des manipulations complexes. Totalement indépendant de France Telecom, ce forum est un bon exemple de ce qui se fait de mieux sur Internet en matière de communauté virtuelle.

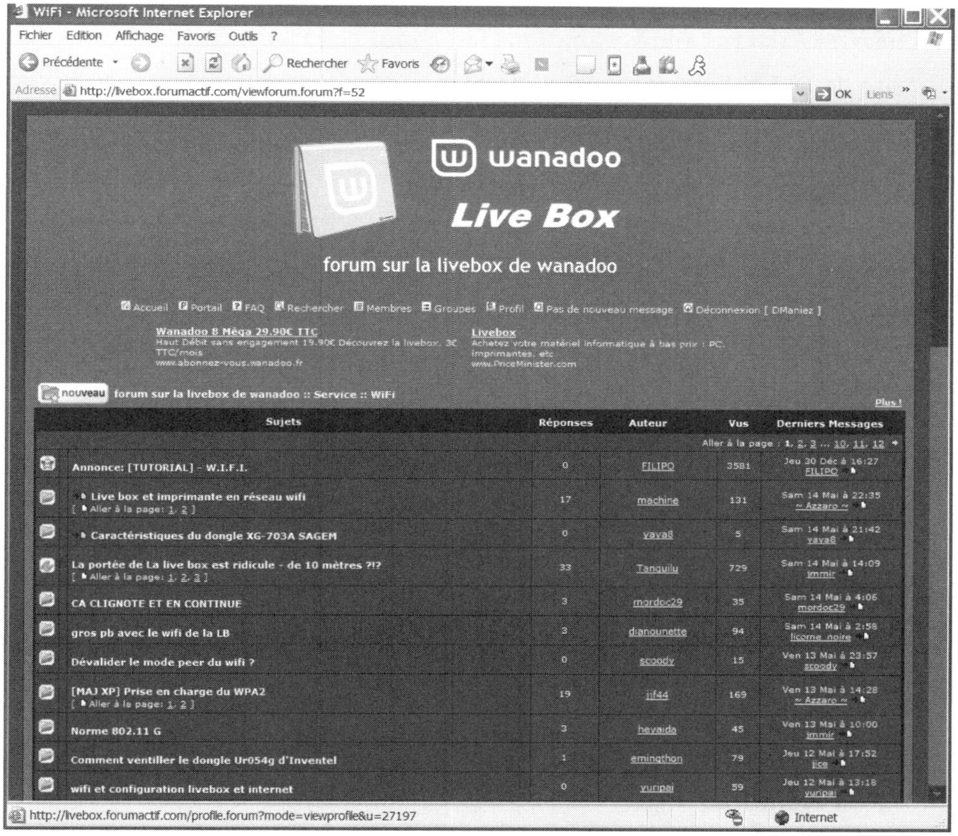

Figure 2-35 Forum consacré à la Livebox

Conseil Si vous voulez vous faire accepter sur ce forum (ainsi que sur tous les autres), ayez la courtoise, avant de poser une question, de regarder si la réponse n'a pas déjà été postée par un autre membre du forum. Un outil de recherche permet d'effectuer une requête sur les messages postés dans le forum en saisissant des mots-clés.

Voici une liste d'autres sites qui offrent un volume d'informations moins important, mais qui proposent cependant des renseignements intéressants :

Pages de l'assistance en ligne de Wanadoo :

`http://assistance.wanadoo.fr/reponse1118.asp`

Site de DSL Valley, consacré à l'ADSL :

`http://www.dslvalley.com/`

Site sur la Livebox Inventel

`http://www.didierg.com/lbgeeks/`

Site sur la Livebox Sagem :

`http://beworld.homeftp.org/`

Site sur les modems ADSL :

`http://perso.wanadoo.fr/yrduab/index.htm`

Site sur les pilotes Sagem :

`http://lgsagem.free.fr/drivers_fast3202.htm`

Questions/Réponses

QUESTION Ma Livebox émet une lumière qui me gêne : comment l'éteindre ?

RÉPONSE Sous la Livebox Sagem, il y a un bouton portant la mention W qui permet de faire clignoter plus ou moins vite le logo de Wanadoo ou bien de l'éteindre. Appuyez sur ce bouton jusqu'à ce que la lumière s'éteigne.

Au dos de la Livebox Inventel, il y a deux boutons ; le bouton numéro 2 est un interrupteur qui permet d'éteindre le logo lumineux de France Telecom.

Vous noterez que ces réglages ne sont pas permanents et qu'il faudra les renouveler si vous redémarrez la Livebox.

QUESTION Ma Livebox a l'air complètement bloquée et plus rien ne fonctionne : que dois-je faire ?

RÉPONSE Il suffit de couper l'alimentation électrique, d'attendre une dizaine de secondes, puis de rebrancher le courant.

Si plus rien ne fonctionne, mais que vous arrivez quand même à accéder à l'interface d'administration par Web, vous pouvez aussi redémarrer votre Livebox Sagem à distance : sélectionnez le menu Basic, puis Sauver / Effacer / Redémarrer et cliquez sur le bouton Redémarrer.

QUESTION Comment revenir aux paramètres usine de ma Livebox ?

RÉPONSE Si vous constatez un fonctionnement chaotique de votre Livebox, le plus simple est de revenir à la configuration usine, c'est-à-dire de rétablir les paramètres qui étaient en vigueur au moment de la première utilisation de votre Livebox. À l'issue du retour à la configuration usine, vous devez saisir à nouveau votre identifiant Wanadoo.

Pour le modèle Sagem, localisez sous la Livebox le bouton portant la mention RST. Quand la Livebox est sous tension, maintenez ce bouton appuyé jusqu'à ce que les cinq voyants clignotent, puis restent allumés. Tout en conservant le doigt appuyé sur le bouton RST, coupez l'alimentation électrique de la Livebox, puis rebranchez-là. Relâchez le bouton RST quand les voyants s'éteignent.

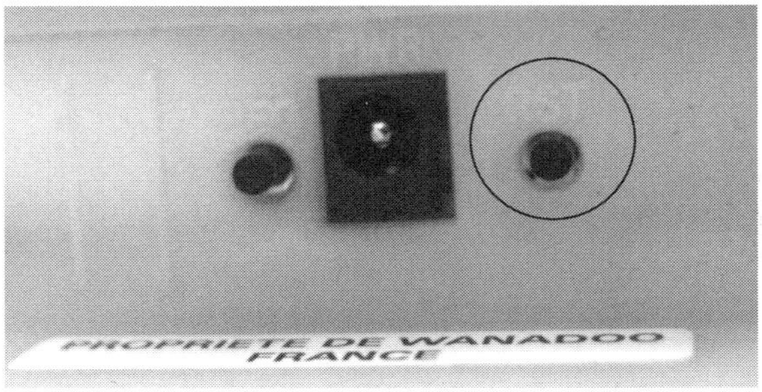

Pour le modèle Inventel, localisez au dos de la Livebox le bouton portant le numéro 1. Débranchez tous les câbles reliés à la Livebox ; maintenez le doigt appuyé sur le bouton 1 et branchez le cordon d'alimentation. Gardez ce bouton enfoncé jusqu'à ce que les trois voyants centraux (⚠ @ ▶▶ ✆ ((•))) s'allument. Relâchez ensuite le bouton numéro 1. Le voyant de droite clignote alors 5 fois puis tous les voyants clignotent en même temps. Vous pouvez à ce moment-là redémarrer votre Livebox car la procédure de retour à la configuration usine est terminée.

⇄ QUESTION Comment améliorer la qualité de ma ligne ADSL ?

RÉPONSE Comme nous l'avons déjà expliqué, la qualité de votre ligne dépend de son éloignement par rapport au central téléphonique. Il existe cependant de nombreux autres facteurs qui peuvent expliquer la mauvaise qualité d'une ligne. Faites attention notamment aux perturbations électriques ; éloignez autant que possible de la prise téléphonique toute source de perturbation électrique, comme une lampe halogène de forte puissance ou bien un radiateur électrique. N'utilisez pas de rallonge de téléphone à moins qu'elle ne soit d'excellente qualité et que le câble soit blindé. N'utilisez pas plus de trois prises filtre et si besoin faites poser un filtre maître. Vérifiez la qualité de vos prises et de vos câbles.

Si vous êtes bricoleur, vous trouverez sur les deux sites Web suivants des informations intéressantes sur les moyens d'améliorer le signal ADSL en modifiant vos prises téléphoniques :

`http://www.freenews.fr/gallery/condensateur`

`http://goctruc.free.fr/`

CHAPITRE 3

Notions fondamentales sur les réseaux

La Livebox est un produit censé être conçu pour le grand public, mais elle n'en demeure pas moins un équipement réseau. Bon nombre d'utilisateurs ne s'en sortent pas avec la Livebox parce qu'ils ne maîtrisent pas les rudiments de l'informatique en réseau.

Les réseaux informatiques sont un sujet d'étude très complexe et il n'est pas rare de voir des ouvrages savants qui traitent de cette science dépasser un millier de pages. Dans cette courte introduction, nous allons nous concentrer sur l'essentiel et délaisser le superflu ; il est cependant important de comprendre les concepts de base qui président à l'architecture des réseaux informatiques. En effet, la compréhension de ces grands principes vous permettra de mieux cerner les problèmes que vous aurez à résoudre et facilitera vos choix quand vous allez concevoir et installer à l'aide de votre Livebox votre réseau, qu'il soit filaire ou sans fil.

Si vous maîtrisez parfaitement la notion de réseau, vous pouvez passer ce chapitre ; dans le cas contraire, considérez cette étape comme nécessaire si vous voulez profiter au maximum des possibilités de votre Livebox.

C'est quoi, un réseau ?

L'étymologie du mot « réseau » nous indique que ce terme est dérivé de « rets » qui signifie filet (rappelez-vous la fable de Lafontaine, *Le lion et le rat*). Il faut retenir de cela qu'un réseau constitue un maillage, c'est-à-dire qu'il permet des relations entre différents éléments d'une même organisation. Cela signifie que les réseaux sont vieux comme le monde et que dès que l'homme est apparu sur la terre, il a cherché à constituer des réseaux. Ces relations ne font pas forcément intervenir des critères physiques, et on parlera ainsi volontiers de réseau d'amis ou de réseau d'influence. En revanche, quand on dresse la carte d'un réseau commercial, on peut mesurer physiquement la densité du maillage, de la même manière qu'on peut mesurer la dimension des mailles d'un filet. Pour se représenter la notion de réseau, le plus simple est de penser à un réseau autoroutier ; c'est d'ailleurs cette image qui nous accompagnera souvent au cours de cet ouvrage.

Les réseaux informatiques constituent une catégorie de réseaux à part et le Petit Robert en donne la définition suivante :

« *Ensemble d'ordinateurs et de terminaux interconnectés pour échanger des informations numériques* ».

Nous retiendrons de cette définition que pour constituer un réseau, il faut au moins deux ordinateurs qui doivent être reliés. Même si nous verrons plus loin qu'un réseau informatique ne sert pas qu'à échanger des informations, les réseaux se sont développés au cours de l'histoire parce que les hommes avaient un besoin vital de communiquer.

L'acheminement du courrier par la malle-poste constitue une première tentative d'élaboration d'un réseau de communication rationnel. Plus tard, l'invention du télégraphe puis du téléphone a bouleversé la manière de communiquer entre les humains et ce sont bien des réseaux filaires qui sont à la base de ces deux technologies.

Aujourd'hui, même si nous n'en avons plus vraiment conscience, les réseaux de communication sont omniprésents dans notre vie quotidienne et on assiste à leur convergence.

Utilité d'un réseau

À l'heure du village global, chacun comprend bien que la communication est devenue une activité essentielle au développement de l'économie. Les hommes veulent s'échanger de plus en plus rapidement des marchandises et des informations. Pour ce faire, ils utilisent des réseaux de transport et de communication. On notera que l'un ne va pas sans l'autre ; quand deux personnes font du commerce, elles ont besoin à la fois d'une logistique performante et d'un système d'information cohérent. Le développement des réseaux informatiques ne peut se comprendre que dans ce contexte.

Avant de définir formellement ce qu'est un réseau informatique, tentons de voir quelles sont ces grandes fonctionnalités. Un réseau peut servir à :

- échanger des informations ;
- partager des informations ;
- partager des périphériques ;
- faire communiquer des matériels incompatibles.

Échanger des informations

La fonction première d'un réseau est bien la communication ; un réseau permet, par exemple, de s'envoyer des courriers électroniques, des documents sous la forme de fichiers ou bien des SMS. Il permet également de communiquer en direct de manière plus interactive grâce à des applications de chat ou de visioconférence.

Partager des informations

Cette fonctionnalité est légèrement différente de la précédente. Les informations ne circulent plus entre les individus, mais elles sont centralisées sur un ordinateur (appelé serveur) et chaque membre du réseau peut y avoir accès pour les lire ou les modifier. Les informations se trouvent en un lieu unique, mais tous peuvent y accéder grâce au réseau. C'est la mise en réseau des informations qui autorise le télé-travail ou le travail collaboratif *(groupware)*.

Partager des périphériques

Grâce à un réseau, on peut partager l'utilisation de certains périphériques. Cela est particulièrement avantageux quand il s'agit de périphériques coûteux comme une imprimante laser couleur. Si l'imprimante est reliée au réseau et correctement paramétrée, tous les postes peuvent s'en servir pour imprimer. Il est possible, selon le même principe, de partager la connexion à Internet.

Faire communiquer des matériels incompatibles

Un réseau a un aspect fédérateur et il permet de relier des matériels peu, voire pas compatibles. Au temps où les ordinateurs Macintosh étaient beaucoup moins civilisés et où ils ne parlaient pas du tout aux ordinateurs PC, leur mise en réseau était le seul moyen de les faire communiquer. L'adoption d'un langage commun par chacun des ordinateurs qui est relié au réseau crée les conditions d'une communication minimale.

Note Vous devez à présent avoir une vision plus claire de ce qu'est un réseau informatique et nous sommes maintenant capables d'en donner une définition formelle : infrastructure matérielle et logicielle permettant de relier des ordinateurs (appelés parfois terminaux) afin qu'ils puissent s'échanger et partager des informations numériques de toute nature (texte, son, image, vidéo) et partager des ressources.

Éléments d'un réseau

Un réseau est composé d'éléments matériels, logiciels et organisationnels. La combinaison de ces différents paramètres fait qu'il existe de très nombreux types de réseaux. Nous allons nous contenter ici de décrire certaines propriétés des réseaux, notamment :

- la topologie ;
- l'étendue ;
- le type de liaison entre les éléments du réseau ;

- la vitesse de transmission ;
- le protocole utilisé.

Topologie

La topologie ou l'architecture d'un réseau définit la manière dont les ordinateurs sont physiquement reliés les uns aux autres. Quand on conçoit un réseau, c'est la première décision à prendre. Il existe essentiellement trois topologies, mais la plus utilisée est l'architecture en étoile. La *figure 3-1* illustre un réseau en étoile.

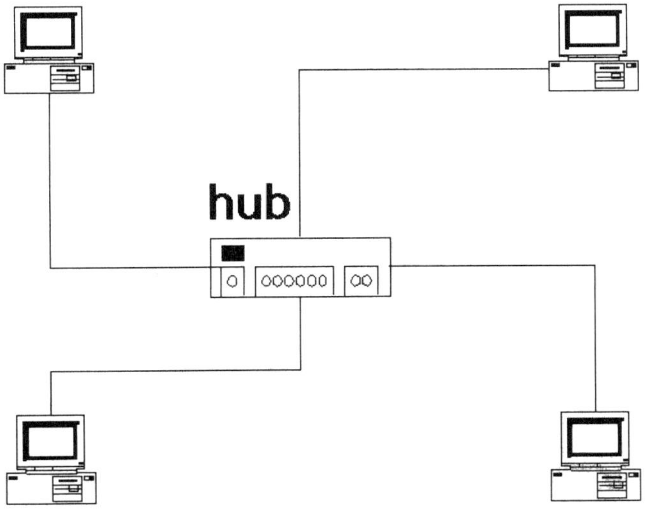

Figure 3-1 Réseau en étoile

Dans ce cas de figure, les ordinateurs sont tous reliés à un *hub* (on parle de concentrateur en français, mais personne n'utilise cette terminologie…) qui assure la communication entre tous les ordinateurs du réseau. Le hub est l'élément centralisateur par lequel toutes les informations circulent. L'avantage de cette architecture, c'est que lorsqu'un ordinateur est en panne ou un câble est rompu, seul un segment du réseau est inutilisable, et non pas le réseau en entier. Ceci n'est pas le cas dans les topologies en bus ou en anneau.

Dans une topologie en bus *(figure 3-2)*, tous les ordinateurs sont reliés au même câble.

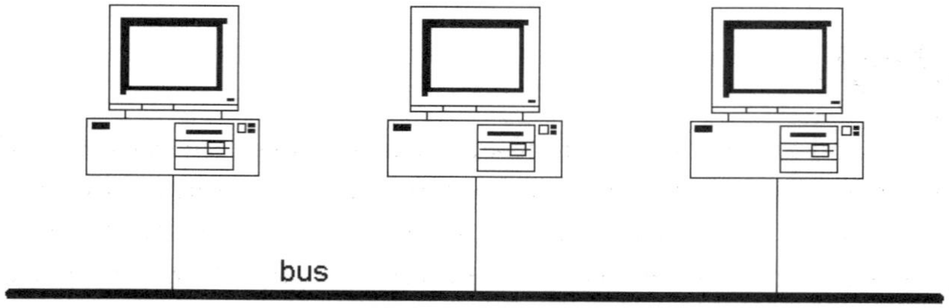

Figure 3-2 Réseau en bus

Dans une topologie en anneau *(figure 3-3)*, tous les ordinateurs sont reliés au même câble, mais le câble forme une boucle.

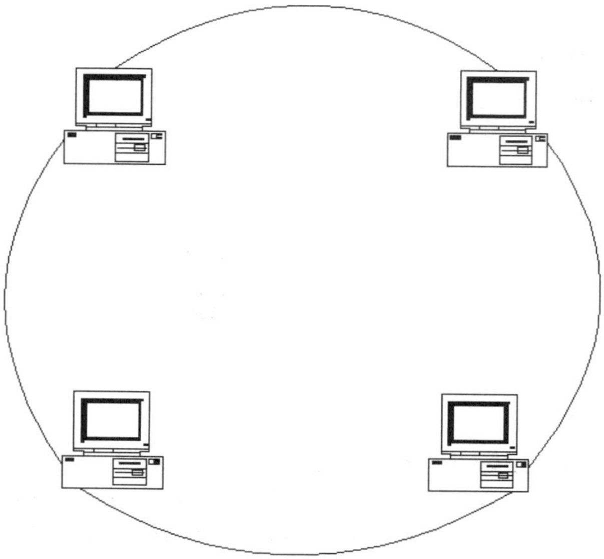

Figure 3-3 Réseau en anneau

Les architectures en bus ou en anneau sont de moins en moins utilisées en raison de leurs faibles performances et de leur administration difficile.

Étendue

Chacun comprendra bien que même si les principes restent identiques, la taille d'un réseau va conditionner de nombreux paramètres. On distingue en général quatre types de réseaux en fonction de l'étendue, selon que l'on envisage de câbler une maison ou un appartement, une entreprise, une ville ou un pays. Le tableau suivant synthétise ces quatre types de réseaux. La terminologie anglaise étant de mise en informatique, on a pris l'habitude de garder les sigles anglais ; tous ces acronymes sont donc anglais et se terminent tous par AN qui signifie Area Network et que l'on traduit par réseau.

Tableau 3-1 Différents types de réseau selon leur étendue.

Sigle	Signification	Traduction	Étendue
PAN	Personal	Réseau personnel	Habitation domestique
LAN	Local	Réseau local	Entreprise
MAN	Metropolitan	Réseau métropolitain	Ville
WAN	Wide	Réseau étendu	Pays

Chaque type de réseau aura son équivalent sans fil qui se dit *wireless* en anglais et l'on parlera donc de WPAN, WLAN, WMAN et WWAN.

Liaison entre les ordinateurs

Pour que les ordinateurs puissent physiquement communiquer entre eux, il faut plusieurs dispositifs matériels que nous allons inventorier.

Câblage

Parler de câblage dans un ouvrage consacré aux réseaux sans fil peut paraître paradoxal, mais il faut bien en dire deux mots sans trop s'étendre sur le sujet. Il existe principalement trois types de câbles :

- le câble coaxial (similaire au câble de télévision)
- la paire de fils torsadés
- la fibre optique

Vous utiliserez ponctuellement de la paire de fils torsadés pour relier différents éléments du réseau qui ne peuvent pas être connectés sans fil. Ce type de câble comporte plusieurs catégories (de 1 à 5), peut être blindé ou non et se termine en général par un connecteur baptisé RJ-45.

Conseil Si vous devez utiliser du câble réseau, nous vous conseillons d'acheter des câbles tout faits (dont le sertissage aura été effectué en usine) blindés de catégorie 5.

Liaison sans fil

C'est dans la deuxième moitié du XIXe siècle que plusieurs physiciens mirent en évidence l'existence des ondes électromagnétiques. Aujourd'hui, ces ondes sont exploitées dans de nombreux domaines (télécommande, téléphone GSM, radio, satellite, *etc.*) et l'informatique ne fait pas exception à cette règle. Pour transporter des informations sur un réseau sans fil, il suffit d'un émetteur et d'un récepteur. La miniaturisation des composants et la baisse de leur coût a permis l'essor des réseaux sans fil dont le téléphone mobile constitue le plus bel exemple.

Il existe plusieurs technologies pour transmettre des informations grâce à des ondes électromagnétiques ; on utilise principalement l'infrarouge et les ondes radio. Les réseaux Wi-Fi utilisent les ondes radio à 2,4 GHz comme mode de transmission.

Note L'adjectif hertzien vient du nom du physicien allemand Heinrich Hertz qui, en 1887, réalisa une expérience où un émetteur et un récepteur permettaient de transmettre des ondes électromagnétiques.

Interface réseau

Pour que les informations puissent circuler sur le câble entre les différents ordinateurs reliés au réseau, il faut que chaque ordinateur soit doté d'une interface réseau. Comme son nom l'indique, cet élément joue le rôle d'intermédiaire entre le câble et l'ordinateur. Autrefois, il fallait insérer dans l'ordinateur une carte réseau, mais aujourd'hui, de plus en plus d'ordinateurs sont livrés en standard avec une interface réseau équipée d'un connecteur RJ-45, notamment les ordinateurs portables.

Même quand on utilise un réseau sans fil, il y a nécessité d'avoir une interface réseau sur chaque ordinateur et nous reviendrons plus tard en détail sur le choix de ce matériel.

Autres équipements

Nous avons déjà évoqué le rôle du hub, mais il existe d'autres équipements qui se chargent également d'acheminer les informations sur l'ensemble du réseau. Dans le cadre de notre étude, leur rôle est moins primordial, mais vous rencontrerez parfois ces termes au cours de vos lectures.

Le répéteur sert, comme son nom l'indique, à répéter les signaux sur le réseau. On l'utilise quand on atteint les limites du support physique (longueur du câble ou portée des ondes hertziennes) pour régénérer le signal et agrandir ainsi l'étendue du réseau.

Le pont est un équipement qui sert à étendre ou à segmenter des réseaux. On peut aussi l'utiliser pour relier deux réseaux de nature différente, par exemple un réseau en étoile et un réseau en anneau.

Le routeur, dont la Livebox constitue un bon exemple, est aussi un équipement très important, mais nous y reviendrons plus tard.

Vitesse de transmission

Les informations qui circulent sur un réseau peuvent emprunter des routes départementales ou bien des autoroutes ; on appelle débit le rapport de la quantité d'information véhiculée sur le réseau par unité de temps. En fonction de la vitesse du réseau, on parlera de débit en Kilobits par seconde, en Mégabits par seconde ou bien en Gigabits par seconde. Les vitesses annoncées sont bien évidemment des débits théoriques et, parfois, il y a une très grande différence entre la théorie et la pratique. En fait, la vitesse de transmission des informations dépend de très nombreux facteurs.

Définition

Bande passante. La bande passante est la quantité maximale d'informations qu'un réseau peut transmettre en une seconde. Elle indique donc aussi une valeur de débit ou une vitesse de transmission.

En fait, la vitesse d'un réseau dépend des conditions de circulation ; quand le réseau est encombré, on circule moins bien, donc moins vite. Le débit dépend également du partage de la bande passante ; si la bande passante n'est pas partagée, cela signifie que vous avez une route pour vous tout seul et que vous êtes le seul à emprunter cette voie de communication (c'est le cas, par exemple, des connexions Numéris). En revanche, si la bande passante est partagée, vous êtes plusieurs à pouvoir emprunter la même route et s'il y a beaucoup d'utilisateurs sur le réseau, le débit risque de chuter.

Les unités de mesure de l'information

Au commencement était le bit, contraction de *binary digit*, c'est-à-dire chiffre binaire, à savoir 0 ou 1. En effet, au niveau du microprocesseur, toute l'information est traitée sous la forme d'une suite de 0 et de 1. Les êtres humains ont l'habitude de compter en base 10, mais l'ordinateur compte en base 2. Comme il n'est pas très facile pour un humain de travailler en base 2, on a décidé de regrouper les bits par paquet de 8, ce qui constitue un octet. Un octet est donc égal à 8 bits et représente environ 1 caractère. Pour vous en persuader, exécutez l'application Bloc-notes, saisissez un texte de 10 caractères et sauvegardez ce fichier. Si vous examinez les propriétés de ce fichier, vous verrez qu'il a une taille de 10 octets (la place occupée sur le disque sera différente, mais ceci est une autre histoire…).

L'octet comporte de nombreux multiples dont le tableau suivant dresse la liste :

Unité	Équivalence	Abréviation
Kilo-octet	1000 octets	Ko
Méga-octet	1000 kilo-octets	Mo
Giga-octet	1000 méga-octets	Go
Tera-octet	1000 giga-octets	To

Si l'on veut être puriste, on dira qu'un Ko vaut en réalité 1024 octets (2^{10}), mais dans la pratique, on arrondit au millier près.

Note On mesure les débits d'information en bits par seconde, et non pas en octets par seconde. Si l'on ajoute à cela qu'un octet se traduit par *byte* en anglais, on comprend aisément que les confusions soient fréquentes. Quand on vous annonce, par exemple un débit de 512 Kbits/s (Kilo-bits par seconde), cela signifie qu'à chaque seconde, 64 Ko (512/8) d'informations peuvent transiter. Ainsi, en ADSL, avec un débit de 512 Kbits/s, on télécharge un fichier de 640 Ko en 10 secondes.

Protocole de communication

Quand vous êtes sur un réseau autoroutier, vous devez respecter le code de la route si vous souhaitez pouvoir circuler durablement. Les protocoles de communications sont les règles de circulation qui régissent la transmission des informations sur un réseau informatique. Deux ordinateurs qui respectent le même protocole de communication peuvent s'échanger des informations s'ils sont sur le même réseau.

Il existe de très nombreux protocoles réseau, mais le plus connu des protocoles, à l'heure actuelle, est TCP/IP. TCP/IP signifie Transmission Control Procol/Internet Protocol, donc protocole de contrôle de transmission et protocole Internet. Il s'agit en fait de deux protocoles séparés qui fonctionnent de concert. TCP va gérer l'acheminement des informations sur le réseau et IP va gérer l'adressage.

Comme vous l'aurez deviné, TCP/IP est le protocole de communication qui régit le transport de l'information sur Internet, d'où sa popularité. Le fait que ce protocole soit parfaitement standardisé en fait aujourd'hui un protocole quasiment universel que l'on rencontre sur toutes les machines et tous les environnements informatiques.

Sur Internet, les informations circulent sous la forme de paquets de données de longueur variable que l'on appelle paquet IP ou datagramme. Quand vous envoyez, par exemple, un courrier électronique par Internet, le message est d'abord découpé en différents paquets ; chaque paquet est ensuite acheminé par des routes qui peuvent être différentes, puis tous les paquets, quand ils ont atteint leur destination finale, sont assemblés pour reformer le message original.

Définition **Routage.** On appelle routage l'opération d'acheminement des différents paquets qui composent l'information à transmettre ; le routage détermine le chemin qu'empruntent les paquets à travers les différents routeurs qui composent le réseau Internet.

Définition **Routeur.** Équipement installé à l'intersection d'un réseau qui a pour fonction d'optimiser la transmission des données, en déterminant pour elles le meilleur chemin à emprunter. Si vous souhaitez partager une connexion Internet entre plusieurs machines, vous devez posséder un routeur.

Chaque ordinateur connecté au réseau Internet (c'est votre cas quand vous vous connectez à Internet par le biais de votre fournisseur d'accès) possède un identifiant unique, appelé adresse IP, qui est utilisé lors du routage des paquets. Les paquets IP, quand ils transitent sur le réseau Internet, possèdent dans leur en-tête, l'adresse IP de la machine à laquelle ils doivent livrer le paquet. Une adresse IP est une succession de quatre nombres séparés par des points, comme 192.138.1.15.

Définition **Passerelle.** Élément réseau matériel ou logiciel permettant de faire communiquer deux réseaux ayant des protocoles de communication différents.

CHAPITRE 4

Introduction aux réseaux sans fil

La communication sans fil est présente partout à l'intérieur de nos habitations. Que ce soit les multiples télécommandes qui nous entourent, les téléphones sans fil ou bien encore les réveils radio-pilotés (cette liste est bien évidemment incomplète), nos appartements et maisons sont truffés d'objets qui communiquent avec d'autres objets, sans fil à la patte. Amusez-vous à faire le recensement de tous ces objets qui peuplent votre quotidien et vous serez surpris de voir comme ils sont nombreux. Et nous ne parlons même pas de la radio et de la télévision…

Dans ces conditions, il était donc normal que l'informatique s'intéresse à la communication sans fil. Les avancées technologiques et un assouplissement de la législation ont créé un contexte favorable au développement des réseaux sans fil qui sont amenés à se développer très rapidement.

Nous allons vous présenter dans ce chapitre le principe de fonctionnement d'un réseau sans fil.

Communiquer sans fil

Communiquer sans fil est une idée assez ancienne et plusieurs physiciens de la deuxième moitié du XIXème siècle (Maxwell, Hertz, Branly, Popov), conscients du potentiel des ondes électromagnétiques, ont considérablement fait avancer cette discipline. Appliquant leurs théories, l'Italien Marconi parvient, en 1895, à télégraphier sans fil sur une distance de près de 2500 mètres.

Pour comprendre comment cela fonctionne, il faut rappeler quelques notions de physique élémentaire. L'air qui nous entoure et nous permet de respirer est en outre chargé d'ondes. Pour faire simple, on retiendra qu'une onde est une vibration qui se déplace. En se déplaçant, certaines ondes peuvent transporter de l'information ; c'est notamment le cas des ondes lumineuses (qui nous permettent de voir) et des ondes sonores (qui nous permettent d'entendre).

Les ondes se caractérisent par une longueur et une fréquence. Pour prendre une image, quand on jette un caillou dans l'eau, on voit des ondes se former. La longueur d'onde est la distance entre deux vagues successives et la fréquence mesure le nombre de variations (passage du creux de la vague au sommet de la vague) en une seconde. La fréquence d'une onde est exprimée en Hertz.

On classe en général les ondes électromagnétiques selon leur bande de fréquences ce qui définit le spectre électromagnétique. Le tableau suivant classe les ondes des fréquences les plus basses aux fréquences les plus élevées :

Tableau 4-1 Classement des ondes électromagnétiques par bande de fréquences

Ondes sonores
Ondes radio
Micro-ondes
Lumière visible

Tableau 4-1 Classement des ondes électromagnétiques par bande de fréquences

Infrarouge
Ultraviolet
Rayons X

En matière de réseau sans fil, ce sont les ondes radio qui vont nous intéresser. Vous remarquerez cependant que dans notre tableau les ondes radio et les micro-ondes sont très proches. Cette proximité, comme on le verra plus tard, peut poser des problèmes d'interférence.

Note On peut également utiliser des ondes infrarouges pour transmettre des informations. En 1984, l'ordinateur français EXL 100 d'Exelvision utilisait déjà un clavier sans fil. Le problème de l'infrarouge est qu'il ne supporte pas les obstacles. Essayez de changer les chaînes de votre téléviseur avec votre télécommande quand quelqu'un se trouve sur le passage des ondes !

Principe de fonctionnement

Pour pouvoir transmettre des informations par le biais d'ondes radio, il faut un émetteur et un récepteur. Quand vous écoutez la radio, votre poste reçoit les ondes envoyées par un émetteur. Si la communication doit être bidirectionnelle, chaque appareil joue à la fois le rôle d'émetteur et de récepteur.

Pour capter les signaux radio, on utilise une antenne qui peut avoir différentes formes et différentes tailles. Comme dans les téléphones mobiles, certains équipements de réseau sans fil ont une antenne intégrée qui est donc peu visible.

L'avantage des ondes radio est qu'elles peuvent se jouer des obstacles ; il n'est donc pas obligatoire que l'émetteur et le récepteur soient en vue directe (ce qui est le cas de l'infrarouge). Les ondes radio ont ainsi la possibilité de traverser certains murs. Ce principe souffre cependant d'exceptions et certaines matières constituent une excellente barrière contre les ondes radio. Nous reviendrons sur ce problème dans le chapitre suivant.

La portée des ondes dépend de la configuration du lieu dans lequel le réseau est déployé, mais également de la puissance du signal qui est mesuré en watt. Malheureusement, la puissance des équipements étant réglementée, on ne peut pas tellement jouer sur ce paramètre pour améliorer la qualité de réception du signal ou bien sa portée.

Normes

Pour qu'une technologie informatique puisse prospérer, elle doit nécessairement accéder au rang de norme. Il existe des normes officielles proposées par des organismes nationaux ou internationaux de normalisation (AFNOR, ISO, W3C, *etc.*) et des normes de fait qui se sont imposées en raison de leur popularité mais qui n'ont pas été validées par un organisme officiel de normalisation. Le protocole Ethernet est, par exemple, une norme officielle édictée par l'IEEE *(Institute of Electrical and Electronics Engineers)*. En revanche, le système d'exploitation Windows est un standard de fait car il est installé sur 90 % des micro-ordinateurs de la planète.

La courte histoire de la micro-informatique a montré l'importance des comités de normalisation. Seules les technologies qui font l'objet d'une normalisation arrivent à s'imposer durablement. Le fait qu'un matériel soit conforme à une norme est primordial et assure son interopérabilité.

Comité 802.11

L'IEEE est un organisme américain de normalisation qui a édicté de nombreux standards qui font aujourd'hui autorité. L'IEEE est divisé en groupes de travail qui s'occupent chacun d'une technologie particulière. Le comité 802, qui est chargé de la normalisation des réseaux, comprend plusieurs sous-groupes qui sont numérotés de la manière suivante : 802.1, 802.2, 802.3, *etc.* Par exemple, le comité 802.3 est celui qui s'est occupé de la normalisation du protocole Ethernet.

Note Tous les standards du comité 802 sont disponibles (en anglais) gratuitement à l'adresse suivante :

`http://standards.ieee.org/getieee802/`

Créé au début des années 1990, le comité 802.11 a eu pour tâche de normaliser les réseaux sans fil. Ce comité a ensuite été divisé en plusieurs groupes de travail qui comportent chacun une lettre pour les différencier. On a ainsi le groupe 802.11a, 802.11b, 802.11c, *etc*.

Wi-Fi

Wi-Fi est une marque déposée par la Wi-Fi Alliance, association internationale sans but lucratif qui a été créée en 1999. Le but de la Wi-Fi Alliance est de certifier l'interopérabilité des produits de réseaux locaux sans fil compatibles avec la norme 802.11. Depuis le mois de mars 2000, plus de 700 produits ont été certifiés Wi-Fi. Le site Web de la Wi-Fi Alliance est consultable à l'adresse suivante :

`http://www.wi-fi.org`

Conseil Quand vous consultez le site Web de la Wi-Fi Alliance, n'oubliez pas le tiret dans l'hyperlien, sinon vous tombez sur un autre site. Ce sont les joies du cybersquatting…

Note Wi-Fi est l'acronyme de *Wireless-Fidelity* qui signifie Fidélité sans fil.

Il existe actuellement trois types de compatibilité Wi-Fi dont le tableau suivant décrit les caractéristiques :

Tableau 4-2 Les différentes normes Wi-Fi

Norme	Fréquence	Débit
802.11a	5,725 à 5.850 GHz	54 Mbits/s
802.11b	2,4 à 2,4835 Ghz	11 Mbits/s
802.11g	2,4 à 2,4835 Ghz	54 Mbits/s

Chaque norme comporte des avantages et des inconvénients. La norme 802.11a possède une bande de fréquences qui est moins encombrée et qui est donc moins sujette aux interférences. En revanche, elle est incompatible, compte tenu de sa fréquence, avec les deux autres normes.

La norme 802.11b est historiquement celle qui a fait décoller le marché Wi-Fi. Il s'agit aujourd'hui d'une technologie fiable dont le coût est devenu très abordable. Cependant, les matériels 802.11b partagent leur fréquence avec les téléphones sans fil, les systèmes de répartition de télévision et les fours à micro-ondes…

La norme 802.11g est une évolution de la norme 802.11b. La technologie radio employée est différente, ce qui permet d'améliorer le débit. Des appareils compatibles 802.11a et 802.11g peuvent coexister sur le même réseau, mais il y aura nivellement du débit par le bas.

Note La Livebox est un point d'accès Wi-Fi compatible avec la norme 802.11g.

Aujourd'hui (printemps 2005), c'est la norme 802.11g qui prédomine sur le marché et il devient même difficile de trouver des équipements à la norme 802.11b. Dans quelques mois, le standard Wimax (norme 802.16) risque de bouleverser encore la donne car ce protocole de communication sans fil autorise une émission sur des distances d'une dizaine de kilomètres.

Types de réseaux Wi-Fi

Il existe deux types de réseaux Wi-Fi : le mode infrastructure et le mode ad-hoc.

Mode infrastructure

En mode infrastructure, un réseau Wi-Fi se compose d'au moins un point d'accès et de terminaux équipés d'une interface réseau sans fil. Toutes les stations peuvent communiquer entre elles en passant par l'intermédiaire du point d'accès qui joue le rôle de concentrateur, comme dans le cas d'un réseau en étoile (chapitre 1).

Définition On utilise souvent l'abréviation anglaise **AP** *(Access Point)* pour désigner un point d'accès.

La figure 4-1 illustre un réseau Wi-Fi en mode infrastructure.

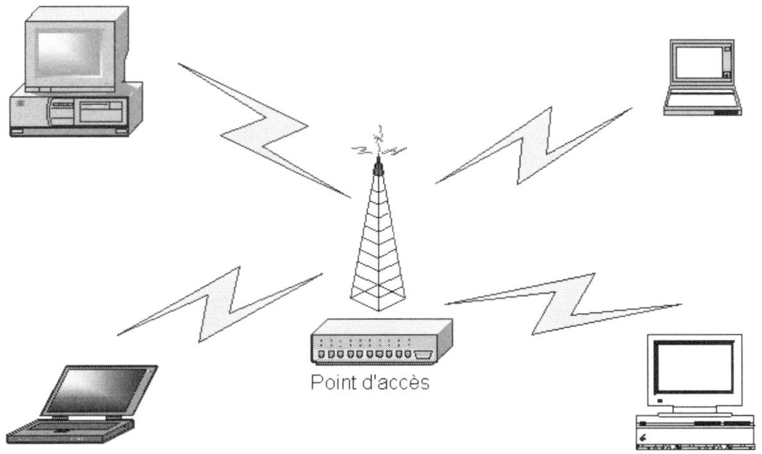

Figure 4-1 Réseau Wi-Fi en mode infrastructure

Un point d'accès se compose au minimum d'une carte Wi-Fi et d'une antenne. Il peut être complété par un routeur et un modem.

Si l'on dispose déjà d'un réseau filaire, on peut relier l'AP à un hub ou à un routeur. Cela permettra aux stations équipées d'une carte Wi-Fi de bénéficier de tous les services du réseau filaire.

Il est également possible de déployer plusieurs AP dans un réseau en mode infrastructure. C'est en général la technique qui est utilisée pour accroître la surface du réseau, de la même manière que les opérateurs de télécommunication mobile augmentent le nombre de relais pour agrandir la couverture radio de leur réseau. D'une certaine manière, il y a une grande similitude entre les réseaux Wi-Fi et les réseaux de téléphone mobile, à telle enseigne que l'on parle de la cellule pour la zone couverte par un AP.

Mode ad-hoc

Dans un réseau Wi-Fi en mode ad-hoc, il n'y a pas de point d'accès ; les stations munies d'une interface réseau sans fil communiquent directement entre elles. Pour constituer un réseau ad-hoc, il suffit donc au minimum de deux terminaux équipés d'une carte Wi-Fi et suffisamment proches l'un de l'autre pour s'échanger des ondes radio.

La figure 4-2 illustre un réseau Wi-Fi en mode ad-hoc.

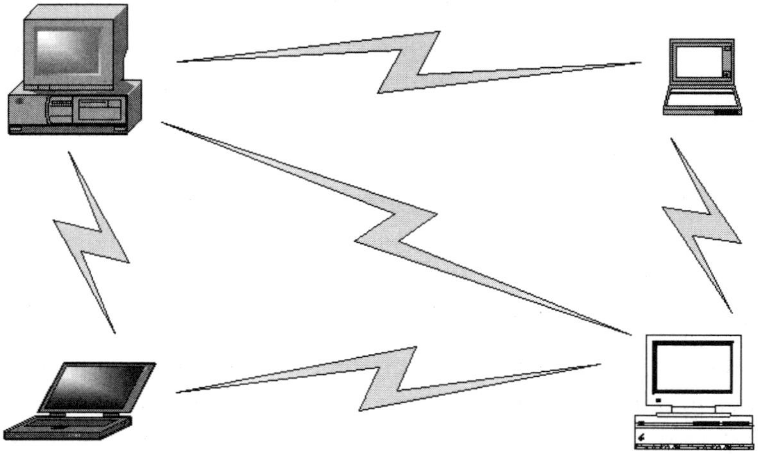

Figure 4-2 Réseau Wi-Fi en mode ad-hoc

Note Le mode ad-hoc est parfois appelé mode égal-à-égal (qui est la traduction anglaise de peer-to-peer qu'on désigne parfois sous la dénomination poste à poste).

Le mode ad-hoc est moins évolué que le mode infrastructure et possède quelques limitations, notamment le fait que les stations ne puissent pas jouer le rôle de routeur. Il est cependant très simple à mettre en œuvre et se révèle idéal quand on veut mettre en place un réseau très rapidement. Deux personnes possédant un ordinateur portable équipé d'une carte Wi-Fi peuvent ainsi s'échanger des fichiers en configurant simplement leur système d'exploitation. De la même manière, s'ils veulent jouer en réseau, la configuration en mode ad-hoc sera effective en quelques minutes.

Réglementation

Un peu de la même manière que la cryptologie a longtemps été considérée en France comme une arme de guerre (son usage étant d'ailleurs toujours réglementé), l'utilisation des ondes n'est pas libre en France. En effet, lors de la première guerre mondiale, les militaires ont très vite compris l'intérêt des communications sans fil. À l'issue de la guerre, la plupart des belligérants ont légiféré pour encadrer l'utilisation des ondes radio.

Le problème qui se pose en France est assez simple dans son énoncé : la norme 802.11 définit des bandes de fréquences qui jusqu'à un passé très récent étaient utilisées par l'armée, l'aviation civile ou les radioamateurs. Il a donc fallu que l'armée veuille bien abandonner certaines fréquences pour que le Wi-Fi puisse se développer.

Les réglementations nationales sont plus ou moins contraignantes et il faut reconnaître que la France a été un des derniers pays européens à libéraliser l'utilisation de certaines bandes de fréquences.

Connaître la réglementation est important à plus d'un titre : premièrement, nul n'étant censé ignorer la loi, il faut faire attention, quand on monte un réseau Wi-Fi, à bien respecter la législation en vigueur. Deuxièmement, les législations variant d'un pays à l'autre, on a tout intérêt à acquérir du matériel qui corresponde aux contraintes légales du pays où l'on se trouve.

Conseil Nous vous déconseillons formellement d'acquérir, par exemple sur Internet, du matériel Wi-Fi dans un autre pays que la France. Les économies susceptibles d'être réalisées ne valent pas le coup et risquent de vous mettre en défaut avec la loi.

Rôle de l'A.R.T.

L'Autorité de Régulation des Télécommunications, mise en place en France au début de l'année 1997, est une autorité administrative indépendante dont le rôle est de réguler le marché des télécommunications à la suite de l'ouverture à la concurrence de ce marché depuis le 1er janvier 1998. L'ART possède un pouvoir important dont celui de régler les litiges entre les différents opérateurs de télécommunication.

Conseil Pour connaître la législation française en matière de réseau Wi-Fi, allez visiter le site Web de l'ART à l'adresse suivante :

`http://www.art-telecom.fr/dossiers/rlan/index-d-rlan.htm`

Définition **RLAN.** Sigle de Radio Local Area Network, c'est-à-dire réseau local radio. Les réseaux Wi-Fi sont des RLAN. La traduction officielle de RLAN est réseau local radioélectrique (RLRE).

Planification d'un réseau Wi-Fi

Quand on se lance dans un projet, il y a fondamentalement deux manières de procéder : soit on se jette tête la première en se disant qu'on règlera les problèmes au fur et à mesure qu'ils se présenteront, soit on commence par réfléchir avant d'agir. Il est clair que nos préférences vont vers la deuxième attitude. Cette démarche analytique est essentielle en informatique ; de très nombreux projets n'aboutissent pas parce que l'étude préalable a été négligée et bâclée. Nous ne sommes pas en train de vous inciter à élaborer un cahier des charges de 500 pages avant de vous lancer dans la réalisation de votre réseau sans fil, mais nous vous assurons que votre projet se déroulera mieux si vous avez répondu auparavant à quelques questions simples.

Monter un réseau Wi-Fi est devenu, somme toute, assez facile, mais les obstacles à franchir peuvent se révéler très nombreux et il vaut mieux anticiper les problèmes plutôt que d'avoir de mauvaises surprises. Nous vous proposons dans cette section de répondre à quelques questions simples afin d'analyser votre situation. À l'issue de cet audit, vous serez en mesure de créer le réseau Wi-Fi qui correspond à vos besoins.

Minimiser l'importance de cette étape serait une erreur qui n'aboutirait qu'à des frustrations et des déconvenues.

Si vous avez acquis ce livre, c'est sans nul doute parce que vous avez envie de tirer le meilleur parti de votre Livebox. Sans vouloir jouer les briseurs de rêve, il faut néanmoins se poser la question de savoir si le jeu en vaut la chandelle et si la Livebox constitue le meilleur choix en matière de réseau Wi-Fi. Ceci est une question d'honnêteté intellectuelle. Et si, par malheur, la réponse à cette question était négative, positivez en considérant que ce livre vous a économisé beaucoup d'argent…

Analyser ses besoins

Vous savez à présent quelles sont les fonctions d'un réseau et vous possédez une vision globale du fonctionnement d'un réseau Wi-Fi. Vous devez maintenant réfléchir à l'utilisation que vous allez faire de votre réseau sans fil. Pour cela, il suffit de répondre à quelques questions que nous allons détailler.

Combien de terminaux dois-je relier les uns aux autres ?

Cette première question est importante car elle va bien évidemment déterminer la topologie de votre futur réseau. Vous devez maintenant bien comprendre que si vous souhaitez relier deux machines pour échanger des fichiers, la problématique sera bien différente du cas où vous voulez partager la connexion Internet dans un réseau sans fil composé de six terminaux. Dans le premier cas, deux cartes réseau suffiront à créer un réseau ad-hoc, alors que dans le deuxième cas, il faudra un point d'accès, un routeur, un modem, ces trois fonctionnalités étant assurées par la Livebox, et autant de cartes réseau qu'il y a de postes.

Il est également important de savoir quels ordinateurs doivent pouvoir communiquer entre eux car il n'est pas toujours nécessaire dans un réseau que tous les postes soient connectés entre eux. Le plus simple est donc de faire un schéma en indiquant toutes les connexions souhaitables.

Existe-t-il déjà un réseau filaire ?

La question de l'existant est bien entendu primordiale. On peut distinguer trois cas de figure :

- il n'y a de pas de réseau filaire ;

- il y a un réseau filaire et on souhaite le conserver et l'intégrer au réseau sans fil ;
- il y a un réseau filaire et on souhaite le remplacer par un réseau sans fil.

Le deuxième cas est sans doute le plus délicat car il faudra faire attention à ce qu'il n'y ait pas de conflit au niveau des adresses IP. Si vous vous trouvez dans ce cas, il est souhaitable de dresser la cartographie du réseau en listant tous les équipements réseau et leurs caractéristiques :

- présence d'un hub : nombre de ports occupés, nombre de ports disponibles ;
- présence d'un routeur : nombre de ports occupés, nombre de ports disponibles ;
- liste des cartes réseau : marque, débit, adresse IP.

Faut-il partager des périphériques ?

Nous avons vu qu'une des fonctionnalités intéressantes d'un réseau était le partage de périphériques. Si vous possédez deux ordinateurs dont l'un possède une imprimante à jet d'encre couleur et l'autre une imprimante laser noir et blanc, il peut se révéler intéressant que chacun des ordinateurs puisse imprimer indifféremment sur l'une ou l'autre imprimante.

Si vous souhaitez bénéficier de cette fonctionnalité, il faut l'intégrer dans votre cahier des charges et bien vérifier que les matériels que vous voulez partager soient bien compatibles avec une telle utilisation. Le partage d'une imprimante est devenu très classique aujourd'hui et ne pose plus vraiment de problème. En revanche, certains périphériques plus exotiques nécessitent qu'on y regarde à deux fois afin de s'assurer qu'on pourra les partager.

Quel est le système d'exploitation utilisé ?

Même si nous avons vu que le protocole TCP/IP constituait une sorte d'esperanto de l'informatique et permettait de faire communiquer des matériels hétérogènes, il n'en reste pas moins qu'il est plus facile d'administrer un parc d'ordinateurs dont les systèmes d'exploitation sont compatibles entre eux et récents.

Ainsi, Windows XP intègre un bon support des réseaux sans fil ce qui n'est pas le cas des versions antérieures de Windows. Cela ne signifie pas que si vos ordinateurs tournent sous Windows 98 vous n'arriverez pas à les faire fonctionner au sein de votre réseau Wi-Fi, mais cela implique que l'installation sera moins simple. Il est donc raisonnable d'envisager une migration de votre système d'exploitation si ce dernier est trop ancien.

De la même manière, les ordinateurs tournant sous Windows 95 ne reconnaissent pas les périphériques Plug and Play et vous aurez donc plus de mal à les installer que sous Windows XP.

Quelle est l'utilisation principale du réseau ?

Si l'on veut atteindre un objectif, on a tout intérêt à le définir clairement. Cela signifie que vous devez inventorier de manière exhaustive les fonctionnalités de votre futur réseau. Cette liste a tout intérêt à être hiérarchique et vous devez indiquer les fonctionnalités les plus importantes en premier. Voici un exemple d'une telle liste :

- partager la connexion Internet ;
- jouer en réseau ;
- partager des fichiers ;
- partager une imprimante ;
- partager un périphérique de sauvegarde.

Vous avez tout intérêt à voir large et même à lister des fonctionnalités dont vous n'aurez pas un besoin immédiat, mais qui peuvent se révéler utiles à court ou à moyen terme. En matière de réseau, il est souvent difficile de rajouter un équipement qui n'avait pas été prévu à l'origine. Il vaut donc mieux concevoir minutieusement un système évolutif qui prendra en compte les inévitables changements qui interviendront au fil du temps. Une autre manière de résoudre ce problème est de tenter de répondre à la question suivante : « Quels seront mes besoins en informatique dans trois ans ? »

Débit théorique et débit réel

En informatique, c'est comme dans la vie : il y a le principe de plaisir et le principe de réalité. Vous ne devez pas perdre de vue que les débits annoncés par les constructeurs (11 Mbits/s et 54 Mbits/s) ne sont que des débits théoriques. Cela signifie qu'en réalité le débit dont vous bénéficierez sera toujours inférieur. Il existe plusieurs raisons pour que le débit réel soit différent du débit annoncé :

- le débit théorique est une mesure brute qui ne prend pas en compte le fait que toutes les données transportées ne sont pas directement utiles ; les informations du protocole de communication font en effet partie des paquets IP et prennent de la place
- la bande passante est partagée par tous les utilisateurs du réseau
- le cryptage qui améliore la sécurité diminue le débit car cela prend du temps de coder et de décoder les données
- un signal perturbé (interférences, éloignement de la base, *etc.*) fait passer le réseau en mode dégradé ce qui fait chuter la vitesse de transmission. Il existe plusieurs paliers : de 11 Mbits/s, on peut passer à 5,5 Mbits/s, puis à 2 Mbits/s, voire à 1 Mbits/s.

La bonne nouvelle est quand même que lorsque le débit diminue, la zone de couverture du réseau sans fil augmente.

Les performances sont-elles un élément déterminant ?

Il est des applications qui nécessitent des performances plus importantes que d'autres. En clair, si votre principale occupation est d'envoyer des courriers électroniques, vous n'avez pas tellement de souci à vous faire en ce qui concerne les performances de votre réseau. En revanche, si votre but est de relier un vidéoprojecteur à votre PC pour que vous puissiez visionner dans votre salon le film stocké sur le disque dur de votre ordinateur qui est situé dans votre bureau, il va falloir assure un débit suffisant pour que l'image ne soit pas saccadée ou le son haché. Il existe en effet aujourd'hui des vidéoprojecteurs Wi-Fi et ceci est un scénario envisageable, mais si vous ne garantissez pas des performances optimales, vous serez déçu du résultat.

Il est donc important de bien cerner au départ vos besoins en matière de bande passante. Il faut également ici être honnête : si la performance est votre première exigence, la liaison filaire vous donnera de bien meilleurs résultats. Les choses vont sans doute évoluer, mais il faut reconnaître que pour l'instant l'avantage est encore du côté du câble.

Analyser la configuration du terrain

Comme nous allons le voir, la prise en compte de l'environnement est un des aspects fondamentaux de la réussite de l'installation d'un réseau sans fil.

Prendre des mesures

Lors de la conception du plan de votre réseau sans fil, vous devez mesurer les distances maximales qui séparent chaque poste. La portée des ondes radio à l'intérieur d'un bâtiment peut varier considérablement en fonction des obstacles et du débit. Comme vous pouvez l'imaginer, moins il y a d'obstacles, plus la portée est grande. De la même manière, moins le débit du réseau est important, plus la portée est longue. En fonction de ces différents paramètres, la portée peut osciller entre 10 mètres et 100 mètres.

L'écart entre ces deux chiffres peut paraître colossal, mais c'est malheureusement la stricte vérité. Dans un environnement particulièrement hostile, les ondes ont beaucoup de mal à passer. Le principal obstacle est constitué par les murs. Si dans les appartements modernes les ondes se jouent assez facilement des cloisons en placoplâtre, il n'en va pas de même dans les habitations anciennes qui ont des murs en pierre très épais. Comme nous le verrons un peu plus tard, le seul moyen de savoir si les ondes passent est de faire un test.

Vous ne devez cependant pas oublier que les ondes radio ne se déplacent pas dans un espace à deux dimensions, mais dans un espace en trois dimensions. Cela signifie que les ondes passent très bien d'un étage à l'autre.

Si vous vous trouvez dans une habitation où les obstacles sont nombreux, il est bien évidemment préférable de placer la Livebox au centre de manière à maximiser la zone de couverture.

À la recherche des interférences

Quand ce ne sont pas des obstacles qui gênent la transmission des ondes radio, il est possible que d'autres équipements électroniques créent des interférences et ainsi perturbent la communication radio. Ces appareils sont en fait beaucoup plus nombreux qu'on ne le croit et vous devez dresser la liste de tous ceux que vous possédez afin d'anticiper les problèmes. Voici une liste non exhaustive de tous ces appareils fauteurs de trouble :

- appareil Bluetooth
- four à micro-ondes
- téléphone sans fil à la norme DECT
- télévision ou chaîne Hi-Fi avec des haut-parleurs sans fil
- répartiteur de télévision sans fil
- casque audio sans fil

Conseil Le problème des fours à micro-ondes est plus ennuyeux car c'est un équipement aujourd'hui très répandu et il est souvent difficile de les changer de place. Si les perturbations sont trop importantes, le plus simple est sans doute de se résigner à ne pas utiliser le réseau sans fil pendant les repas…

D'une manière générale, tous les appareils sans fil sont suspects et vous devez bien regarder les spécifications techniques de ces appareils pour voir s'ils fonctionnent dans la plage des 2,4 GHz. La *figure 4-3* illustre l'exemple d'un appareil qui permet de répartir sans fil une source vidéo sur plusieurs téléviseurs. Quand dans une habitation on ne possède qu'une prise antenne, ce genre d'équipements est très utile pour regarder la télévision sur plusieurs postes sans avoir besoin de faire courir des câbles. Malheureusement, dans cet exemple, l'appareil utilise la même fréquence qu'un réseau Wi-Fi 802.11b. Cette interférence va à la fois perturber la communication du signal réseau et celle du signal vidéo.

Quand on se trouve dans ce cas de figure, il faut essayer de jouer sur différents paramètres. La plupart de ces équipements permettent de choisir différents canaux et il faut donc tous les essayer pour voir celui qui crée le moins d'interférences. Il ne faut pas non plus hésiter à adopter une démarche empirique, un peu à la manière de ceux qui cherchent à obtenir la meilleure réception possible sur leur poste de radio en tournant l'antenne dans toutes les directions.

Caractéristiques techniques
Généralités
Dimensions: 190 (L) x 140 (P) x 50 (H) mm
Alimentation: 9V, 500mA via adaptateurs d'alimentation
Consommation de service: 3 W (émetteur et récepteur)
Connexions émetteur: input / output: Audio / Vidéo
Connexions récepteur: output: Audio / Vidéo
Normes vidéo supportées: PAL / NTSC / SECAM
Portée utile: Jusqu'à 100m en champ libre, 30m dans une maison
Emission Audio / V Emission Audio idéo
Fréquence porteuse: 2.4 GHz
Nombre de canaux: 4 utilisables selon la réglementation
Type de modulation: FM
Puissance de transmission: <10mW
Antennes: intégrées

Figure 4-3 Les caractéristiques techniques de cet appareil font apparaître un problème d'interférences

Note Si vous habitez dans un immeuble, vous ne devez pas perdre de vue que les ondes ne s'arrêtent pas à la porte de votre appartement. Ce qui est vrai pour vous l'est également pour votre voisin. Cela signifie que votre réseau sans fil peut très bien être perturbé par les interférences des équipements électroniques du voisinage.

Compétences nécessaires pour monter son réseau Wi-Fi

Les compétences à mettre en œuvre pour installer un réseau Wi-Fi simple ne sont pas très importantes et si vous n'y connaissez rien, ce livre a l'ambition de vous mener pas à pas jusqu'à la réalisation de votre projet.

Il est cependant utile de répondre à deux questions dont les réponses détermineront certains choix.

Savez-vous installer une carte PCI ?

Pour que votre réseau fonctionne, chaque terminal doit être doté d'une interface réseau. Sur les portables et les PDA, l'installation des cartes réseau est très simple. En revanche, sur un PC doté d'un boîtier qui renferme l'unité centrale, il faut installer une carte au format PCI à l'intérieur de ce boîtier et par conséquent l'ouvrir. Cette opération n'est pas compliquée en soi, mais si vous ne l'avez jamais réalisée, elle est toujours risquée. Si vous vous y prenez mal, vous pouvez endommager la carte mère et le processeur en provoquant, par exemple, un court-circuit.

Conseil Si vous devez installer une carte PCI à l'intérieur de votre ordinateur, n'oubliez pas de vérifier qu'un slot est bien disponible, d'éteindre et de débrancher la machine avant tout démontage et enfin de vous décharger de toute électricité statique en touchant un objet métallique avant votre intervention.

Si vous ne vous sentez pas compétent en la matière, le plus simple est donc de demander à quelqu'un qui sait faire ou bien d'acquérir une interface réseau qui se branche sur le port USB de votre machine, si cette dernière en est dotée. Les ports USB se trouvent à l'arrière ou en façade de l'ordinateur ; ils ne nécessitent aucun démontage de la machine et peuvent même se brancher à chaud, c'est-à-dire sans éteindre le PC.

Estimez vos compétences réseau

Il est souvent bien difficile d'estimer ses compétences, mais vous devez au moins savoir si vous êtes familier avec la notion d'adresse IP, de protocole TCP/IP, de hub ou de routeur. Si vous n'avez jamais mis en œuvre de réseau, nous vous conseillons vivement de choisir le système d'exploitation Windows XP sur toutes vos machines. Si ce dernier est déjà installé, tout va bien, sinon il faudra envisager une mise à jour de vos ordinateurs. Le principal avantage de Windows XP, pour ce qui nous concerne, est que la gestion des réseaux sans fil est directement intégrée au système d'exploitation et qu'il y a de nombreux assistants en la matière.

Choix entre Wi-Fi et liaison filaire

La Livebox autorisant les deux types de réseaux, il est normal de comparer les avantages et les inconvénients d'un réseau filaire par rapport à un réseau Wi-Fi. Le tableau suivant permet d'évaluer les différentes caractéristiques de chaque type de réseau.

Tableau 4-3 Comparaison des réseaux filaires et des réseaux Wi-Fi .

Caractéristique	Filaire	Wi-Fi
Coût	carte réseau : 15 (plus 1 le mètre de câble)	carte réseau : 50
Débit	100 Mbits/s	54 Mbits/s
Portée	300 mètres entre chaque poste	100 mètres pour l'ensemble du réseau
Sensibilité aux interférences	Faible	Importante
Mobilité	Faible	Importante

Ce tableau fait bien apparaître les avantages et les inconvénients de chaque type de réseau. Le Wi-Fi a pour lui sa rapidité et sa simplicité de mise en œuvre, mais souffre de performances moindres et d'un coût plus élevé. Encore une fois, seul un cahier des charges rigoureux et prenant en compte toutes les contraintes environnementales permettra de guider votre choix de manière satisfaisante.

Conseil Ce n'est pas parce que le Wi-Fi est à la mode qu'il faut obligatoirement y sacrifier. Si vous voyez qu'un réseau sans fil ne convient pas à votre situation personnelle (nombreux obstacles et interférences, coût élevé et performances pas assez grandes), il vaut mieux renoncer à cette solution et envisager une solution filaire.

Dans bien des cas, on adoptera une solution mixte qui mêlera à la fois réseau sans fil et réseau filaire, la sagesse consistant souvent à faire des compromis et à ne pas être dogmatique. Si deux ordinateurs sont physiquement très proches et ne sont pas amenés à se déplacer, il n'y a aucune raison pour ne pas envisager sereinement de les relier par un câble.

Le choix de la norme Wi-FI

Comme nous l'avons déjà signalé, il existe actuellement trois normes certifiées par la Wi-Fi Alliance pour lesquelles on trouve des produits :

- 802.11a
- 802.11b
- 802.11g

Il faut ici souligner que cette situation peut évoluer assez rapidement et que tout vision prospective en informatique est un exercice à haut risque. Par exemple, l'arrivée en force de la technologie Wimax qui est prévue pour l'année 2007 risque de bouleverser le marché des réseaux sans fil.

Nous nous contenterons ici de rappeler une règle élémentaire de bon sens : il est important d'acquérir des matériels compatibles entre eux. En clair, cela signifie que la Livebox étant compatible avec la norme 802.11g, il est donc inutile d'acheter des équipements Wi-Fi à la norme 802.11a. Seuls les équipements 802.11b et 802.11g sont compatibles avec la Livebox.

Tester avant d'acheter

En informatique, comme dans beaucoup d'autres domaines d'ailleurs, il ne faut jamais croire les gens sur parole. Cela signifie que quand un informaticien vous dit que cela marche, il faut tout de suite exiger une démonstration. À la lecture des pages précédentes, vous avez bien compris que les paramètres à prendre en compte lors de l'installation d'un réseau Wi-Fi sont tellement dépendants de l'environnement qu'il est difficile d'élaborer une procédure de diagnostic générique. Cela signifie que pour déterminer si une solution sera technologiquement viable, il faut la tester en conditions réelles sur le terrain. Dans la majorité des cas, cela n'est malheureusement guère possible car les fabricants rechignent à prêter du matériel, ce qui est assez compréhensible.

Il existe pourtant une solution intermédiaire qui ne demande pas une trop grosse infrastructure ; il suffit de connaître une personne possédant une Livebox et un ordinateur portable équipé d'une connexion Wi-Fi. Demandez à cette personne de venir chez vous avec son matériel et placez la Livebox à l'endroit où vous pensez l'installer. Branchez-là sur le réseau électrique et vous pouvez dès à présent commencer vos mesures. En effet, dès que la Livebox est branchée, elle joue le rôle de point d'accès et il n'y a donc aucun paramétrage de la Livebox à réaliser ni même branchement sur la ligne téléphonique (vous n'êtes même pas obligé d'avoir l'ADSL pour effectuer vos mesures).

Sur l'ordinateur portable, vous exécuterez un logiciel gratuit qui intègre une fonction de mesure du signal entre deux points du réseau sans fil. Nous utilisons personnellement le logiciel NetStumbler que vous pouvez vous procurer à l'adresse suivante :

`http://www.netstumbler.com/downloads/`

Vous pourrez ainsi vous promener de pièce en pièce et voir si le signal passe bien à travers les obstacles. La *figure 4-4* illustre le logiciel NetStumbler qui mesure en temps réel la force du signal entre un point d'accès et un terminal.

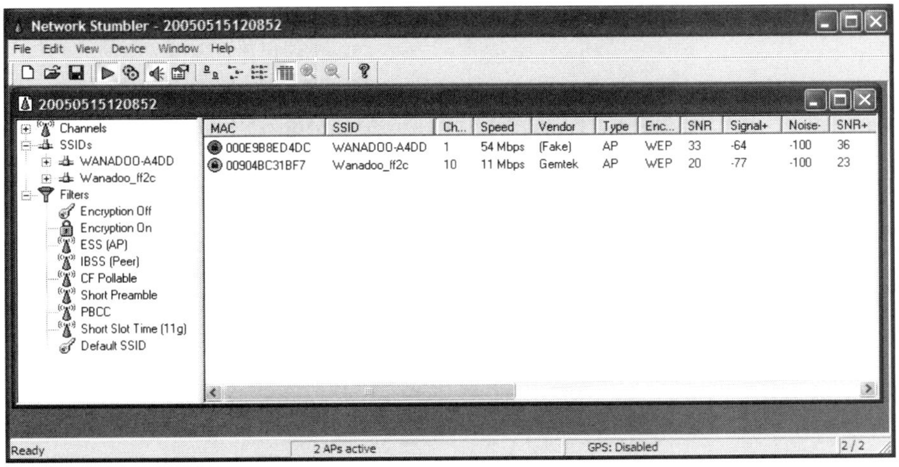

Figure 4-4 Le logiciel NetStumbler permet d'effectuer des mesures de signal

Grâce à cette méthode, on peut ainsi tester rapidement la viabilité d'une installation.

Choix du matériel

La Livebox qui fait office de point d'accès et de routeur sans fil est livrée avec un adaptateur Wi-Fi. Ce dernier pourra donc être utilisé pour relier un ordinateur en sans fil à la Livebox ; cependant, dès que vous voudrez connecter une deuxième machine à votre Livebox se posera le problème du choix du matériel. Si vous êtes dans ce cas de figure, vous n'êtes en effet absolument pas obligé d'acheter le même adaptateur Wi-Fi que celui qui est livré avec votre Livebox. C'est d'ailleurs plutôt une bonne idée que de changer de modèle et de choisir un matériel plus performant. Certains utilisateurs n'hésitent pas d'ailleurs à délaisser l'adaptateur USB livré avec la Livebox au profit d'une carte Wi-Fi disposant d'une antenne externe afin d'accroître la portée de leur réseau sans fil.

Nous allons donc dans cette section détailler les différents équipements dont vous allez avoir besoin pour compléter votre réseau Wi-Fi.

Cartes réseau

Tout ordinateur voulant se connecter à un réseau doit être muni d'une carte réseau que l'on appelle également adaptateur réseau ou interface réseau. Vous rencontrerez même parfois l'acronyme anglais NIC (Network Interface Card pour carte d'interface réseau). Il existe plusieurs types d'interfaces réseau, mais en matière de réseau sans fil, on distingue cinq sortes de cartes réseau :

- les cartes intégrées ;
- les cartes au format PCI ;
- les cartes au format USB ;
- les cartes au format PCMCIA ;
- les cartes pour assistant numérique.

Carte réseau intégrée

Avec le développement d'Internet et des réseaux, de plus en plus d'ordinateurs sont livrés avec une interface réseau intégrée. Ce qui n'était autrefois qu'un équipement optionnel a donc aujourd'hui tendance à être monté en série, que ce soit sur les ordinateurs fixes ou portables. Il faut toutefois noter que ces interfaces réseau sont en général filaires sur les ordinateurs fixes et n'acceptent que des câbles munis d'un connecteur RJ-45. En revanche, avec l'engouement pour les réseaux sans fil, on constate que la quasi-totalité des ordinateurs portables sont aujourd'hui pourvus en standard d'une interface Wi-Fi (un port Ethernet étant également présent). Tous les ordinateurs portables équipés d'un processeur Centrino qui est fabriqué par Intel sont notamment équipés d'une connexion Wi-Fi dans la mesure où le célèbre fabricant de microprocesseurs a en effet décidé d'intégrer directement la technologie Wi-Fi au cœur du Centrino qui optimise aussi la consommation d'énergie afin d'allonger la durée d'utilisation des batteries.

Figure 4-5 Le processeur d'Intel, Centrino, intègre la technologie Wi-Fi

Carte réseau au format PCI

Si vous possédez un ordinateur fixe et souhaitez le connecter à un réseau Wi-Fi, vous devez installer une carte réseau au format PCI. Pour ce faire, vous devez démonter votre ordinateur et insérer la carte dans un emplacement disponible au format PCI.

Attention Il existe plusieurs types d'emplacements pour insérer des cartes dans un ordinateur : le format PCI, le format EISA et le format AGP. Le format AGP est réservé pour les cartes vidéo, le format EISA est en voie de disparition et le format PCI est aujourd'hui le format standard. Consultez la documentation de la carte-mère de votre ordinateur pour savoir le nombre d'emplacements disponibles pour rajouter des cartes.

Les cartes PCI Wi-Fi se composent en général d'une carte et d'une antenne qui se fixe sur la carte. L'antenne, qui peut aussi être intégrée, permet de communiquer avec une autre carte ou un point d'accès.

Figure 4-6 Carte PCI Wi-Fi

On trouve des cartes pour les différents standards Wi-Fi et certaines cartes, appelées double bande, intègrent même les deux normes 802.11a et 802.11g. L'antenne peut parfois être amovible ce qui permet de la remplacer par une antenne plus puissante afin d'améliorer la portée du réseau.

Une variante de la carte PCI est la carte PCI vers PCMCIA. Ce type de carte s'insère dans un emplacement au format PCI, mais reçoit sur son support une carte au format PCMCIA (décrite plus loin). On peut ainsi facilement retirer la carte PCMCIA de son support et l'insérer dans un ordinateur portable ou un assistant numérique.

Conseil Pour installer une carte PCI, vous devez éteindre votre ordinateur et débrancher la prise d'alimentation. Si vous n'avez jamais réalisé une telle opération, privilégiez l'acquisition d'une carte au format USB.

Carte réseau au format USB

Si vous n'avez pas les compétences pour ouvrir votre ordinateur et y insérer une carte au format PCI ou bien si votre ordinateur ne dispose plus d'emplacement libre au format PCI, vous vous orienterez vers l'acquisition d'un adaptateur USB. La technologie USB permet de brancher à chaud (sans avoir l'obligation d'éteindre la machine) plusieurs périphériques (modem, souris, clavier, scanner, *etc.*) afin de les faire communiquer rapidement avec l'ordinateur.

Attention Les ordinateurs trop anciens ne disposent pas de connecteur USB.

Les cartes Wi-Fi au format USB sont en général des boîtiers munis d'une antenne. On trouve sur le marché des clés USB au format très réduit et c'est notamment le cas de l'adaptateur fourni avec la Livebox Sagem.

Figure 4-7 Adaptateur Wi-Fi au format USB

Carte réseau au format PCMCIA

Le format PCMCIA *(Personal Computer Memory Card International Association)* qui a été rebaptisé PC Card est un type de carte qui a été prévu à l'origine pour fournir des modules d'extension pour les ordinateurs portables. En général , un ordinateur portable accepte une ou deux cartes au format PCMCIA.

Les cartes Wi-Fi de ce type possèdent une antenne intégrée car une antenne classique serait peu pratique sur un ordinateur portable.

Figure 4-8 Carte Wi-Fi au format PCMCIA

Conseil Si vous possédez un ordinateur portable assez ancien, vérifiez que ses ports PCMCIA acceptent bien le type de carte que vous envisagez d'acheter. Il existe en effet plusieurs sous-types de carte PCMCIA (type I, type II et type III).

Carte réseau pour assistant numérique

Les assistants numériques (ou PDA pour *Personal Digital Assistant)* sont des appareils hautement communicants et ils sont la cible idéale des équipements Wi-Fi. Bien que certains PDA acceptent, moyennant une extension, les cartes au format PCMCIA, la tendance est à la miniaturisation. On trouve ainsi deux autres types d'interfaces réseau pour PDA : les cartes au format Compact Flash et les cartes au format SD. De taille plus réduite que le format PCMCIA, ces deux types d'interfaces consomment en outre moins d'énergie. Les cartes au format SD sont encore rares sur le marché.

Figure 4-9 Carte Wi-Fi au format Compact Flash

Points d'accès

Bien que vous n'ayez pas besoin en théorie d'acquérir un point d'accès supplémentaire dans la mesure où la Livebox joue ce rôle-là, nous décrivons ci-dessous succinctement les différents types de points d'accès.

Comme nous l'avons vu, le point d'accès joue le même rôle qu'un hub dans un réseau filaire. Dès que vous voulez partager une connexion Internet, un AP est nécessaire. En fait, un AP n'est jamais qu'une carte réseau Wi-Fi incorporée dans un boîtier. Ce qui fait la différence entre les différents points d'accès que l'on trouve sur le marché, ce sont les fonctions supplémentaires qu'ils embarquent.

Point d'accès de base

C'est l'élément de base de tout réseau Wi-Fi en mode infrastructure. Parfois appelé borne, le point d'accès peut être raccordé à un routeur si vous disposez déjà d'un réseau filaire. Parmi les éléments rentrant en compte lors du choix d'un AP, on peut citer :

- la portée ;
- le cryptage des données transitant sur le réseau sans fil (cryptage WEP) ;
- le filtrage des adresses MAC (pour améliorer la sécurité du réseau) ;
- le client DHCP ;
- l'antenne détachable (pour en mettre une plus puissante).

Note Mac ou MAC ? Il ne faut pas confondre un Mac, qui est l'abréviation de Macintosh avec l'adresse MAC d'une carte Wi-Fi. MAC signifie Media Access Control (contrôle d'accès au média) ; l'adresse MAC d'une carte est un numéro inscrit en dur dans le matériel de la carte qui permet d'identifier de manière unique une interface réseau.

Définition **DHCP** : acronyme de *Dynamic Host Configuration Protocol* (protocole de configuration dynamique de l'hôte) ; DHCP est un protocole réseau qui permet d'attribuer automatiquement une adresse IP à chaque machine présente sur le réseau. Quand vous vous connectez à Internet, votre fournisseur d'accès vous assigne une adresse IP de manière à ce que vous puissiez être identifié sur le réseau Internet. Quand vous créez votre propre réseau à la maison, vous devez également assigner une adresse IP unique à chaque ordinateur du réseau. Vous pouvez le faire manuellement ou bien utiliser le protocole DHCP, ce qui est beaucoup plus simple. Encore faut-il que vos équipements réseau supportent ce protocole.

Point d'accès routeur

Le point d'accès routeur est l'équipement qu'il vous faut si vous souhaitez raccorder vos stations sans fil à d'autres équipements qui ne sont pas dotés d'une interface Wi-Fi. Parmi ces équipements, on peut citer un modem ADSL ou bien des ordinateurs faisant partie d'un réseau filaire. Typiquement, le point d'accès routeur permettra de partager la connexion Internet et de relier par un câble les ordinateurs qui ne sont pas trop éloignés de la borne Wi-Fi. En général, les points d'accès routeur possèdent une prise WAN pour relier le modem ADSL et quatre prises réseau RJ-45 pour relier en filaire d'autres ordinateurs.

Parmi les éléments rentrant en compte lors du choix d'un AP routeur, on peut citer, outre les éléments déjà énoncés pour un AP simple :

- le nombre de ports réseau ;
- le pare-feu (firewall).

Définition **Pare-feu** : un pare-feu est un dispositif matériel et logiciel qui limite les intrusions sur votre réseau. Quand vous vous connectez à Internet, un pirate qui accède lui-même au réseau des réseaux peut tenter de pénétrer dans votre ordinateur puisqu'une liaison existe physiquement du fait de la connexion à Internet. Un pare-feu n'est jamais efficace à 100%...

Point d'accès routeur modem ADSL

Comme son nom l'indique, cet équipement cumule les fonctions de point d'accès, de routeur et de modem ADSL. La Livebox est un équipement de ce type qui cumule en plus la fonction de téléphonie IP. L'avantage d'un tel produit est que l'on gagne de la place car au lieu d'avoir trois boîtiers, il n'y en a plus qu'un, d'ailleurs à peine plus gros qu'un AP simple.

Il existe bien évidemment d'autres matériels que la Livebox qui assurent ce genre de fonctionnalités ; si vous n'avez pas besoin de la téléphonie IP, ni de la télévision par ADSL, ces équipements constituent une alternative sérieuse à l'utilisation de la Livebox.

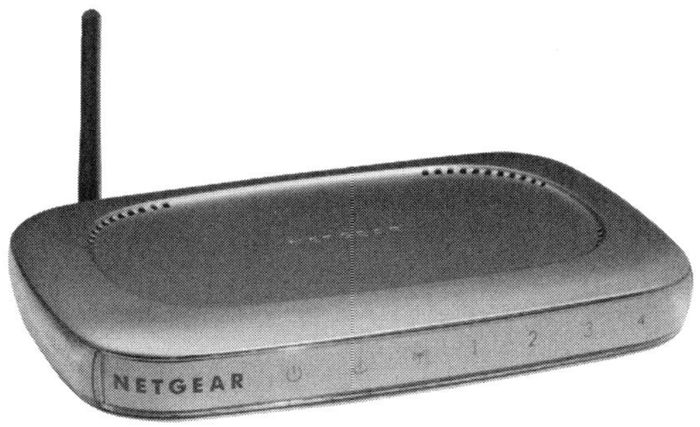

Figure 4-10 Point d'accès routeur avec un modem ADSL

Antennes

Comme vous l'imaginez, les antennes sont un élément essentiel d'un réseau sans fil. Chaque équipement réseau (carte ou AP) possède une antenne, intégrée ou non. L'orientation de l'antenne est un facteur important dans la réception des ondes radio et les manuels des équipements donnent en général beaucoup d'informations sur la meilleure manière de positionner une antenne. Moins il y a d'obstacles entre le point d'accès et les interfaces réseau, meilleure sera la réception. C'est pour cette raison que les fabricants recommandent de positionner en hauteur leurs équipements. Dans bien des cas, cela n'est guère pratique ; si vous avez installé une carte PCI dans votre unité centrale, il n'est pas toujours facile de la placer en haut d'une étagère. C'est pour cette raison que les fabricants de matériel Wi-Fi proposent des antennes détachables que l'on peut relier, par un câble (sic), à l'équipement sans fil.

Ces antennes permettent un double gain car elles sont d'une taille plus importante et permettent donc la réception d'un signal plus important ; d'autre part, elles peuvent être positionnées de manière optimale.

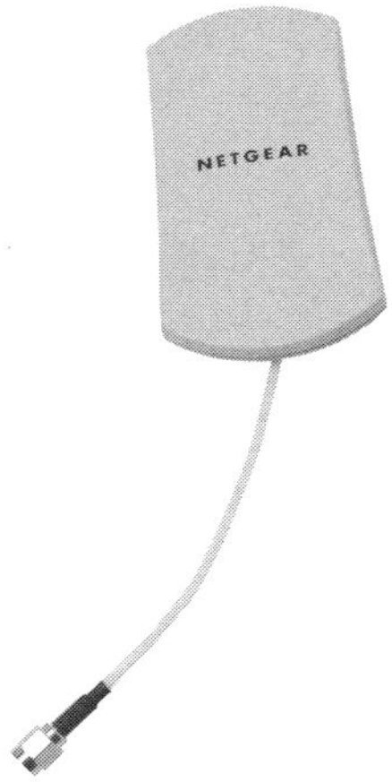

Figure 4-11 Antenne détachable

Important La Livebox n'a pas la possibilité de recevoir une antenne extérieure, si bien que l'on ne peut pas en théorie augmenter la zone de couverture du point d'accès. Nous verrons cependant au prochain chapitre que des solutions existent…

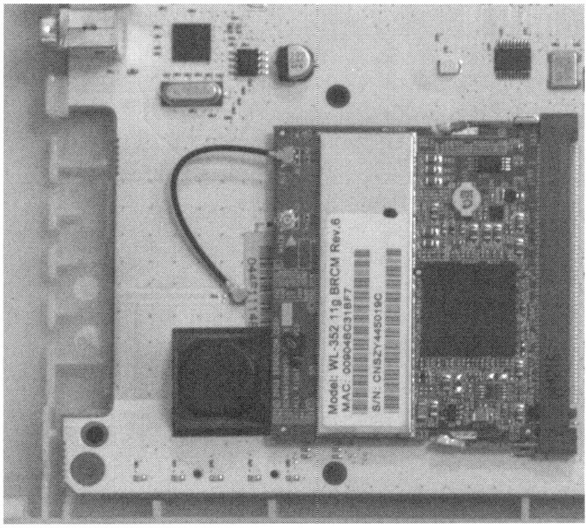

Figure 4-12 Carte Wi-Fi intégrée à la Livebox Sagem

Points importants à retenir lors du choix

Avant d'établir votre choix définitif, il est important de passer en revue les points suivants :

- ➜ Les équipements Wi-Fi sont-ils compatibles (tant du point de vue matériel que logiciel) avec mes ordinateurs ?
- ➜ Les équipements Wi-Fi sont-ils compatibles entre eux ?
- ➜ Quelle est la durée de la garantie ?
- ➜ La documentation est-elle en français ?
- ➜ L'équipement Wi-Fi a-t-il été acquis en France ?
- ➜ L'équipement Wi-Fi est-il bien certifié par la Wi-Fi Alliance ?

Savoir reconnaître un matériel Wi-Fi certifié

Nous avons déjà insisté sur l'importance du respect de la norme en informatique. Le Wi-Fi ne fait pas exception à la règle. Avant d'acheter un équipement Wi-Fi, vous devez vous assurer qu'il a été certifié par la Wi-Fi Alliance. Cette certification garantit que le matériel a subi des tests pour vérifier sa compatibilité avec les standards édictés par l'IEEE. Sur le site Web de la Wi-Fi Alliance, à l'adresse suivante :

```
http://www.wi-fi.org/OpenSection/
certified_products.asp?TID=2
```

vous pouvez visualiser tous les produits certifiés en interrogeant une base de données par marque, par produit ou par norme. Pour l'instant (été 2003), la Wi-Fi Alliance ne certifie que les produits pour les normes 802.11a et 802.11b, dans la mesure où la norme 802.11g n'a été validée par l'IEEE qu'à la mi-juin 2003.

Les produits certifiés par la Wi-Fi Alliance sont estampillés d'un logo qui permet de les reconnaître facilement *(figure 4-13)*.

Figure 4-13 Logo apposé sur chaque matériel testé et approuvé par la Wi-Fi Alliance

CHAPITRE 5

Accéder à la Livebox en Wi-Fi

Au chapitre 2, vous avez vu comment vous connecter à la Livebox et configurer la connexion ADSL à partir d'une liaison Ethernet (câble réseau) ou d'un câble USB. Nous allons étudier dans ce chapitre la manière d'exploiter les possibilités Wi-Fi de la Livebox qui fait office de point d'accès sans fil, de modem et de routeur. Bien que l'on puisse directement se connecter à la Livebox en sans fil, nous pensons qu'il est préférable de se connecter la première fois grâce à un câble réseau, d'établir la connexion ADSL par ce biais-là pour ensuite seulement passer au paramétrage des liaisons sans fil.

La Livebox étant livrée avec un adaptateur Wi-Fi USB, nous allons détailler la procédure d'installation de ce périphérique qui vous permettra de vous connecter à la Livebox.

Note La fonction de point d'accès sans fil de la Livebox n'a en fait rien à voir avec sa fonction de modem ADSL, si bien que l'on pourrait très bien concevoir d'utiliser la Livebox si l'on n'est pas abonné à l'ADSL. Quand votre liaison ADSL ne fonctionne plus parce que votre central téléphonique est en panne, cela n'empêche pas votre Livebox de jouer son rôle de point d'accès sans fil et vos ordinateurs peuvent s'y connecter sans problème.

Installation des pilotes de l'adaptateur sous Windows

Aucune installation manuelle n'est possible et il faudra donc passer par l'application d'installation automatique qui est livrée sur le CD-ROM. Les procédures d'installation des adaptateurs Sagem et Inventel sont relativement similaires dans leur principe et nous en décrivons ci-dessous le fonctionnement général.

Vous devez d'abord insérer dans votre lecteur le CD-ROM livré avec le package de la Livebox. Normalement, l'application d'installation doit démarrer automatiquement. Si tel n'est pas le cas, allez dans l'Explorateur de fichiers, faites un clic droit sur l'icône du lecteur de CD-ROM et choisissez la commande **Exécution automatique** dans le menu contextuel.

Ignorez la mise en garde concernant l'antivirus et le pare-feu. Choisissez ensuite l'option d'installation d'un ordinateur supplémentaire.

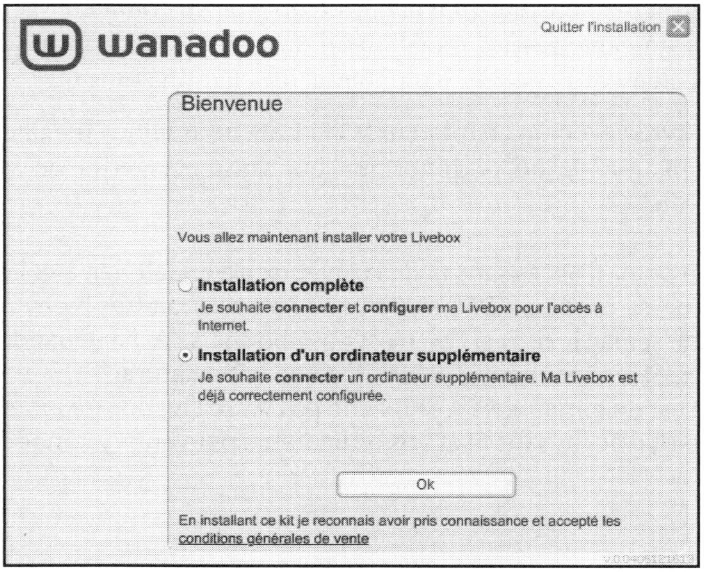

Figure 5-1 Choix du type d'installation

Dans l'écran suivant, choisissez le type de connexion sans fil (Wi-Fi).

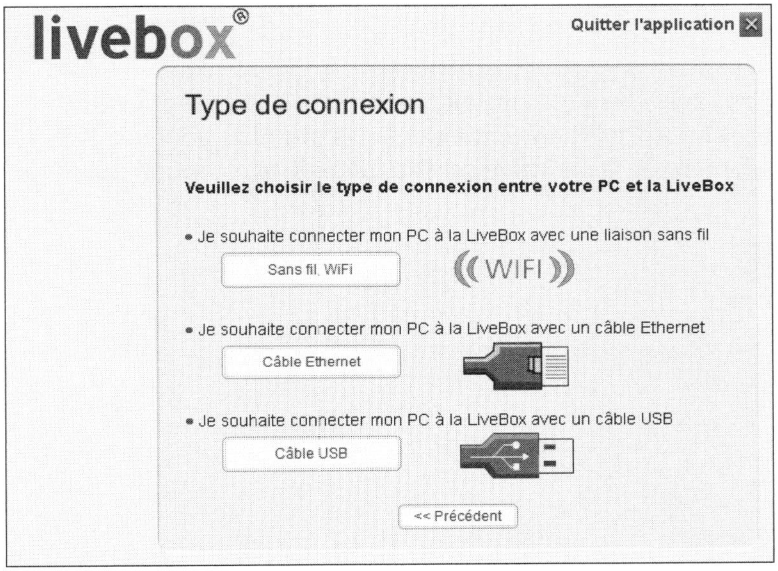

Figure 5-2 Choix du type de connexion

Le programme d'installation copie ensuite différents fichiers (programmes et pilotes) sur le disque dur de l'ordinateur, puis le programme d'installation affiche une très belle animation qui vous explique comment brancher l'adaptateur Wi-Fi sur votre ordinateur.

À partir de là, nous détaillons la procédure d'installation pour chaque modèle d'adaptateur.

Procédure pour le modèle Sagem

L'adaptateur livré dans le package de la Livebox Sagem a la forme d'une clé USB. L'animation du programme d'installation indique que vous devez brancher cet adaptateur « sur le port USB de votre ordinateur ». Outre le fait que la majorité des ordinateurs actuels possèdent plusieurs ports USB et qu'il n'y a donc pas lieu de privilégier un port USB par rapport à un autre, vous noterez que le package de la Livebox contient une rallonge USB (vous reporter à la page 4 du Guide de démarrage). C'est une bonne idée de l'utiliser car vous pourrez ainsi mieux orienter votre clé Wi-Fi (appelée également dongle) en direction de la Livebox. Par exemple, plutôt que de positionner l'adaptateur Wi-Fi derrière votre ordinateur où il risque d'être coincé contre un mur, il est de loin préférable d'utiliser la rallonge et de placer la clé Wi-Fi en hauteur.

Conseil Quand vous aurez terminé l'installation de votre adaptateur Wi-Fi, téléchargez le logiciel NetStumbler et faites des tests pour voir si le positionnement de la clé influe sur la qualité de la réception du signal.

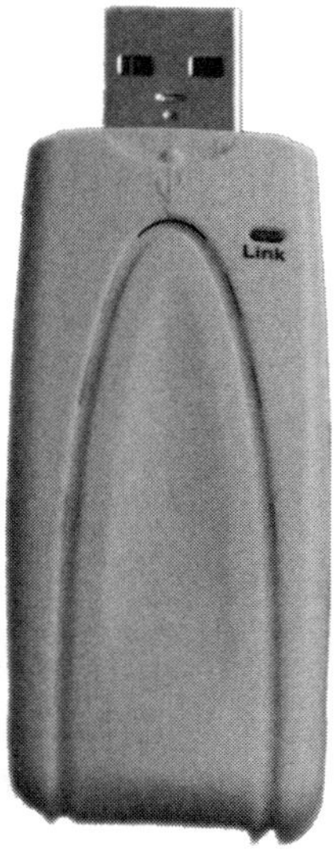

Figure 5-3 Adaptateur Wi-Fi livré avec la Livebox Sagem

Quand vous enfichez l'adaptateur Wi-Fi dans un des ports USB de votre ordinateur, Windows doit le détecter immédiatement.

Figure 5-4 Détection par Windows de l'adaptateur Wi-Fi Sagem

Dans l'écran suivant, vous devez saisir le SSID et la clé WEP de la Livebox.

Définition **SSID** : sigle anglais de *Service Set Identifier* (identificateur de l'ensemble de services). Le SSID représente le nom du réseau Wi-Fi. Ce nom peut contenir jusqu'à 32 caractères ; faites attention, car il est sensible à la casse (ce qui signifie que les majuscules et les minuscules sont différenciées).

Comme il commence à y avoir de nombreux réseaux Wi-Fi dans la nature, il n'est pas rare que le programme capte le nom de plusieurs points d'accès, si bien que vous devez vous assurer que le nom qui s'affiche dans la liste correspond bien à celui qui est écrit sur l'étiquette figurant au dos du boîtier du CD-ROM. Le SSID des Livebox commence toujours par Wanadoo_.

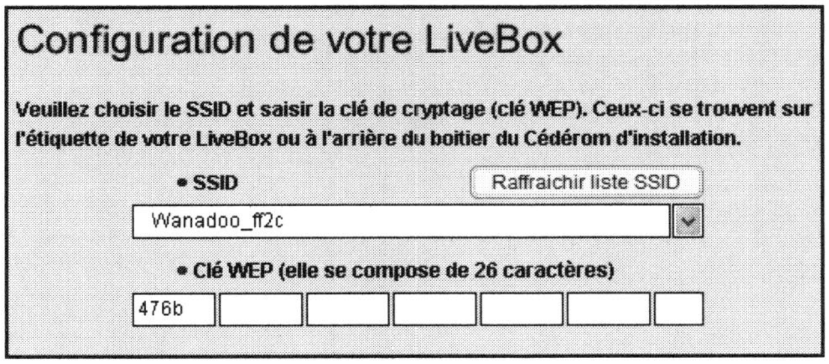

Figure 5-5 Saisie de la clé WEP

Après avoir choisi le nom du réseau Wi-Fi (SSID), vous devez saisir la clé WEP qui figure également au dos du boîtier du CD-ROM.

Définition **WEP** est le sigle de *Wired Equivalent Privacy* (Confidentialité équivalente aux réseaux câblés). Il s'agit d'une norme de chiffrement intégrée au standard 802.11. En activant le cryptage WEP, on crée un réseau fermé où toutes les données qui circulent sur le réseau sont chiffrées à l'aide d'une clé dont la longueur est variable suivant les constructeurs. Plus la clé est longue, plus le déchiffrement de la clé est difficile.

Attention La clé WEP se compose de chiffres hexadécimaux (base 16), c'est-à-dire des dix chiffres (0 à 9) et des lettres A, B, C, D, E et F. Cela signifie que ce que vous prenez pour un O est en fait un zéro. Faites attention aussi à bien différencier la lettre B avec le chiffre 8. La typographie utilisée sur l'étiquette est telle que l'on a vite fait de commettre une erreur.

Dans l'étape suivante, il vous est demandé de placer la Livebox en mode association.

Mode association de la Livebox Sagem

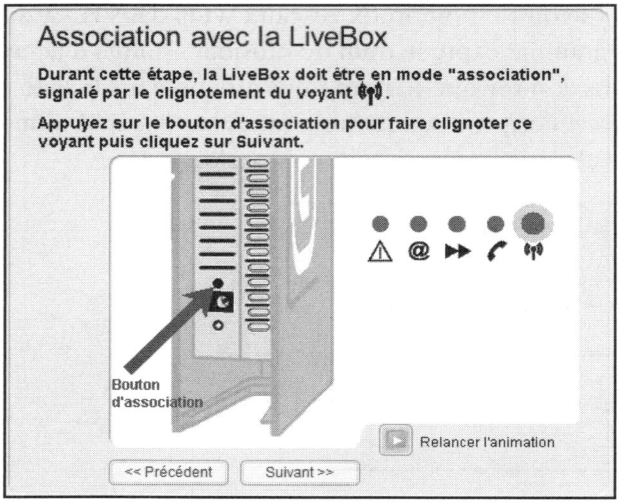

Figure 5-6 Association de la Livebox avec l'adaptateur Wi-Fi

Le bouton d'association est situé sous la Livebox et porte la mention REG *(figure 5-7)*. Vous devez donc retourner la Livebox, localiser ce bouton qui est situé juste à côté de la prise d'alimentation électrique et appuyer dessus sans débrancher un seul câble.

Figure 5-7 Bouton d'association de la Livebox Sagem

Le voyant d'association doit normalement se mettre à clignoter puis vous pouvez cliquer sur le bouton **Suivant**. Que se passe-t-il exactement pendant cette phase (la documentation étant muette sur ce point) ? Nous avons vu au chapitre précédent que chaque adaptateur Wi-Fi comporte une adresse MAC qui est un identifiant unique. L'adresse MAC de votre clé Wi-Fi est d'ailleurs mentionnée sur la tranche ; elle se compose d'une série de chiffres hexadécimaux, par exemple, 00:60:b3:a1:1c:53. Dans la mesure où ce numéro d'identification est unique, un bon moyen de restreindre l'accès à la Livebox consiste à n'autoriser que certaines adresses MAC à s'y connecter. C'est ce que l'on appelle le filtrage par adresse MAC. En appuyant sur le bouton d'association de la Livebox, vous accomplissez deux choses :

- vous désactivez le filtrage d'adresse MAC de la Livebox (votre adaptateur peut ainsi communiquer avec la Livebox)
- vous communiquez l'adresse MAC de votre adaptateur à la Livebox qui peut ainsi la rentrer dans sa liste des adresses MAC autorisées.

Bien évidemment, pour des raisons évidentes de sécurité, le mode association n'est que temporaire. Vous pouvez d'ailleurs constater qu'après quelques minutes le clignotement du bouton d'association a cessé.

Si plus tard vous allez dans l'interface d'administration Web de la Livebox et choisissez le menu **Réseau sans fil** puis cliquez sur le bouton **Editer la liste de filtre MAC**, vous constaterez alors que l'adresse MAC de votre clé Wi-Fi figure bien dans cette liste.

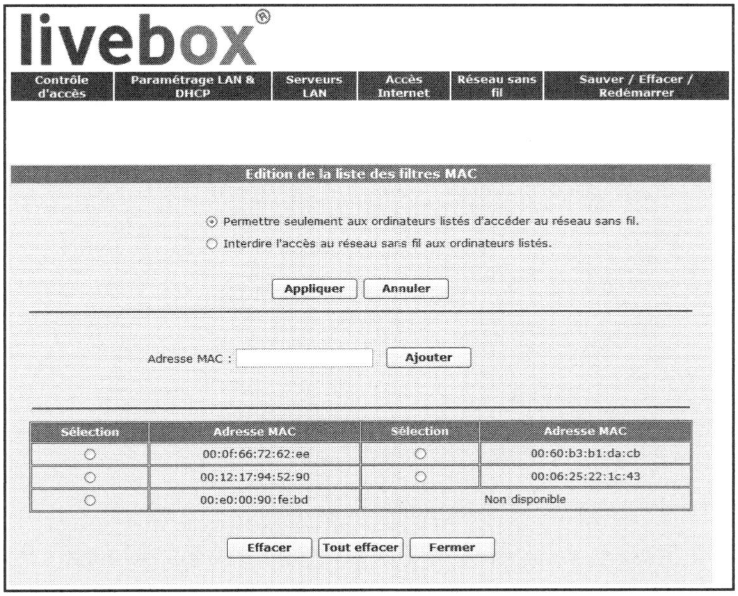

Figure 5-8 Liste des adresses MAC autorisées par la Livebox

À la fin de l'opération d'association, un message vous signale que l'opération a réussi et que vous pouvez quitter le programme d'installation. Vous verrez également apparaître dans le coin inférieur droit de l'écran deux nouvelles icônes. La première qui représente un ordinateur et une onde radio est l'icône de votre adaptateur Wi-Fi. La deuxième qui représente une courbe de signal radio est un utilitaire réseau qui vous permet de contrôler certains paramètres de votre connexion sans fil.

Figure 5-9 Deux nouvelles icônes sont apparues dans la zone de notification

Cet utilitaire développé par Sagem permet notamment de connaître la qualité de la liaison sans fil. L'onglet **Détecteur d'AP** vous permet de scanner tous les points d'accès qui sont accessibles et indiquent s'ils sont cryptés ou non… Dans l'onglet **A propos de**, vous trouverez aussi l'adresse MAC de votre clé Wi-Fi.

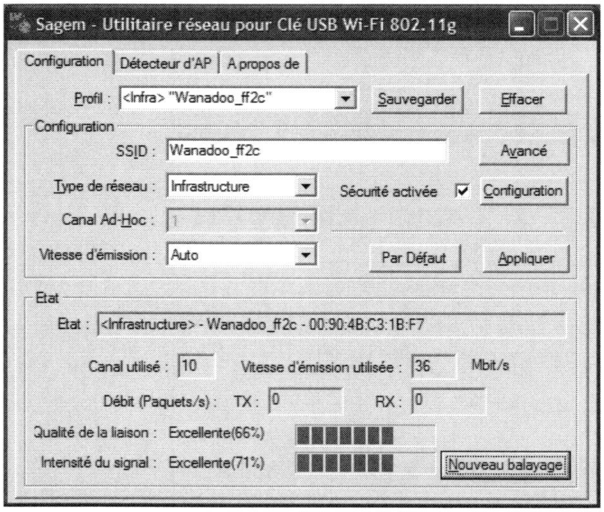

Figure 5-10 Utilitaire de réseau de l'adaptateur Sagem

Vous êtes donc à présent relié sans fil à la Livebox et vous pouvez profiter de la connexion Internet si vous avez bien saisi auparavant votre identifiant et votre mot de passe Wanadoo *(voir le chapitre 2)*.

Procédure pour le modèle Inventel

L'adaptateur livré dans le package de la Livebox Inventel se présente sous la forme d'un petit boîtier plat et d'un cordon USB. L'animation du programme d'installation indique que vous devez relier ce cordon « au port USB de votre ordinateur ». Outre le fait que la majorité des ordinateurs actuels possèdent plusieurs ports USB et qu'il n'y a donc pas lieu de privilégier un port USB par rapport à un autre, vous prendrez soin d'utiliser toute la longueur du cordon pour faire pointer votre boîtier Wi-Fi en direction de la Livebox. Par exemple, plutôt que de positionner l'adaptateur Wi-Fi derrière votre écran, il est de loin préférable d'utiliser toute la longueur du cordon pour placer le boîtier Wi-Fi en hauteur.

Conseil Quand vous aurez terminé l'installation de votre adaptateur Wi-Fi, téléchargez le logiciel NetStumbler et faites des tests pour voir si le positionnement de la clé influe sur la qualité de la réception du signal.

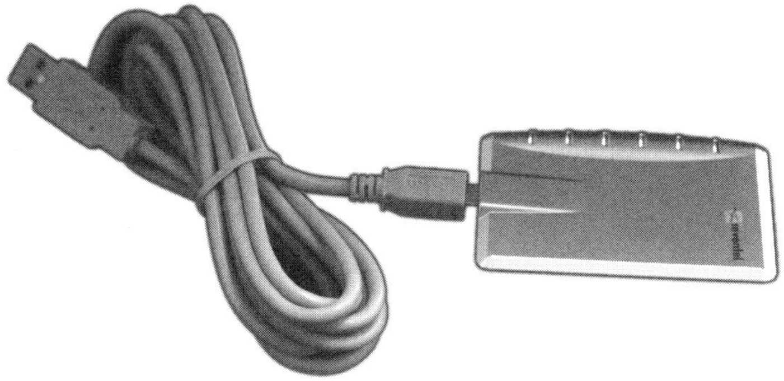

Figure 5-11 Adaptateur Wi-Fi livré avec la Livebox Inventel

Quand vous enfichez l'adaptateur Wi-Fi dans un des ports USB de votre ordinateur, Windows doit le détecter immédiatement.

Figure 5-12 Détection par Windows de l'adaptateur Wi-Fi Inventel

Dans l'écran suivant, vous devez sélectionner le nom de votre Livebox et saisir la clé de cryptage. Comme il commence à y avoir de nombreux réseaux Wi-Fi dans la nature, il n'est pas rare que le programme capte le nom de plusieurs points d'accès, si bien que vous devez vous assurer que le nom qui s'affiche dans la liste correspond bien à celui qui est écrit sur l'étiquette figurant au dos du boîtier du CD-ROM. Le SSID des Livebox commence toujours par WANADOO-.

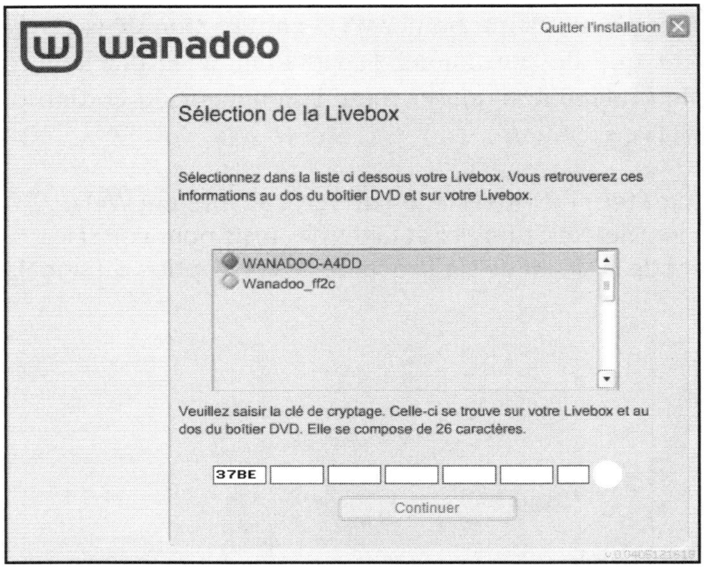

Figure 5-13 Saisie de la clé cryptage

Après avoir choisi le nom du réseau Wi-Fi (SSID), vous devez saisir la clé de cryptage (appelée clé WEP) qui figure également au dos du boîtier du CD-ROM.

Définition **WEP** est le sigle de *Wired Equivalent Privacy* (Confidentialité équivalente aux réseaux câblés). Il s'agit d'une norme de chiffrement intégrée au standard 802.11. En activant le cryptage WEP, on crée un réseau fermé où toutes les données qui circulent sur le réseau sont chiffrées à l'aide d'une clé dont la longueur est variable suivant les constructeurs. Plus la clé est longue, plus le déchiffrement de la clé est difficile.

Attention La clé WEP se compose de chiffres hexadécimaux (base 16), c'est-à-dire des dix chiffres (0 à 9) et des lettres A, B, C, D, E et F. Cela signifie que ce que vous prenez pour un O est en fait un zéro. Faites attention aussi à bien différencier la lettre B avec le chiffre 8.

Mode association de la Livebox Inventel

Dans l'étape suivante, il vous est demandé de placer la Livebox en mode association.

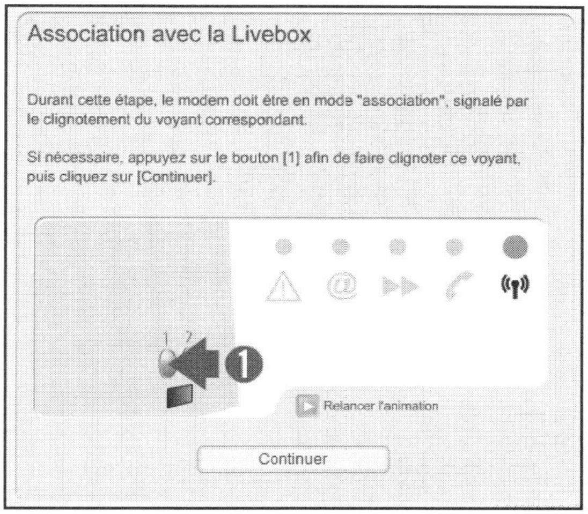

Figure 5-14 Association de la Livebox avec l'adaptateur Wi-Fi

Le bouton d'association est situé derrière la Livebox et porte le numéro 1 (figure 5-15). Vous devez donc localiser ce bouton et appuyer dessus en prenant bien soin de ne débrancher aucun câble.

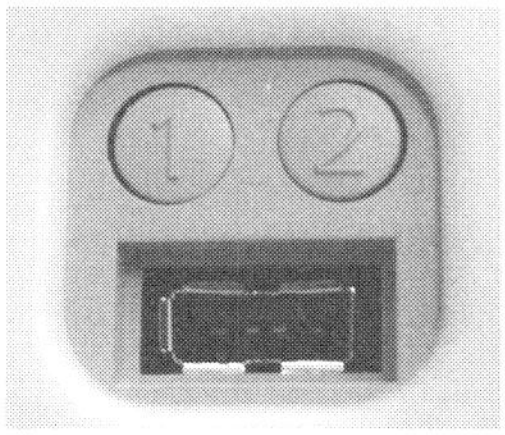

Figure 5-15 Bouton d'association de la Livebox Inventel

Le voyant d'association doit normalement se mettre à clignoter puis vous pouvez cliquer sur le bouton **Suivant**.

Note Si le voyant d'association ne clignote pas malgré vos tentatives d'appui sur le bouton numéro 1, cliquez cependant sur le bouton **Suivant** pour tenter l'association.

Que se passe-t-il exactement pendant cette phase ? Nous avons vu au chapitre précédent que chaque adaptateur Wi-Fi comporte une adresse MAC qui est un identifiant unique. L'adresse MAC de votre clé Wi-Fi est d'ailleurs mentionnée sur la tranche ; elle se compose d'une série de chiffres hexadécimaux, par exemple, 00:60:b3:a1:1c:53. Dans la mesure où ce numéro d'identification est unique, un bon moyen de restreindre l'accès à la Livebox consiste à n'autoriser que certaines adresses MAC à s'y connecter. C'est ce que l'on appelle le filtrage par adresse MAC. En appuyant sur le bouton d'association de la Livebox, vous accomplissez deux choses :

- ➜ Vous désactivez le filtrage d'adresse MAC de la Livebox (votre adaptateur peut ainsi communiquer avec la Livebox).
- ➜ Vous communiquez l'adresse MAC de votre adaptateur à la Livebox qui peut ainsi la rentrer dans sa liste des adresses MAC autorisées.

Bien évidemment, pour des raisons évidentes de sécurité, le mode association n'est que temporaire. Vous pouvez d'ailleurs constater qu'après quelques minutes le clignotement du bouton d'association a cessé.

Si plus tard vous allez dans l'interface d'administration Web de la Livebox et choisissez le menu **Sécurité** puis cliquez sur l'option **Périphériques associés**, vous constaterez alors que l'adresse MAC de votre adaptateur Wi-Fi figure bien dans cette liste.

À la fin de l'opération d'association, un message vous signale que l'opération a réussi et que vous pouvez quitter le programme d'installation. Vous verrez également apparaître dans le coin inférieur droit de l'écran deux nouvelles icônes. La première qui représente un ordinateur et une onde radio est l'icône de votre adaptateur Wi-Fi. La deuxième qui représente le logo d'Inventel est un utilitaire réseau qui vous permet de contrôler certains paramètres de votre connexion sans fil.

Figure 5-16 Liste des adresses MAC autorisées par la Livebox

Cet utilitaire développé par Inventel permet notamment de connaître la qualité de la liaison sans fil ainsi que le niveau de sécurité de votre Livebox.

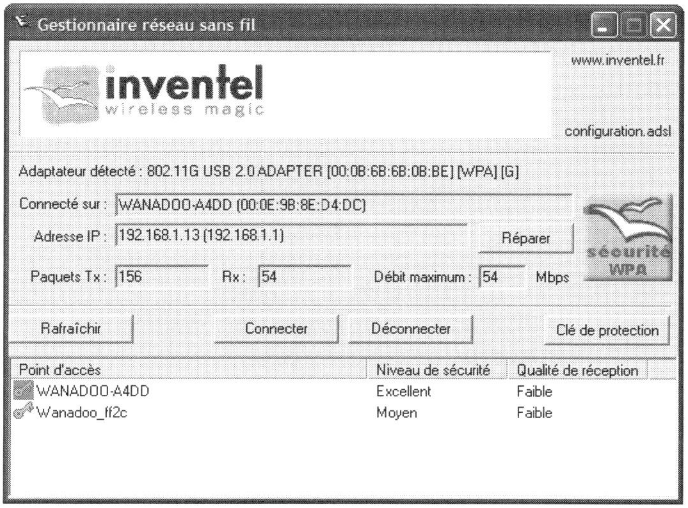

Figure 5-17 Utilitaire de réseau de l'adaptateur Inventel

Vous êtes donc à présent relié sans fil à la Livebox et vous pouvez profiter de la connexion Internet si vous avez bien saisi auparavant votre identifiant et votre mot de passe Wanadoo *(voir le chapitre 2)*.

Connexion sans fil sous Mac OS X

Si l'on en croit la page 15 du Guide de démarrage, le Mac ne peut être relié à la Livebox que par le port Ethernet (rouge) et l'on pourrait donc penser que le Mac ignore le Wi-Fi. Bien évidemment, il n'en est rien et c'est même tout le contraire.

Chez Apple, la technologie Wi-Fi se nomme AirPort et il faut bien reconnaître qu'en la matière la firme de Cupertino a été pionnière. En effet, Apple a commencé à commercialiser sa technologie Airport au mois de juin de l'année 1999. Toujours en avance, Apple a annoncé au mois de janvier 2003 que ses produits étaient compatibles 802.11g alors que le standard n'a été validé par l'IEEE qu'au mois de juin 2003...

Comme les produits AirPort Mac ont été certifiés par la Wi-Fi alliance, ils sont donc parfaitement compatibles avec la norme 802.11b et 802.11g, ce qui les rend parfaitement interopérables avec d'autres équipements Wi-Fi. Cette compatibilité des produits est une très bonne illustration de l'importance du respect des normes dans l'industrie informatique.

Choix de l'adaptateur Wi-Fi

À notre connaissance, il n'existe officiellement aucun pilote compatible Mac pour les adaptateurs Wi-Fi Sagem et Inventel qui sont livrés avec les packages Livebox.

Vous trouverez cependant sur Internet des versions non officielles de ces pilotes. Pour l'adaptateur Inventel, vous trouverez un pilote à l'adresse suivante :

```
ftp://ftp.unex.com.tw/Others/
PrismSingleSource_MACOSX_Binary_1.0.6
```

Vous trouverez également sur le site du support des produits Inventel un document décrivant son installation :

`http://www.inventel.com/support.sheet.php?lg=fr&id=126&idos=6`

Vous trouverez un pilote compatible Mac OS X pour la clé USB Sagem à l'adresse suivante :

`http://lgsagem.free.fr/drivers_fast3202.htm`

Bien que ces possibilités existent, nous vous conseillons vivement de vous équiper d'une carte Wi-Fi estampillée Apple, si votre Mac n'est pas déjà équipée d'une carte Airport. Baptisée AirPort Extreme (l'ancienne génération qui ne fonctionnait qu'à 11 Mbits/s se nommait tout simplement AirPort), la solution Wi-Fi de chez Apple se compose de la Carte AirPort Extreme *(figure 5-18)*.

Figure 5-18 Carte AirPort Extreme

Note Si vous souhaitez des informations supplémentaires sur la technologie sans fil d'Apple, connectez-vous à l'adresse suivante :

`http://www.apple.com/fr/airport/`

Même si Apple a souvent eu tendance à verrouiller ses produits, raison pour laquelle il n'existe pas un marché des périphériques pour Apple aussi florissant que sur PC, le fait que le matériel AirPort soit compatible avec la norme Wi-Fi assure une interopérabilité maximale. Cela signifie que l'on peut très bien créer un réseau de Mac sans fil en utilisant la Livebox ; de la même manière, on peut très bien créer un réseau de PC à l'aide d'une borne

AirPort Extreme. Si Apple a choisi de se distinguer sur la terminologie en parlant d'AirPort plutôt que de Wi-Fi, il n'en reste pas moins que les standards sont respectés, ce qui est bien l'essentiel.

Paramétrages réseau

Même s'il n'existe pas de programme d'installation compatible pour le Wi-Fi, nous allons voir que la procédure est extrêmement simple à réaliser car la gestion du réseau Wi-Fi est directement intégrée au système d'exploitation.

Attention N'employez pas les logiciels Utilitaire Admin Airport et Assistant réglages AirPort qui se situent dans le dossier Applications/Utilitaires pour installer votre connexion Wi-Fi à la Livebox.

Pour connecter votre Livebox à votre Mac en Wi-Fi, allez dans le menu Pomme et choisissez **Configuration réseau** puis **Préférences de Réseau**. Sélectionnez le mode de configuration Automatique et faites afficher AirPort (figure 5-19).

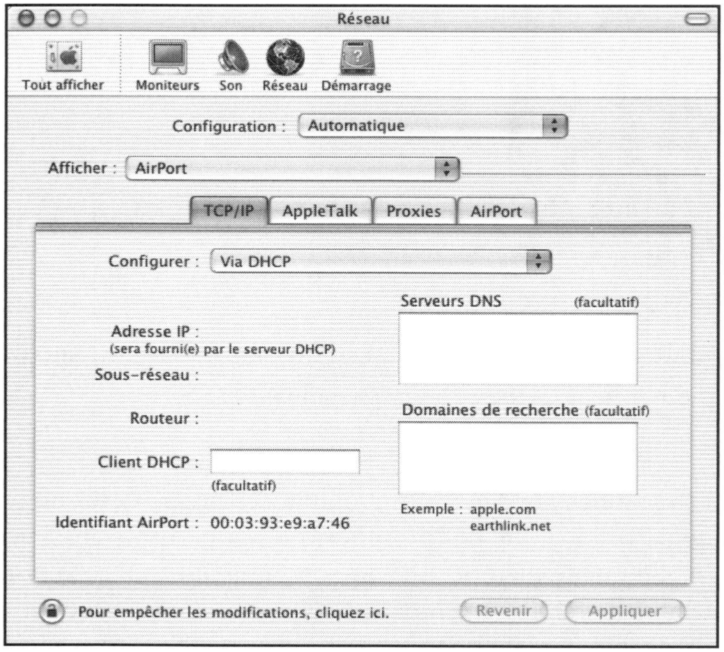

Figure 5-19 Configuration du réseau

Dans l'onglet **TCP/IP**, choisissez de configurer par DHCP.

Cliquez ensuite sur l'onglet **AirPort**.

Sélectionnez l'option **Se connecter à un réseau particulier** puis choisissez dans la liste déroulante le nom du réseau de la Livebox (le nom du réseau commence par Wanadoo et se trouve sur l'autocollant situé au dos du boîtier du CD-ROM). Dans le champ mot de passe, saisissez la clé WEP qui se trouve également sur l'autocollant du boîtier.

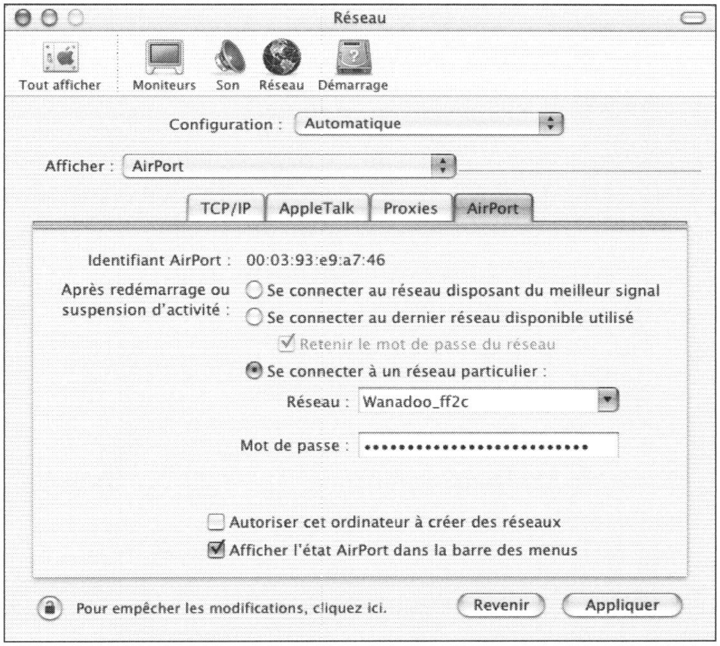

Figure 5-20 Configuration AirPort

Astuce Nous vous conseillons vivement de saisir la clé WEP dans un fichier texte et de le sauvegarder. Ceci a deux avantages : la saisie d'un mot de passe se faisant en mode masqué, vous courrez un grand risque de vous tromper quand vous saisissez en aveugle 26 caractères hexadécimaux. En saisissant la clé WEP dans un éditeur de texte, vous aurez l'avantage de voir ce que vous saisissez et vous pourrez ainsi contrôler la validité de la clé. L'autre avantage est qu'en sauvegardant cette clé dans un fichier texte, vous n'aurez plus qu'à faire un copier/coller quand on vous demandera de la saisir.

Pour terminer, cochez les cases **Retenir le mot de passe du réseau** et **Afficher l'état AirPort dans la barre des menus** puis cliquez sur le bouton **Appliquer**.

Dans la barre de menus, cliquez sur l'icône AirPort et sélectionnez le nom du réseau de la Livebox.

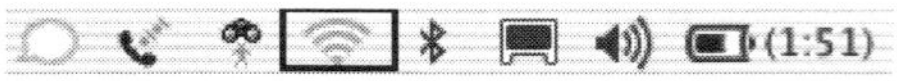

Figure 5-21 Icône AirPort dans la barre de menu

Une boîte de dialogue de saisie de mot de passe apparaît et à ce moment-là vous êtes bien content d'avoir suivi nos recommandations en sauvegardant la clé WEP dans un fichier texte.

Dans la liste déroulante **Mot de passe**, choisissez l'option **hexadécimal 128 bits**. Si vous avez sauvegardez la clé WEP dans un fichier texte, collez-la dans le champ de saisie, sinon saisissez-la à nouveau. Cochez la case **Ajouter au trousseau** et cliquez sur le bouton **OK**.

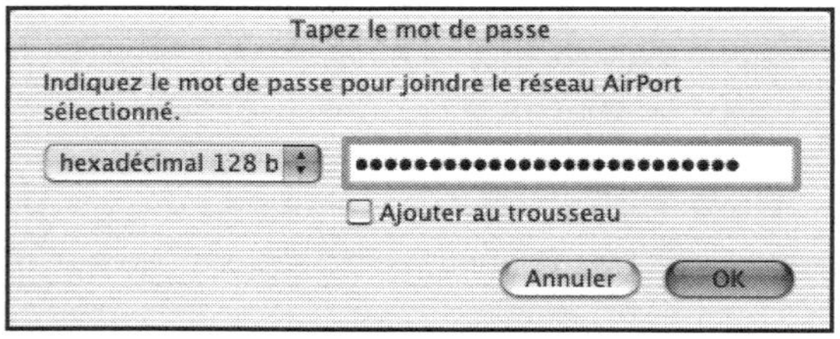

Figure 5-22 Saisie de la clé WEP

Malheureusement, dès que vous avez validé la boîte de dialogue, un magnifique message d'alerte s'affiche *(figure 5-23)* et vous laisse perplexe.

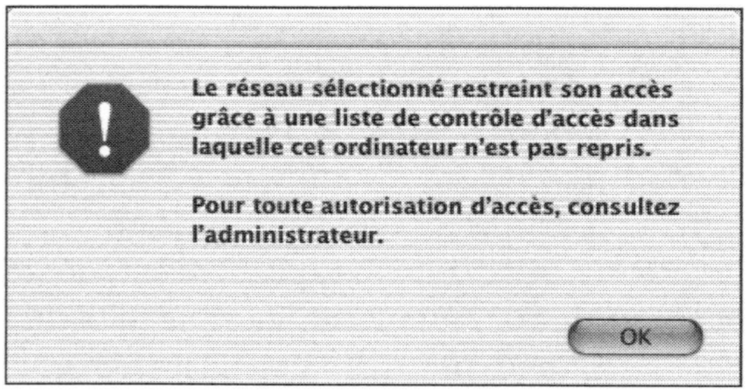

Figure 5-23 Message d'erreur lors de la tentative de connexion à la Livebox

Le problème vient du fait que la Livebox n'autorise que les ordinateurs qu'elle connaît à se connecter à son point d'accès Wi-Fi. Elle réalise un filtrage par adresse MAC (un numéro identifiant de manière unique la carte AirPort du Macintosh et qui est intitulé **Identifiant AirPort** dans l'onglet AirPort des Préférences de Réseau).

Pour résoudre le problème, il faut faire passer la Livebox en mode association. Pour connaître comment réaliser cette manipulation et comprendre son fonctionnement, vous vous reporterez plus haut à la section intitulée Mode association de la Livebox Sagem ou Mode association de la Livebox Inventel, en fonction de votre modèle.

Quand vous avez placé votre Livebox en mode association, vous pouvez à nouveau choisir l'icône AirPort dans la barre de menus et saisir la clé WEP. Quand vous avez validé cette information, votre Mac peut communiquer sans fil avec la Livebox et le nombre de barres de l'icône AirPort indique la puissance de réception du signal radio.

Note Vous trouverez également sur le site de Wanadoo deux pages détaillant la connexion d'un Macintosh équipé d'une carte Airport à la Livebox (pour système 9 et X) :

`http://assistance.wanadoo.fr/reponse1127.asp`

`http://assistance.wanadoo.fr/reponse1098.asp`

Le site Inventel comporte aussi un tutoriel pour Mac OS X :

`http://www.inventel.com/support.sheet.php?lg=fr&id=67&idos=6`

Mise à jour de votre logiciel système

Il est important de bien vous assurer que vous disposez de la dernière version du logiciel AirPort. En effet, la technologie Wi-Fi évolue rapidement et les fabricants de matériel mettent à jour leurs logiciels au gré des modifications apportées à la norme.

Ainsi, lorsque la norme 802.11g a été officiellement validée par la Wi-Fi Alliance, Apple a proposé une mise à jour de son logiciel. Si vous avez correctement paramétré votre système, ces mises à jour vous sont proposées spontanément dès qu'elles sont disponibles. Dans le cas contraire, nous vous conseillons d'exécuter régulièrement l'application Mise à jour de logiciels (qui se trouve dans les Préférences système). Ce programme se connecte à Internet et va voir si des mises à jour sont disponibles. Si tel est le cas, il les affiche dans une boîte de dialogue afin que vous puissiez les sélectionner et les installer (figure 5-24).

Cette mise à jour du logiciel AirPort comprend, par exemple, un module de gestion des interférences. Ainsi, dans cette nouvelle version, le menu d'état AirPort se voit complété d'une nouvelle option baptisée Robustesse d'interférence.

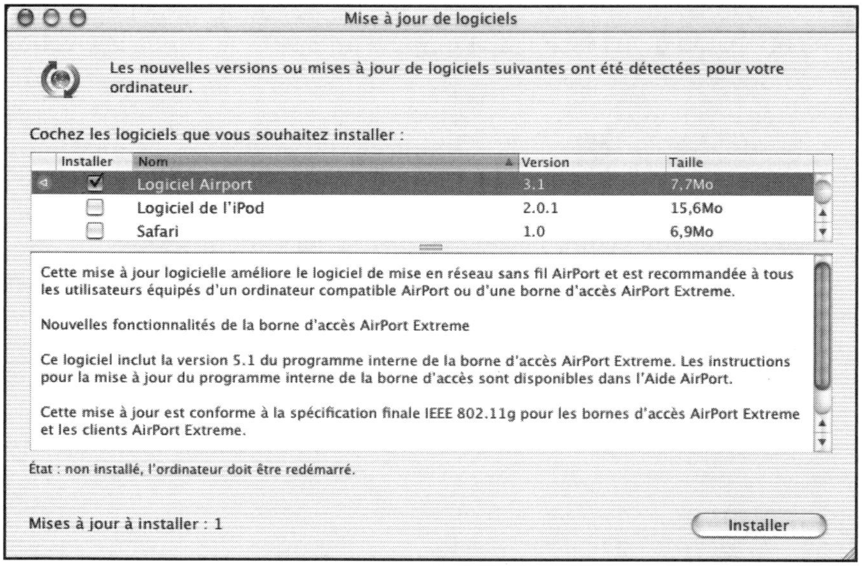

Figure 5-24 Mise à jour du logiciel AirPort

Installation d'autres adaptateurs sous Windows

Si vous ne trouvez pas à votre goût l'adaptateur Wi-Fi qui est livré avec la Livebox ou bien si vous voulez connecter à la Livebox plusieurs ordinateurs en Wi-Fi, il va bien falloir acquérir des adaptateurs supplémentaires. Comme vous n'êtes absolument pas obligé d'acquérir le même type d'adaptateur Wi-Fi que celui qui est livré dans le package, bon nombre d'utilisateurs achètent des cartes réseau Wi-Fi d'autres marques soit parce qu'elles sont moins onéreuses, soit parce qu'elle sont plus performantes. Comme nous l'avons souligné au chapitre précédent, le fait de pouvoir disposer d'une carte possédant une antenne permet, par exemple, d'améliorer la portée du signal.

Quel que soit le type de carte (PCI, USB ou PCMCIA), le mécanisme est identique : on installe la carte réseau puis on installe les pilotes de manière à ce que le système d'exploitation puisse utiliser le nouveau matériel.

Attention Avant d'installer une carte, lisez attentivement la documentation fournie avec le matériel. Vous êtes sans doute pressé d'arriver à vos fins, mais le fait de négliger certaines précautions d'emploi peut se révéler catastrophique. D'autre part, avant toute chose, assurez-vous que vous avez sous la main le CD-ROM du système d'exploitation de votre ordinateur. En effet, il n'est pas rare que lors de l'installation d'un pilote Windows ait besoin d'aller chercher des fichiers sur le CD-ROM qui a servi à son installation. Si vous ne l'avez plus à votre disposition, renoncez à installer quoi que ce soit.

D'autre part, seules les cartes USB et PCMCIA peuvent être branchées à chaud. L'installation d'une carte au format PCI nécessite l'arrêt et le démontage de l'ordinateur.

Installation du pilote

Une fois la carte installée, Windows XP détecte la présence d'un nouveau matériel et affiche un message dans la zone de notification. Quelques secondes après, l'**Assistant Ajout de nouveau matériel détecté** affiche une boîte de dialogue. Insérez à ce moment-là le CD-ROM livré avec votre interface réseau. Si le fait d'insérer le CD-ROM dans le lecteur fait démarrer un programme automatiquement (fonction Autorun), fermez la fenêtre de ce programme. Dans la boîte de dialogue, sélectionnez l'option **Installer le logiciel automatiquement** et cliquez sur le bouton **Suivant**.

L'assistant copie alors des fichiers sur le disque dur dans les répertoires système de Windows. Il est à ce moment possible que l'assistant s'arrête pour vous demander d'insérer le CD-ROM d'installation de Windows. Il vous faudra alors jongler avec les deux CD-ROM.

Quand l'installation a pris fin, l'assistant affiche une boîte de dialogue et il vous suffit de cliquer sur le bouton **Terminer** pour fermer la fenêtre.

Windows XP affiche ensuite une autre info-bulle dans la zone de notification ainsi qu'une icône qui représente la carte réseau sans fil.

Ajout manuel de l'adresse MAC de l'adaptateur

Une fois que votre adaptateur a été reconnu par Windows, il suffit en théorie de placer la Livebox en mode association et de fournir à Windows la clé WEP pour que la carte réseau se connecte automatiquement à la Livebox.

Nous allons dans cette section explorer une autre technique qui consiste à se passer du mode association et à aller inscrire directement dans l'utilitaire de configuration de la Livebox l'adresse MAC de la carte réseau. Pour ce faire, vous devez déjà connaître l'adresse MAC de votre adaptateur Wi-Fi.

Cliquez sur le bouton Démarrer de Windows puis sur Exécuter. Dans la fenêtre, saisissez **cmd** et cliquez sur le bouton **OK**, ce qui a pour effet d'ouvrir une fenêtre de commande DOS. Dans la fenêtre en mode texte, saisissez la commande :

IPCONFIG /ALL et validez par l'appui sur la touche Entrée.

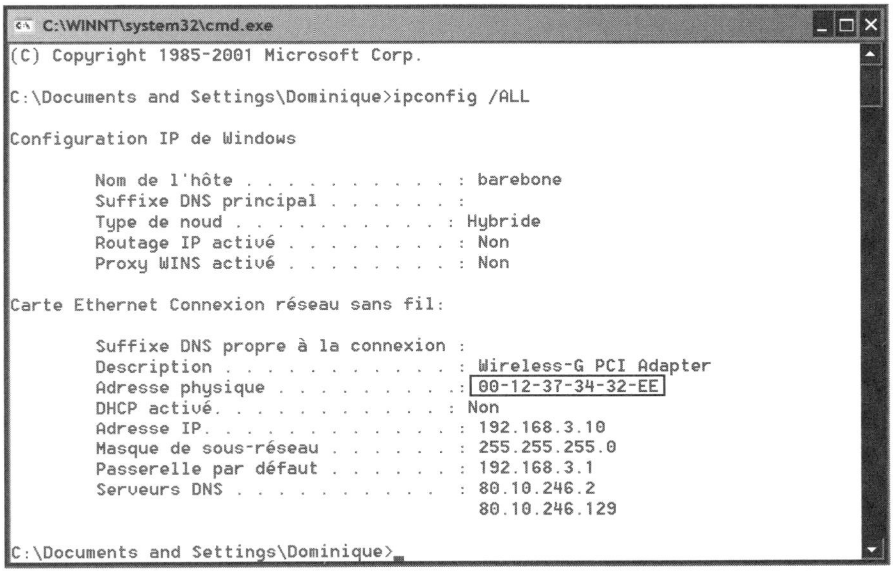

```
C:\WINNT\system32\cmd.exe
(C) Copyright 1985-2001 Microsoft Corp.

C:\Documents and Settings\Dominique>ipconfig /ALL

Configuration IP de Windows

        Nom de l'hôte . . . . . . . . . . : barebone
        Suffixe DNS principal . . . . . . :
        Type de noud . . . . . . . . . . : Hybride
        Routage IP activé . . . . . . . . : Non
        Proxy WINS activé . . . . . . . . : Non

Carte Ethernet Connexion réseau sans fil:

        Suffixe DNS propre à la connexion :
        Description . . . . . . . . . . . : Wireless-G PCI Adapter
        Adresse physique . . . . . . . . .: 00-12-37-34-32-EE
        DHCP activé. . . . . . . . . . . : Non
        Adresse IP. . . . . . . . . . . . : 192.168.3.10
        Masque de sous-réseau . . . . . . : 255.255.255.0
        Passerelle par défaut . . . . . . : 192.168.3.1
        Serveurs DNS . . . . . . . . . .  : 80.10.246.2
                                            80.10.246.129

C:\Documents and Settings\Dominique>_
```

Figure 5-25 Détermination de l'adresse MAC de la carte réseau

L'adresse MAC de la carte est la suite chiffres hexadécimaux qui apparaissent en face du libellé Adresse physique.

Recopiez cette information et allez sur un autre ordinateur qui est connecté à la Livebox, que ce soit en Ethernet, en USB ou en Wi-Fi.

Procédure pour la Livebox Sagem

Lancez un navigateur et saisissez dans la barre d'adresses :

192.168.2.1 si vous êtes connecté par un câble USB ;

192.168.3.1 si vous êtes connecté en Wi-Fi ;

192.168.5.1 si vous êtes connecté par un câble Ethernet.

Saisissez le nom d'utilisateur et le mot de passe pour accéder à l'interface d'administration de la Livebox (par défaut, **admin**). Choisissez le menu **Réseau sans fil** puis cliquez sur le bouton **Editer la liste de filtre MAC**. Dans la zone Adresse MAC, saisissez les chiffres de l'adresse MAC par groupe de deux, séparés par le caractère deux-points (:). Cliquez sur le bouton **Ajouter** pour valider la saisie.

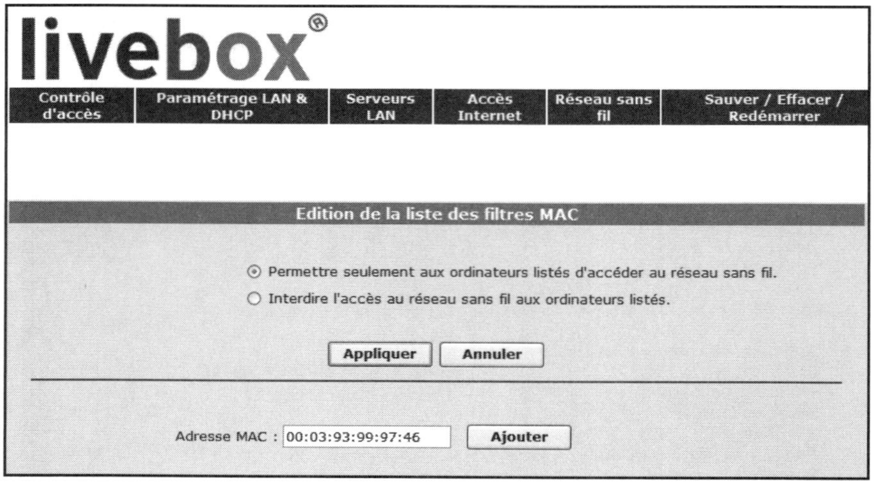

Figure 5-26 Ajout de l'adresse MAC de la carte réseau

Quand un message vous signale que l'action a été réalisée avec succès, cliquez sur le bouton **Maintenant** pour sauvegarder les modifications, puis dans l'écran suivant, cliquez sur le bouton **Sauver**.

Procédure pour la Livebox Inventel

Il n'est pas possible manuellement de saisir une adresse MAC dans l'interface d'administration de ce modèle de Livebox. Il est en revanche possible de supprimer une adresse MAC qui figure dans la liste des périphériques associés (menu **Sécurité** puis l'option **Périphériques associés**). Le seul moyen pour qu'une adresse MAC figure dans cette liste est d'utiliser le bouton association de la Livebox Inventel.

Quand vous avez terminé de saisir l'adresse MAC de votre adaptateur Wi-Fi dans la liste d'acceptation de votre Livebox, retournez sur l'ordinateur sur lequel vous venez d'installer l'adaptateur Wi-Fi et faites un double clic dans la zone de notification sur l'icône de la carte réseau sans fil. La fenêtre **Connexion réseau sans fil** apparaît. Sélectionnez le réseau de la Livebox (s'il n'y a qu'un réseau, il sera sélectionné par défaut) puis cliquez sur le bouton **Connecter**.

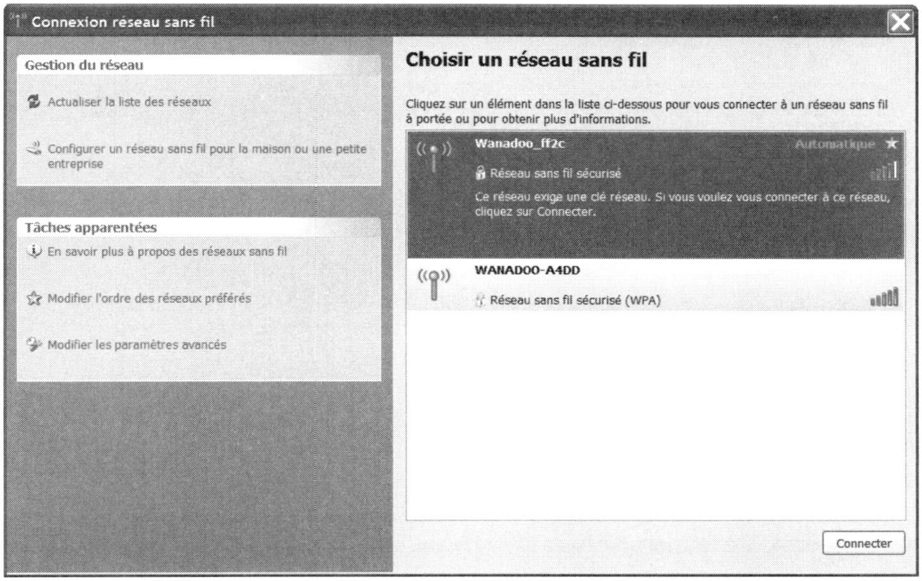

Figure 5-27 Sélection du réseau sans fil

Astuce Nous vous conseillons vivement de saisir la clé WEP dans un fichier texte, à l'aide du Bloc-notes par exemple, et de le sauvegarder. Ceci a deux avantages : la saisie d'un mot de passe se faisant en mode masqué, vous courrez un grand risque de vous tromper quand vous saisissez en aveugle 26 caractères hexadécimaux. En saisissant la clé WEP dans un éditeur de texte, vous aurez l'avantage de voir ce que vous saisissez et vous pourrez ainsi contrôler la validité de la clé. L'autre avantage est qu'en sauvegardant cette clé dans un fichier texte, vous n'aurez plus qu'à faire un copier/coller quand on vous demandera de la saisir.

Saisissez la clé WEP qui figure sur l'autocollant situé au dos du boîtier du CD-ROM. Si vous avez suivi notre conseil, vous pourrez faire un copier/coller dans les deux champs de saisie. Cliquez enfin sur le bouton **Connexion**. Au bout de quelques secondes, la connexion avec la Livebox est établie.

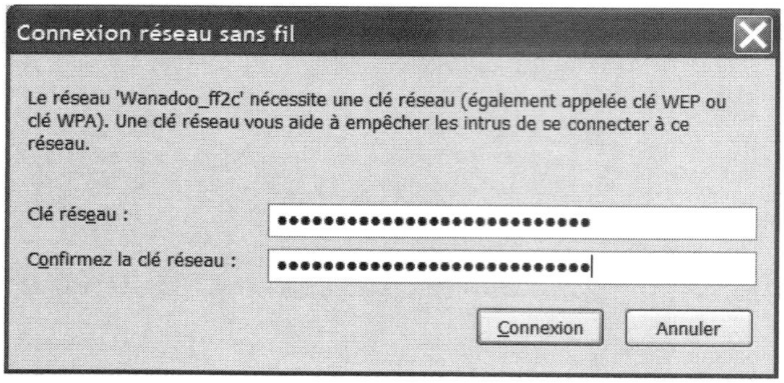

Figure 5-28 Saisie de la clé WEP

Questions/Réponses

QUESTION Mon ordinateur portable est équipé du Wi-Fi ; j'ai beau appuyer sur le bouton d'association de la Livebox et saisir la bonne clé WEP, je n'arrive pas à me connecter à la Livebox.

RÉPONSE Faites un double clic sur l'icône de votre connexion dans la zone de notification et cliquez sur le bouton **Propriétés** dans la boîte de dialogue qui s'affiche. Cliquez sur l'onglet **Configuration réseaux sans fil** et sélectionnez dans la zone **Réseaux favoris** le SSID de votre Livebox. Cliquez sur le bouton **Propriétés**. Dans l'onglet **Association**, assurez-vous que les paramètres sont identiques à ceux de la figure 5-29 (hormis le nom du SSID).

Dans l'onglet Authentification, assurez-vous que la case **Activer l'authentification IEEE 802.1X pour ce réseau** n'est pas cochée.

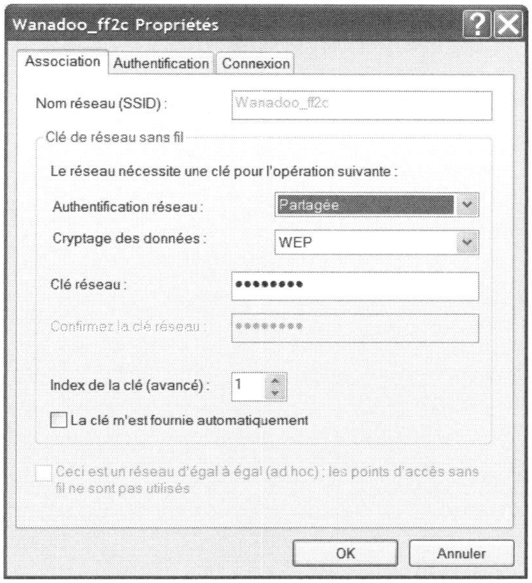

Figure 5-29 Propriétés de cryptage de la connexion Wi-Fi

QUESTION J'ai installé le Service Pack 2 de Windows XP et quand je veux paramétrer ma connexion Wi-Fi, le message illustré à la figure 5-30 s'affiche.

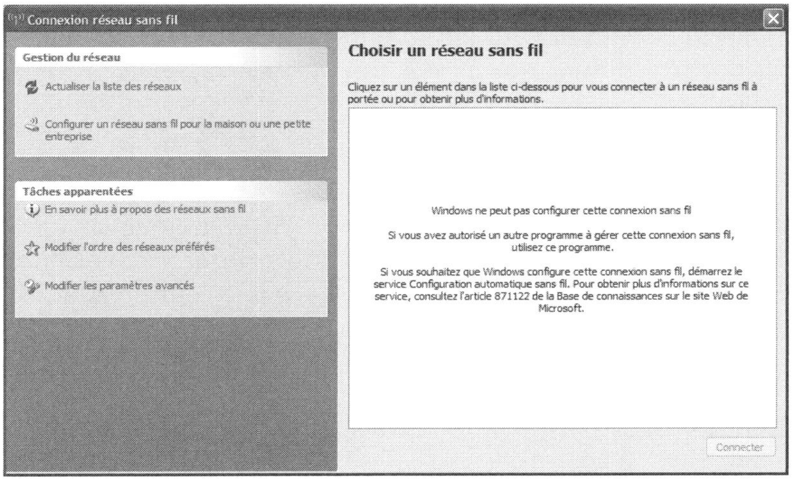

Figure 5-30 Le SP2 de Windows XP a modifié la prise en charge des réseaux Wi-Fi

RÉPONSE Allez sur le site Web de Microsoft France et saisissez dans la zone de recherche le numéro de la question qui est traitée dans la base de connaissances.

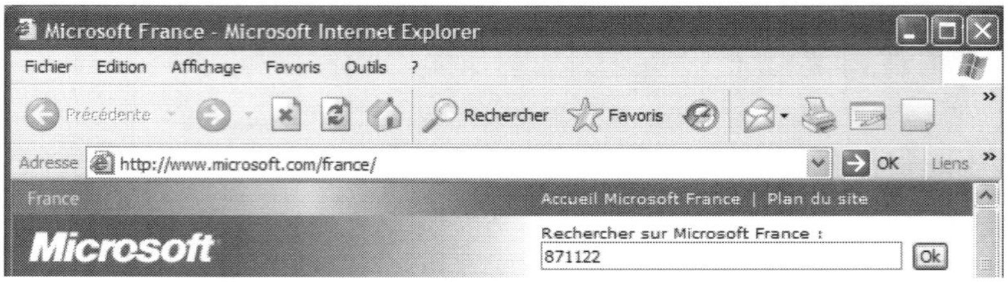

La requête renvoie une seule réponse ; il s'agit d'un article de la base de connaissances de Microsoft qui explique comment régler ce problème. Suivez scrupuleusement toutes les manipulations décrites dans cet article et Windows pourra à nouveau gérer votre réseau sans fil.

QUESTION Je trouve que la portée Wi-Fi de ma Livebox n'est pas très élevée (une dizaine de mètres au plus). Existe-t-il un moyen d'augmenter cette portée ?

RÉPONSE Sur le site Web du support des produits Inventel, il est mentionné qu'il n'est pas possible d'augmenter la portée de la Livebox. Pourtant, sur le forum consacré à la Livebox (`http://livebox.forumactif.com`), on trouve un tutoriel qui explique comment monter une antenne extérieure sur sa Livebox. On commence également à trouver dans le commerce des kits prêts à l'emploi, notamment à l'adresse suivante :

`http://online.infracom-france.com/index.php?cPath=26_106`

Vous devez cependant garder à l'esprit que tout modification interne de la Livebox entraîne l'annulation de la garantie. Si vous louez votre Livebox, soyez bien conscient des risques que vous prenez…

CHAPITRE 6

Utiliser le réseau de la Livebox

Si vous avez au moins deux ordinateurs qui sont reliés à votre Livebox, par quelque mode que ce soit, vous allez pouvoir goûter aux joies (et accessoirement aux peines) du réseau. Parmi les principales fonctionnalités d'un réseau, nous nous attarderons particulièrement sur le partage de fichiers et le partage d'imprimantes.

Partager des fichiers

Avant l'invention des réseaux locaux, les seules possibilités d'échange de fichiers se faisaient grâce à ce que l'on avait coutume d'appeler le « réseau baskets ». Cette technique de partage de fichiers assez rudimentaire consiste à recopier un fichier sur disquette puis à porter la disquette à la personne qui en a besoin. Dans ce cas de figure, la vitesse de transmission du fichier dépend de la distance à parcourir et de la forme physique de celui qui transporte la disquette…

Avec l'avènement des réseaux locaux, le partage de fichiers est devenu beaucoup plus simple et beaucoup plus rapide. Une fois que tous vos ordinateurs sont en réseau, il suffit d'exécuter un assistant et de répondre à quelques questions pour que Windows XP configure votre réseau, vous permettant ainsi de partager des fichiers.

Il existe en fait deux types de réseaux sous Windows : les réseaux administrés par un serveur et les réseaux d'égal à égal (appelés également réseaux poste à poste ou groupes de travail). Dans un réseau d'égal à égal, il n'existe pas de serveur qui centralise l'activité du réseau et gère l'administration des ordinateurs du réseau. Le rôle d'un serveur est, par exemple, d'attribuer les autorisations d'accès, de gérer la file d'attente des impressions, d'organiser les sauvegardes ou bien encore d'assurer l'envoi et la distribution du courrier électronique.

Note L'utilisation d'un serveur (tournant sous un système d'exploitation serveur comme Windows 2003 Server) ne se justifie que dans le cadre d'une utilisation professionnelle avec un nombre d'ordinateurs connectés important. Microsoft recommande d'utiliser les groupes de travail pour les réseaux domestiques et les réseaux des petites entreprises qui ne dépassent pas une dizaine de postes.

Exécuter l'Assistant Configuration du réseau

Afin de faciliter la tâche des utilisateurs qui souhaitent se mettre en réseau, Windows XP propose un assistant, l'**Assistant Configuration du réseau**, qui vous permet de paramétrer votre réseau en répondant à quelques questions.

Pour démarrer cet assistant, cliquez sur **Démarrer**, puis sur **Panneau de configuration** ; faites ensuite un double clic sur **Connexions réseau**, puis cliquez sur **Créer un réseau domestique ou un réseau léger d'entreprise** *(figure 6-1)*.

L'assistant démarre et vous rappelle les grandes fonctionnalités d'un réseau *(figure 6-2)*. Grâce à cet assistant et en répondant à une série de questions, vous allez pouvoir configurer votre réseau de manière interactive.

La succession des écrans n'est pas toujours identique : elle dépend du matériel qui est installé sur votre ordinateur et des différents choix que vous pouvez faire tout au long du processus. Nous nous contenterons ici d'insister sur les différentes étapes qui peuvent vous poser problème.

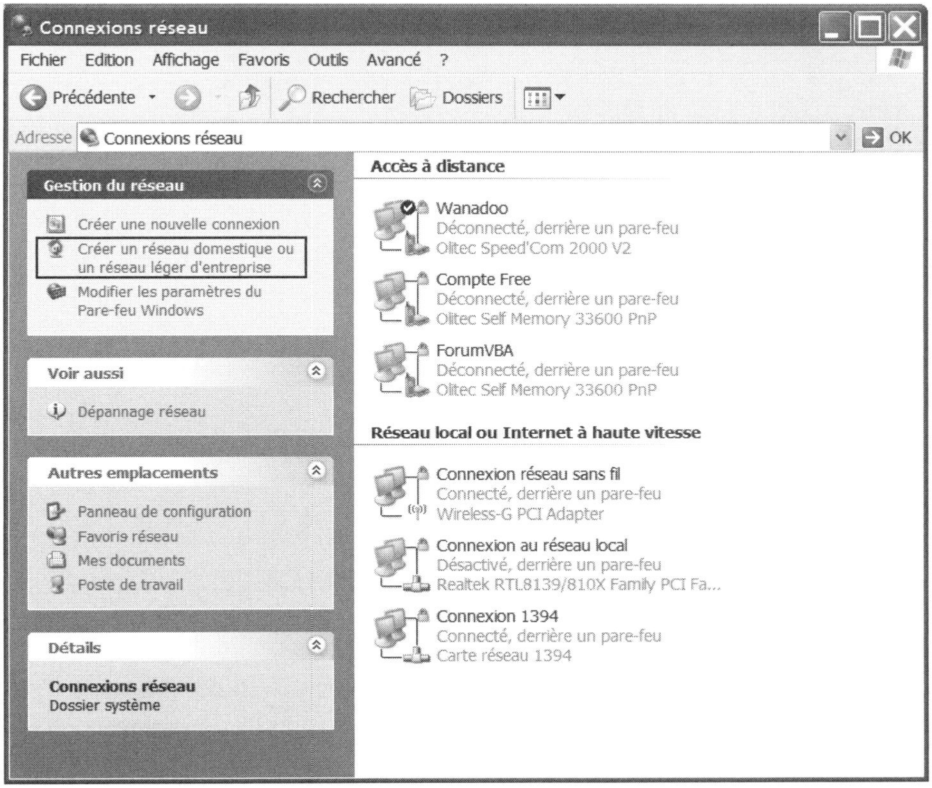

Figure 6-1 L'assistant se trouve dans le volet Gestion du réseau

Dans l'écran suivant *(figure 6-3)*, l'assistant vous invite à consulter une check-list pour vérifier si vous avez bien suivi toutes les étapes nécessaires à la création d'un réseau. Bien qu'il soit à notre avis un peu tard pour s'occuper de ces détails, vous constaterez avec plaisir que les recommandations de Microsoft sont relativement conformes aux conseils qui sont dispensés dans cet ouvrage. Cependant, Microsoft évoque, dans cette liste de contrôle, la fonctionnalité de Partage de connexion Internet (ou ICS pour *Internet Connection Sharing)* ; dans la mesure où la Livebox fait office de routeur, vous n'aurez pas besoin d'installer cette fonctionnalité.

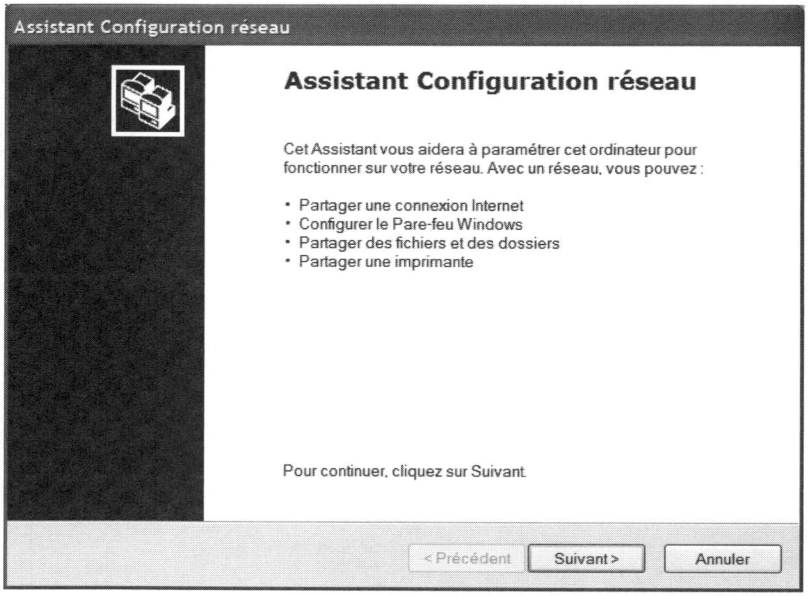

Figure 6-2 Premier écran de l'Assistant Configuration du réseau

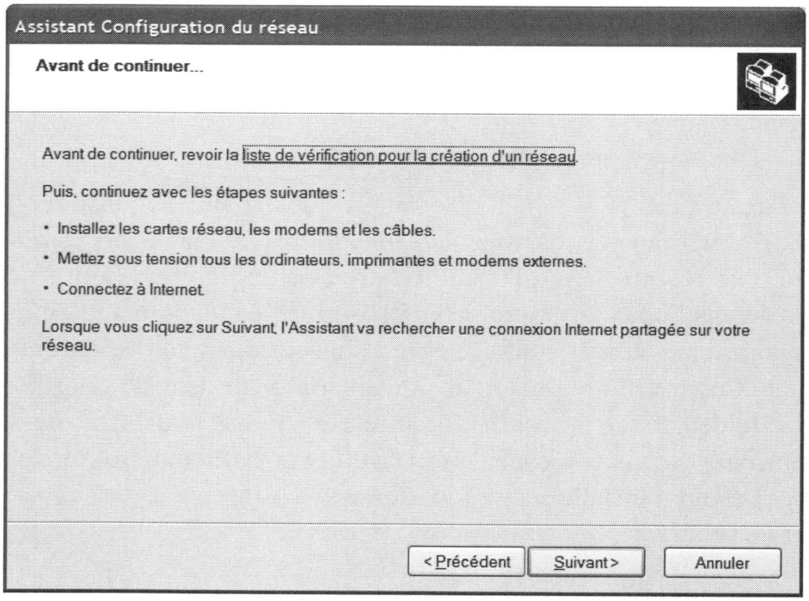

Figure 6-3 L'Assistant Configuration du réseau vous invite à une dernière vérification

Contrairement à ce qu'affirme cet assistant, il est bien évident qu'il faut avoir installé toutes les cartes réseau avant d'exécuter cet assistant.

Dans une des étapes suivantes, l'assistant vous demande de choisir le type de connexion à Internet *(figure 6-4)*.

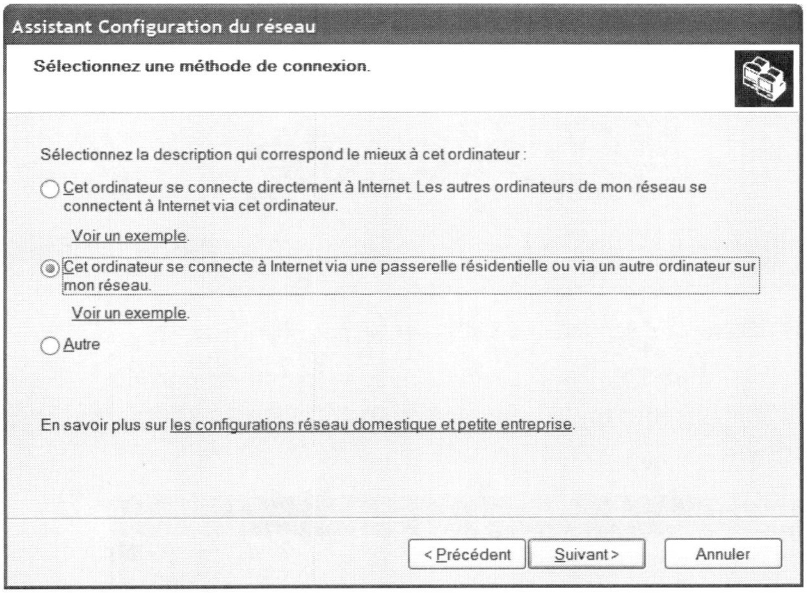

Figure 6-4 L'assistant vous demande de choisir votre type de connexion à Internet

La première option (**Cet ordinateur se connecte directement à Internet**) est celle qui est cochée par défaut. En outre, Microsoft voulant être didactique, propose de visualiser un exemple *(figure 6-5)* ; dans ce graphique, on voit apparaître, sur la droite, un réseau sans fil. En visualisant ce schéma, l'utilisateur d'un réseau sans fil aura sans doute la conviction que cette configuration est celle qui lui convient. Malheureusement, même si elle est théoriquement possible, ce n'est vraiment pas celle qu'il faut choisir avec la Livebox.

Comme vous êtes l'heureux possesseur d'une Livebox, vous devez choisir la deuxième option : **Cet ordinateur se connecte à Internet... via une passerelle résidentielle**.

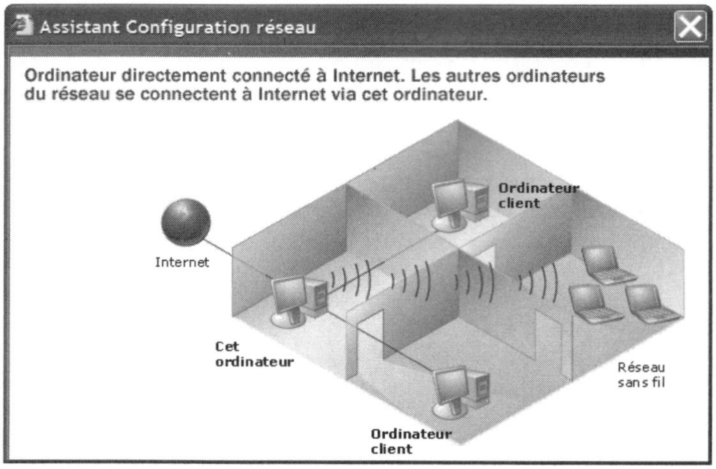

Figure 6-5 Exemple de connexion à Internet proposé par l'assistant

Dans l'étape suivante *(figure 6-6)*, vous devez attribuer un nom à votre ordinateur. Ce nom permettra de distinguer votre machine des autres ordinateurs du réseau.

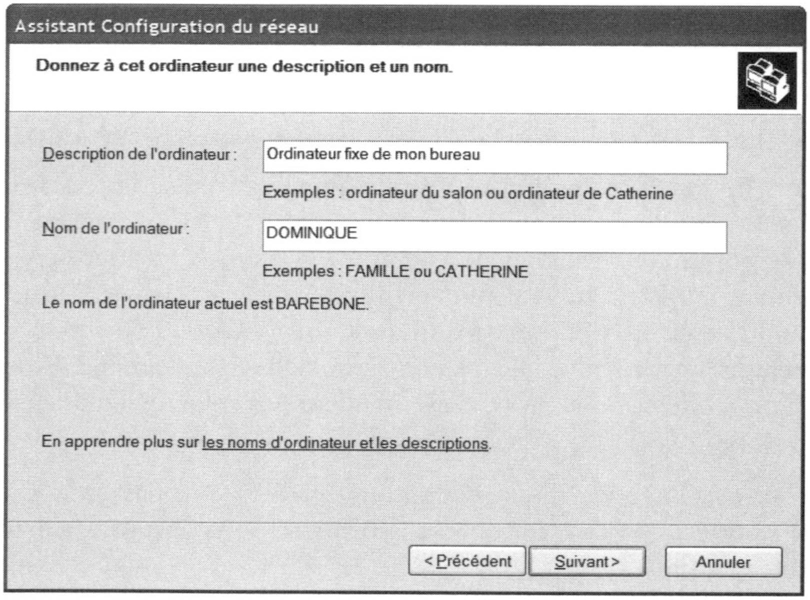

Figure 6-6 Attribution d'un nom à votre ordinateur

Dans l'étape suivante *(figure 6-7)*, vous devez donner un nom à votre groupe de travail.

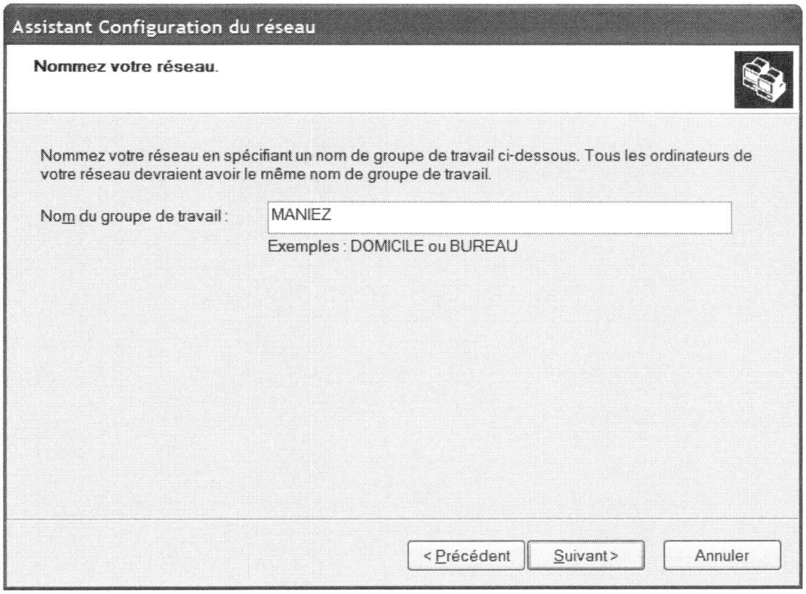

Figure 6-7 Attribution d'un nom à votre groupe de travail

Cette étape est essentielle car si vous voulez que les ordinateurs qui composent votre réseau puissent communiquer, il est nécessaire qu'ils appartiennent au même groupe de travail. Nous avons personnellement attribué notre patronyme comme nom du groupe de travail, mais vous pouvez donner le nom qui vous plaît. La seule chose importante est que chacun des ordinateurs ait le même nom de groupe de travail.

Dans l'écran suivant, vous devez prendre la décision d'activer ou non le partage de fichiers et d'imprimantes. Dans la mesure où le principal avantage d'un réseau est justement le partage de ressources, vous devez sélectionner l'option **Activer le partage de fichier et d'imprimante**.

Dans un des derniers écrans *(figure 6-9)*, l'assistant récapitule les choix que vous avez faits. Vous noterez que toutes les imprimantes connectées à l'ordinateur que vous êtes en train de configurer sont partagées ainsi que le dossier nommé Document partagés.

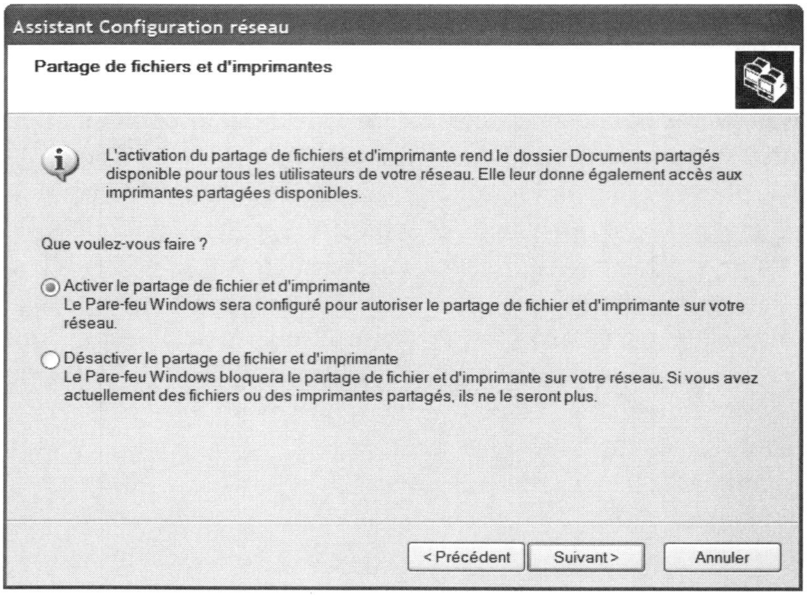

Figure 6-8 Partage de fichiers et d'imprimantes

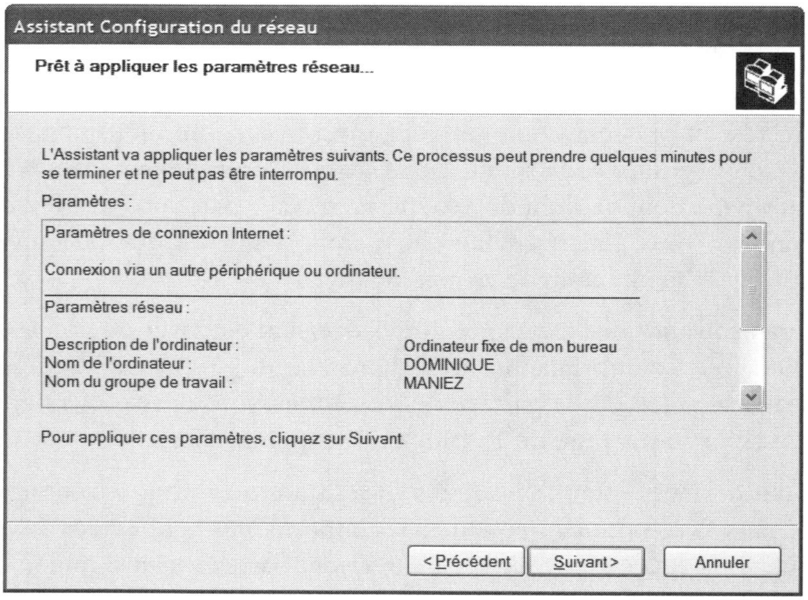

Figure 6-9 Récapitulatif des paramètres choisis par l'utilisateur

Quand vous cliquez sur le bouton **Suivant** pour valider vos choix, l'assistant configure votre ordinateur pour la mise en réseau. Quand les paramétrages sont terminés, l'assistant vous propose un ultime choix *(figure 6-10)* qui va vous permettre de propager les informations de configuration sur tous les autres ordinateurs du réseau. Plusieurs méthodes sont à votre disposition. Vous pouvez créer une disquette qui vous permettra de paramétrer automatiquement les autres postes de votre réseau ; cette disquette diffusera aux autres ordinateurs du réseau les paramètres que vous avez saisis dans les différentes étapes de l'assistant. Par exemple, vous n'aurez pas à ressaisir le nom du groupe de travail. Cette disquette sera surtout utile si vous avez d'autres postes qui ne tournent pas sous Windows XP. Vous pouvez également ignorer cette étape (dernier choix proposé) et vous contenter d'exécuter l'assistant sur tous les autres postes en répondant à toutes ses questions comme vous venez de le faire. La création d'une disquette automatise simplement cette tâche et vous garantit que les paramètres sont tous identiques.

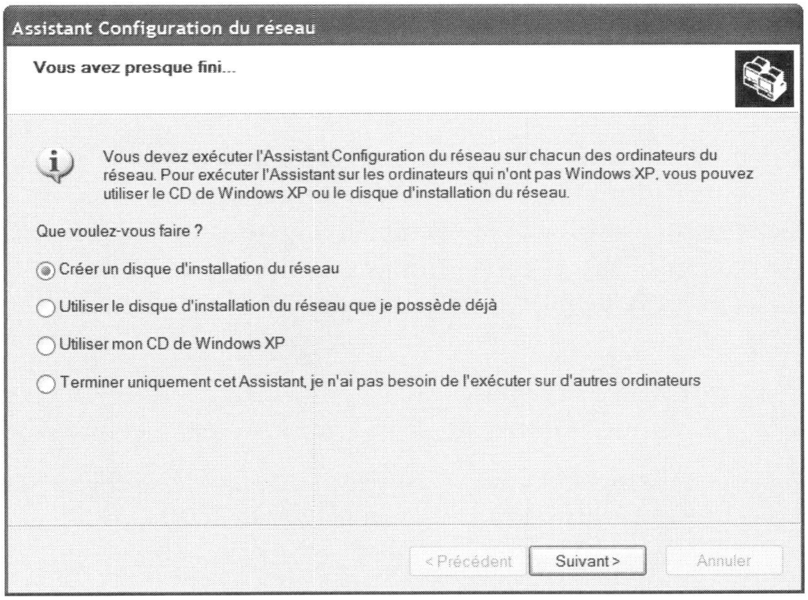

Figure 6-10 Diffusion des informations de configuration sur les autres postes du réseau

Configurer le réseau manuellement

Si vous possédez une Livebox Inventel, la procédure décrite ci-dessus sera amplement suffisante pour faire fonctionner correctement tous vos ordinateurs en réseau. En revanche, pour des raisons sur lesquels nous reviendrons plus tard dans ce chapitre, si vous possédez une Livebox Sagem, vous allez devoir apprendre à paramétrer votre réseau manuellement. Vous vous consolerez en vous disant que vous allez améliorer vos compétences en informatique, mais force est de reconnaître que pour un produit censé être grand public, le modèle Sagem devra revoir sa copie.

Vos cartes (Ethernet ou sans fil) étant correctement installées, vous devez déjà avoir effectué une partie du travail de paramétrage. Ainsi, vos cartes réseau sont normalement toutes dotées d'une adresse IP et le protocole TCP/IP a été installé sur l'ordinateur.

Pour compléter la configuration, vous devez, si cela n'a pas déjà été fait lors de l'installation des pilotes de la carte réseau, ajouter le client pour les réseaux Microsoft et le service de partage de fichiers et d'imprimantes.

Installer le client pour les réseaux Microsoft

Faites un double clic sur l'icône de la connexion qui correspond à votre carte réseau qui est située dans la zone de notification. La boîte de dialogue **État de Connexion de réseau** apparaît. Cliquez sur le bouton Propriétés. Dans notre exemple, dans la mesure où nous utilisons une carte Wi-Fi, la boîte de dialogue **Propriétés de Connexion réseau sans fil** apparaît *(figure 6-11)*.

Si dans la liste des éléments utilisés par la connexion, vous ne voyez pas **Client pour les réseaux Microsoft**, vous devez installer ce composant.

Pour ce faire, cliquez sur le bouton **Installer** ; la boîte de dialogue **Sélection du type de composant réseau** apparaît *(figure 6-12)*.

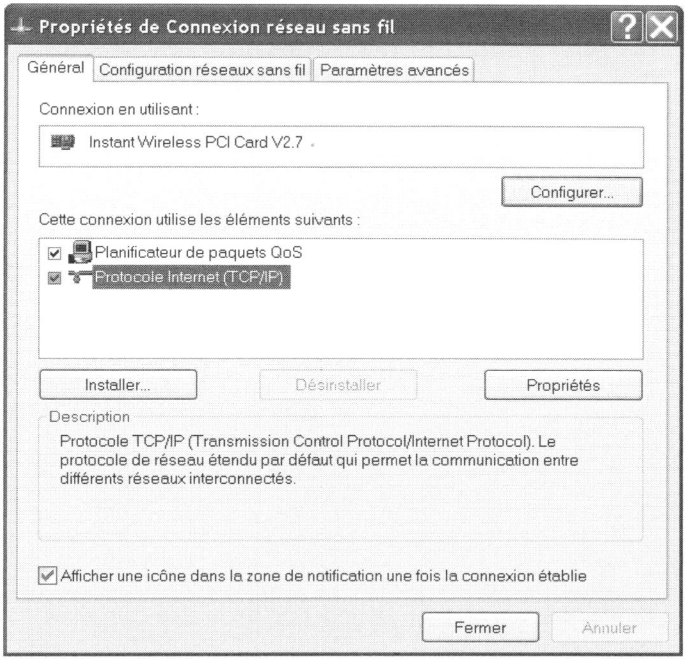

Figure 6-11 Onglet Général de la boîte de dialogue Propriétés de Connexion réseau sans fil

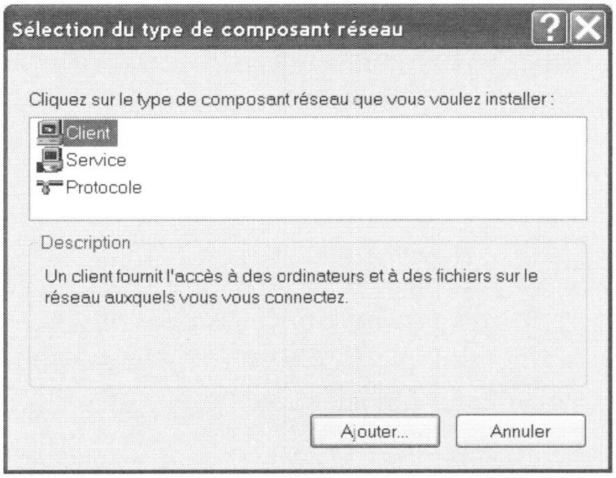

Figure 6-12 Cette boîte de dialogue permet d'ajouter un client, un service ou un protocole au réseau

Sélectionnez **Client** et cliquez sur le bouton **Ajouter**. La boîte de dialogue **Sélection de Client réseau apparaît** *(figure 6-13)*.

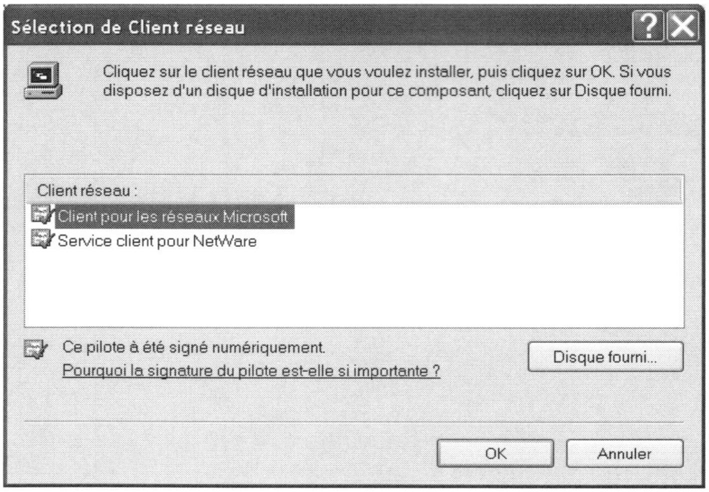

Figure 6-13 Cette boîte de dialogue permet de sélectionner le client pour les réseaux Microsoft

Sélectionnez l'option **Client pour les réseaux Microsoft** puis cliquez sur le bouton **OK**.

Il est possible que l'on vous demande de redémarrer l'ordinateur. Relancez-le puis revenez à la boîte de dialogue **Propriétés de Connexion réseau** afin d'installer le service de partage de fichiers et d'imprimantes.

Installation du service de partage de fichiers et d'imprimantes

Ce service réseau, comme son nom l'indique, va vous permettre de partager des fichiers et des imprimantes. Si dans la liste des éléments utilisés par la connexion, vous ne voyez pas **Partage de fichiers et d'imprimantes pour les réseaux Microsoft**, vous devez installer ce composant.

Pour ce faire, cliquez sur le bouton **Installer** ; la boîte de dialogue **Sélection du type de composant réseau** apparaît *(figure 6-12)*.

Sélectionnez **Service** et cliquez sur le bouton **Ajouter**. La boîte de dialogue **Sélection de service réseau** apparaît *(figure 6-14)*.

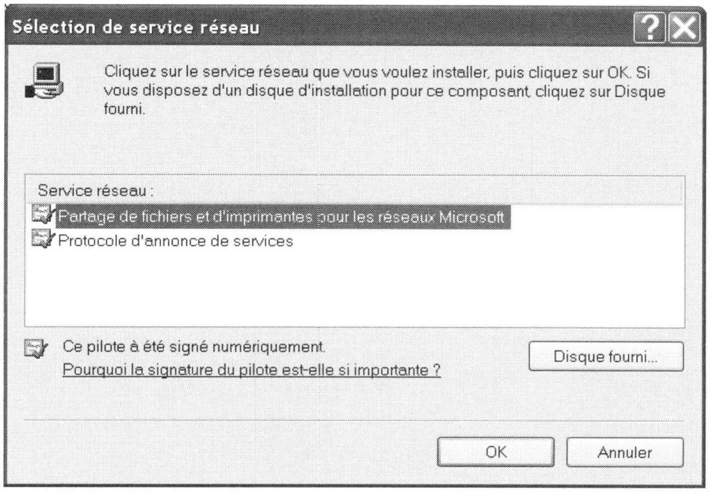

Figure 6-14 Cette boîte de dialogue permet de sélectionner le service de partage de fichiers et d'imprimantes

Sélectionnez l'option **Partage de fichiers et d'imprimantes pour les réseaux Microsoft** puis cliquez sur le bouton **OK**.

Il est possible que l'on vous demande de redémarrer l'ordinateur. Dans ce cas-là, relancez-le.

Attribution d'un nom au groupe de travail

La dernière étape du paramétrage manuel de votre réseau consiste à donner un nom à votre groupe de travail. Pour ce faire, allez dans le **Panneau de configuration**, puis cliquez sur **Performances et maintenance** puis sur **Système** (cliquez directement sur l'icône **Système** si vous êtes en affichage classique). La boîte de dialogue **Propriétés système** apparaît : cliquez sur l'onglet **Nom de l'ordinateur** *(figure 6-15)*.

Cliquez sur le bouton **Modifier** ; la boîte de dialogue **Modification du nom d'ordinateur** apparaît *(figure 6-16)*.

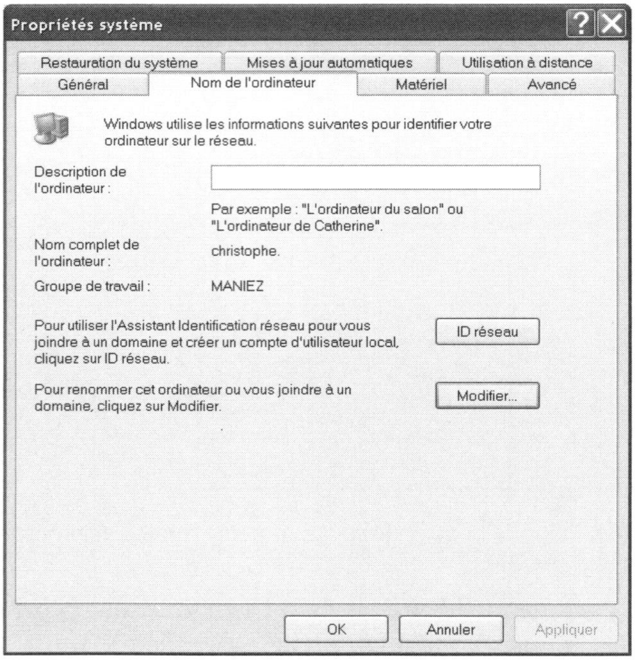

Figure 6-15 Boîte de dialogue Propriétés système

Dans cette boîte de dialogue, vous pouvez modifier le nom de l'ordinateur et le nom du groupe de travail. Ces deux noms se retrouveront dans les **Favoris réseau**. Dans la zone **Membre de**, sélectionnez l'option **Groupe de travail** et donnez le nom qui vous convient.

Définition **Domaine** : un domaine est un modèle d'organisation de réseau qui ne concerne que les ordinateurs qui sont administrés par un serveur. Windows 2003 Server permet, par exemple, de gérer des domaines. *A priori*, vous n'aurez pas besoin d'utiliser des domaines pour votre réseau.

Une fois que vous avez configuré de cette manière-là tous vos ordinateurs puis les avez redémarrés, vous devez pouvoir visualiser les postes de votre réseau dans les **Favoris réseau**. Pour ce faire, allez dans le Poste de travail, cliquez sur Favoris réseau, puis choisissez **Voir les ordinateurs du groupe de travail** *(figure 6-17)*.

Figure 6-16 Cette boîte de dialogue permet d'attribuer un nom au groupe de travail

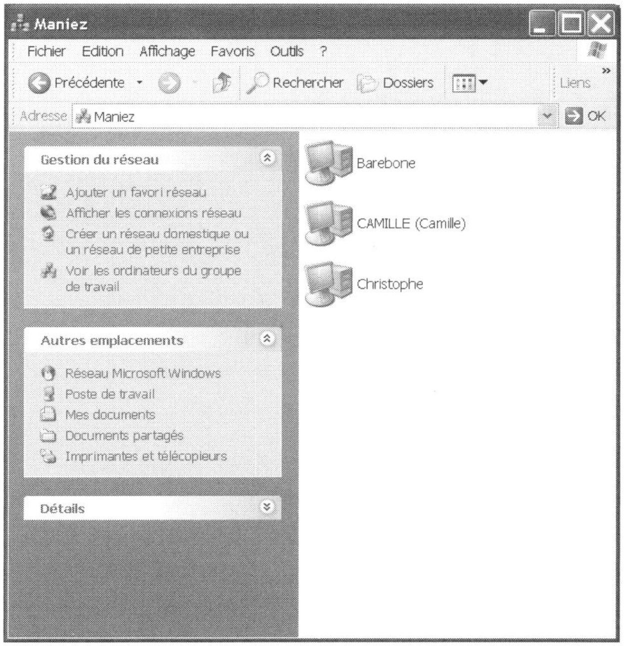

Figure 6-17 Affichage des ordinateurs composant le groupe de travail

Vous pouvez également les visualiser dans l'explorateur *(figure 6-18)*.

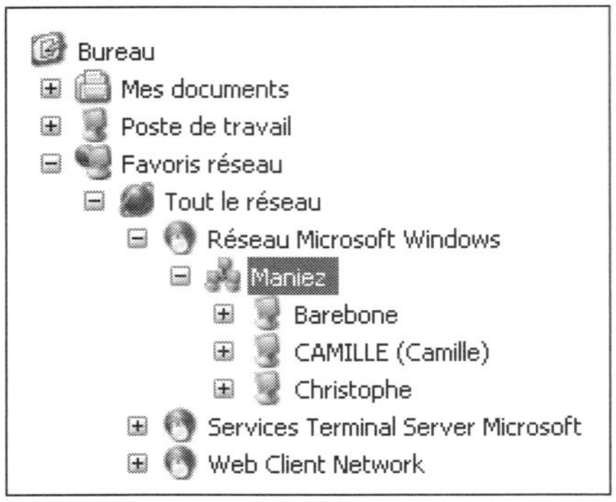

Figure 6-18 Affichage des ordinateurs composant le groupe de travail dans l'explorateur

Définition N'oubliez pas que vous devez effectuer toutes ces configurations sur tous les ordinateurs de votre réseau. Il est extrêmement important que tous les postes du réseau aient les mêmes paramètres réseau.

Pour l'instant, votre groupe de travail est opérationnel, mais vous ne pouvez pas partager grand-chose. Il va donc falloir définir des autorisations d'accès.

Définir les fichiers à partager

Quand vous définissez un groupe de travail, Windows permet le partage par défaut d'un dossier intitulé **SharedDocs** (Documents partagés). Ce dossier permet de s'échanger des fichiers, mais nous allons voir que l'on peut aller beaucoup plus loin.

Dans l'explorateur de fichiers, pointez l'icône de votre disque dur et faites un clic droit. Dans le menu contextuel, choisissez **Propriétés**, puis cliquez sur l'onglet **Partage** *(figure 6-19)*.

Comme nous avons choisi un disque dur, et non pas un dossier d'un disque dur, Windows nous met en garde et nous déconseille le partage de la racine de ce lecteur. Il est vrai que dans le cadre d'un partage de fichiers, il est préférable de n'accorder une autorisation d'accès que sur une zone bien circonscrite du disque dur. Il est donc de loin préférable de sélectionner uniquement un dossier dans lequel on prendra soin de ne stocker aucun fichier que l'on ne souhaite pas partager.

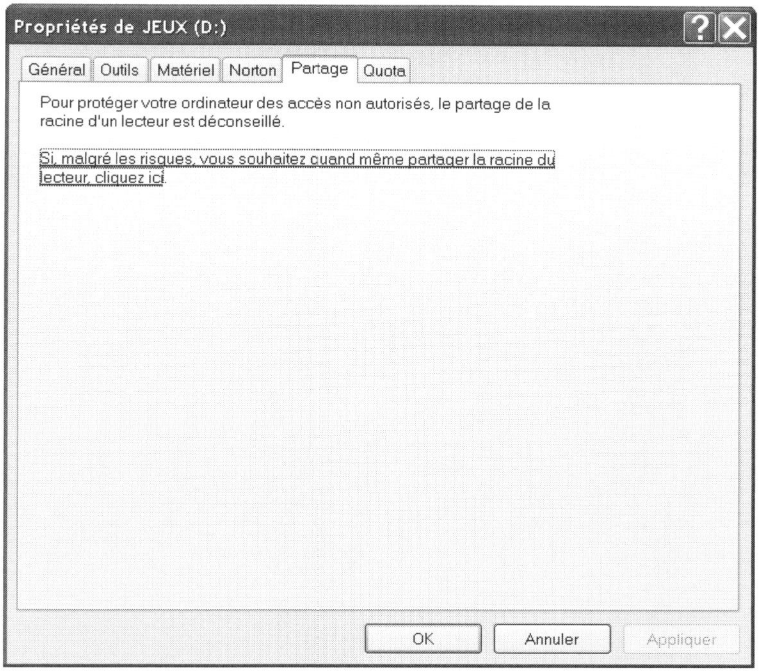

Figure 6-19 Onglet Partage des propriétés d'un lecteur de disque

Conseil Même si vous n'avez rien à cacher et qu'aucune donnée confidentielle ne réside sur votre ordinateur, n'oubliez pas qu'une simple maladresse peut effacer des fichiers importants. Il est donc recommandé de toujours faire des sauvegardes des fichiers importants et de ne pas accorder le partage d'un dossier qui contient des données ayant de la valeur.

Pour partager un dossier, sélectionnez-le dans l'explorateur et faites un clic droit. Dans le menu contextuel, choisissez **Propriétés**, puis cliquez sur l'onglet **Partage** *(figure 6-20)*.

Dans la zone **Partage réseau et sécurité**, cochez la case **Partager ce dossier sur le réseau**. Dans notre exemple, le dossier à partager se nomme *Fichiers communs*. Dès que vous avez cliqué sur les boutons **Appliquer** et **OK**, ce dossier devient visible pour tous les autres postes du réseau. Ils ont donc accès en lecture à tous les fichiers que renferme ce dossier. Ils peuvent également copier les fichiers de ce dossier sur leur propre disque dur.

Si vous voulez que les autres utilisateurs du réseau puissent avoir le droit de modifier les fichiers du dossier partagé, vous devez cocher la case **Autoriser les utilisateurs réseau à modifier mes fichiers**.

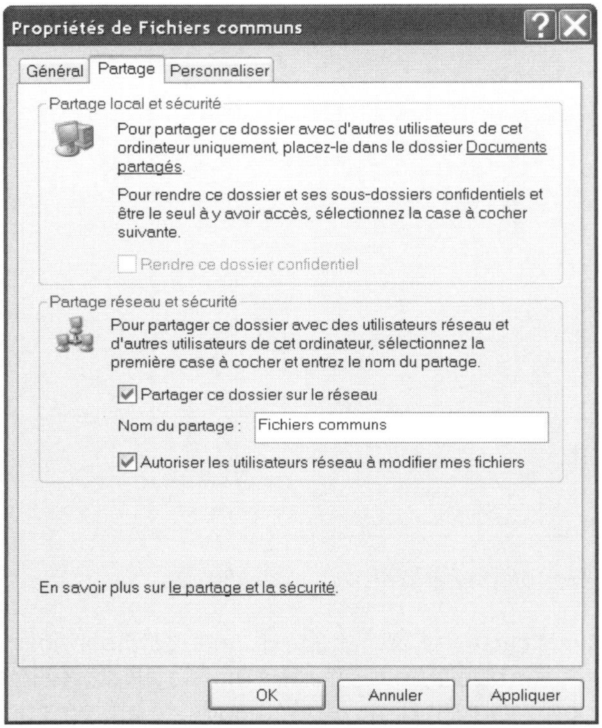

Figure 6-20 Onglet Partage des propriétés d'un dossier

Vous en avez fini avec le « réseau baskets » ! Qui plus est, l'information peut désormais être centralisée ce qui signifie que vous pouvez travailler à plusieurs sur un même document qui est stocké dans un lieu unique. D'ailleurs, la suite bureautique Office intègre désormais de nombreuses options de travail collaboratif. Il est, par exemple, facile de saisir un document Word sur un poste du réseau et de le sauvegarder dans un dossier partagé. Un autre utilisateur du réseau pourra parfaitement réviser ce document à partir de son ordinateur. Les deux utilisateurs auront travaillé sur le même document et le travail de chacun sera clairement identifié. Il est bien évidemment impossible de travailler à deux en même temps sur un même document Word et le système d'exploitation sait parfaitement gérer ce genre de conflit *(figure 6-21)*.

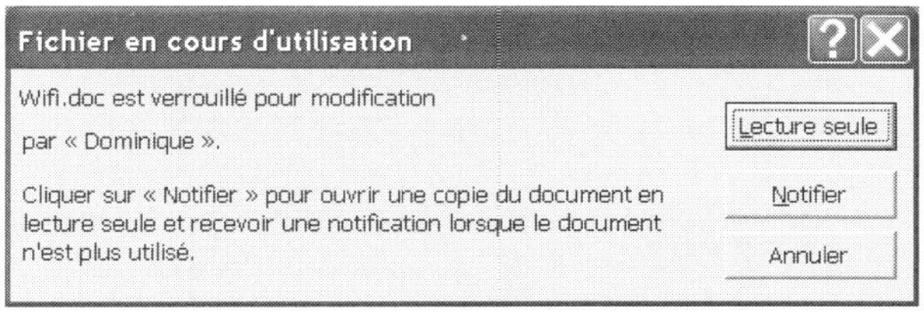

Figure 6-21 Quand vous êtes en réseau, le travail collaboratif devient possible, mais il y a cependant quelques restrictions

Nous avons vu qu'il était déconseillé de partager l'intégralité d'un disque dur (en partageant la racine du disque), mais il est tout à fait envisageable de partager un lecteur qui peut servir à l'ensemble des utilisateurs du réseau. La technique utilisée pour partager un lecteur est identique à celle employée pour partager un dossier. Par exemple, nous utilisons un lecteur de SmartMedia afin de pouvoir télécharger facilement sur notre disque dur les photographies prises par un appareil de photo numérique. Ce lecteur est relié à une des machines du réseau par un port USB et il est partagé ce qui signifie que lorsque l'on insère une carte SmartMedia dans le lecteur, chaque poste du réseau peut y accéder *(figure 6-22)*.

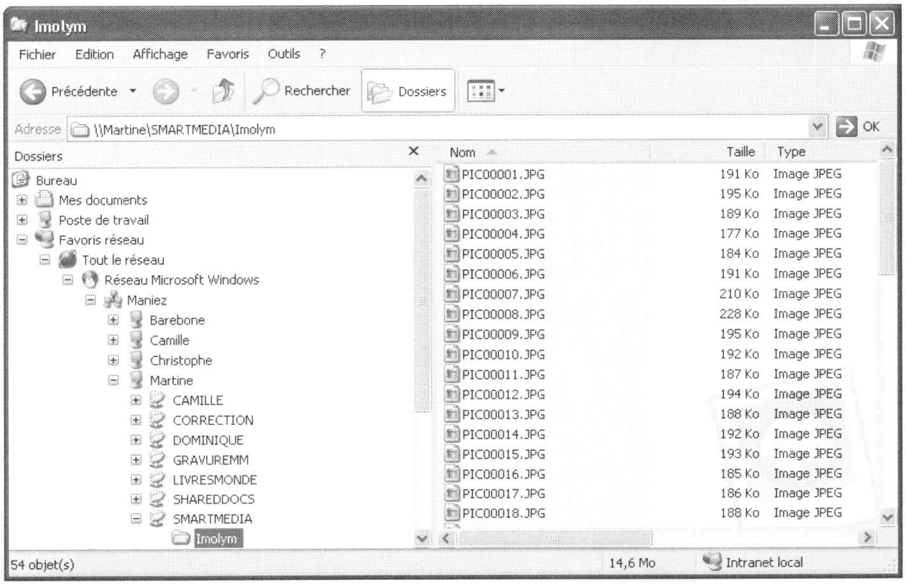

Figure 6-22 Il est tout à fait possible de partager un lecteur (DVD, graveur, Zip, SmartMedia, *etc.*)

Partager une imprimante

Après avoir appris à partager des dossiers et des lecteurs, nous allons à présent voir comment partager des imprimantes. Cette opération se déroule en deux temps : partager l'imprimante qui est reliée à votre ordinateur et ajouter les imprimantes réseau des autres postes.

Attention Pour pouvoir partager une imprimante, il faut bien évidemment que le service de partage de fichiers et d'imprimantes soit installé.

Partage de votre imprimante

En partant du **Panneau de configuration**, faites afficher la fenêtre **Imprimantes et télécopieurs** *(figure 6-23)*.

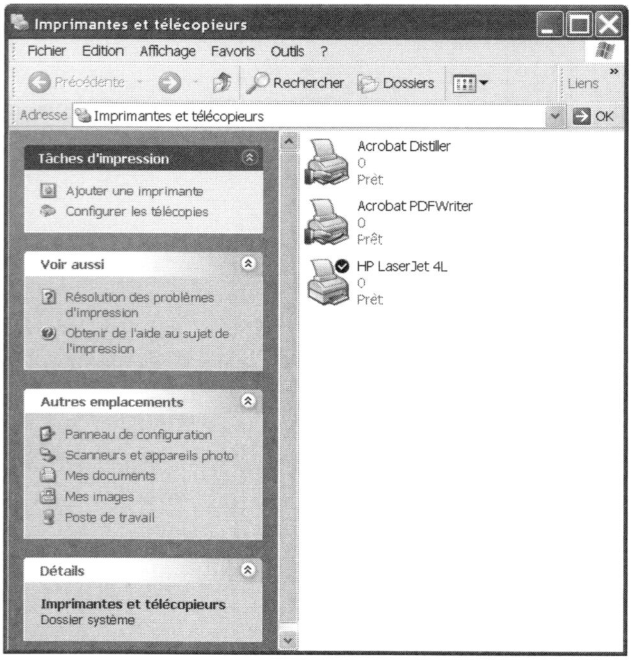

Figure 6-23 Boîte de dialogue Imprimantes et télécopieurs

Faites un clic droit sur l'imprimante qui est reliée à votre ordinateur (dans notre exemple, la HP LaserJet 4L). Dans le menu contextuel, choisissez **Propriétés**, puis cliquez sur l'onglet **Partage** *(figure 6-24)*.

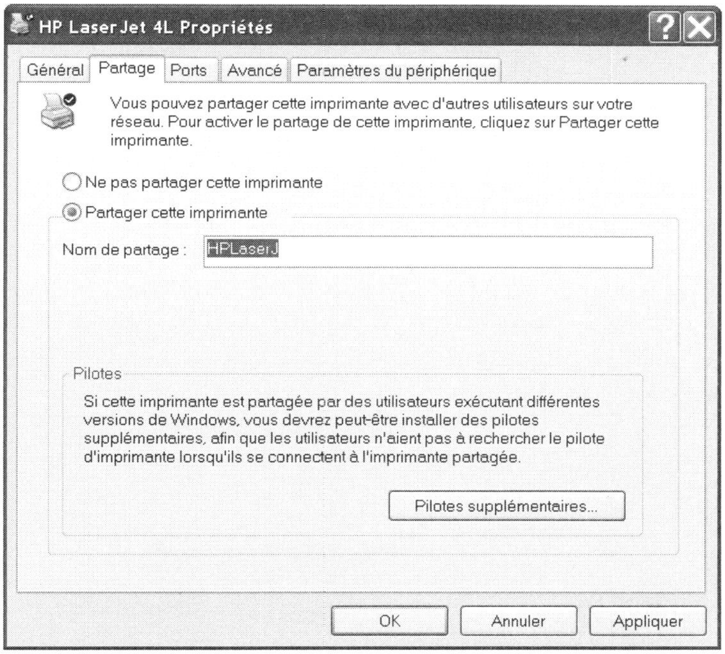

Figure 6-24 Onglet Partage des propriétés d'une imprimante

Cochez l'option **Partager cette imprimante** et indiquez un nom de partage. Cliquez sur les boutons **Appliquer** et **OK**. L'imprimante apparaît désormais dans la liste avec une icône de main *(figure 6-25)*. Cela signifie que l'imprimante est partagée et que les autres utilisateurs peuvent l'ajouter à leur liste d'imprimantes.

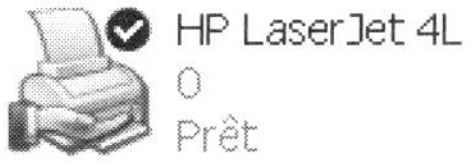

Figure 6-25 La main sur laquelle elle repose indique que l'imprimante est partagée

Ajouter une imprimante réseau

Une fois qu'une imprimante a été déclarée comme étant partagée, les autres postes du réseau peuvent l'ajouter à leur liste d'imprimantes afin de pouvoir l'exploiter.

Attention Pour pouvoir imprimer sur une imprimante réseau, il est nécessaire qu'elle soit sous tension (à moins qu'elle ne s'allume automatiquement) et que l'ordinateur auquel elle est reliée soit également sous tension et connecté au réseau.

Pour ajouter une imprimante réseau, cliquez sur **Ajouter une imprimante** dans la boîte de dialogue **Imprimantes et télécopieurs** *(figure 6-23)*. Ceci a pour effet de démarrer l'**Assistant Ajout d'Imprimante**. Dans le premier écran, cliquez sur le bouton **Suivant**. Dans le deuxième écran, sélectionnez l'option **Une imprimante réseau ou une imprimante connectée à un autre ordinateur** et cliquez sur le bouton **Suivant**. Dans le troisième écran *(figure 6-26)*, choisissez l'option Rechercher une imprimante et cliquez sur le bouton **Suivant**.

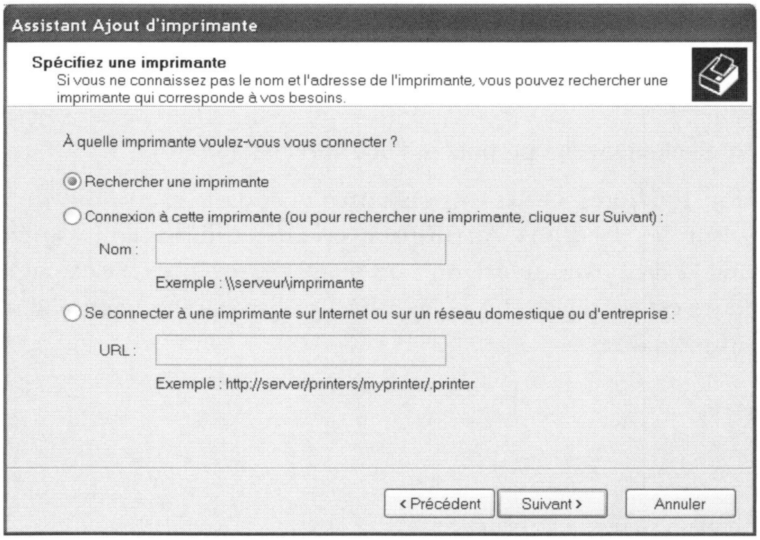

Figure 6-26 L'Assistant Ajout d'imprimante peut rechercher automatiquement les imprimantes réseau

Si les autres postes du réseau qui sont reliés à des imprimantes sont sous tension, l'assistant doit trouver leurs imprimantes *(figure 6-27)*.

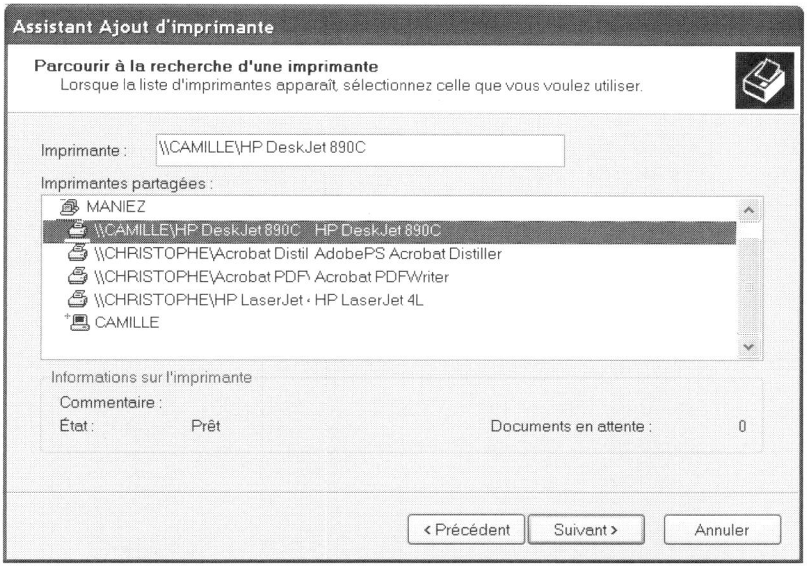

Figure 6-27 Liste des imprimantes réseau trouvées par l'assistant

Sélectionnez l'imprimante que vous voulez ajouter et cliquez sur le bouton **Suivant**. Un message vous demandant d'installer un pilote d'impression peut apparaître. Dans ce cas-là ; cliquez sur le bouton **OK**. L'écran suivant vous demande si vous voulez utiliser cette imprimante par défaut. Si vous répondez **Oui**, toutes les impressions se feront par défaut sur cette imprimante. Choisissez l'option qui vous convient et cliquez sur le bouton **Suivant**. Dans le dernier écran de l'assistant, cliquez sur le bouton **Terminer**.

Vous pouvez recommencer ce processus sur chaque poste pour toutes les imprimantes partagées de votre réseau. Par la suite, quand vous souhaitez imprimer un document, vous pouvez faire défiler la zone de liste où se trouve le nom de l'imprimante afin de choisir l'imprimante qui vous convient le mieux *(figure 6-28)*.

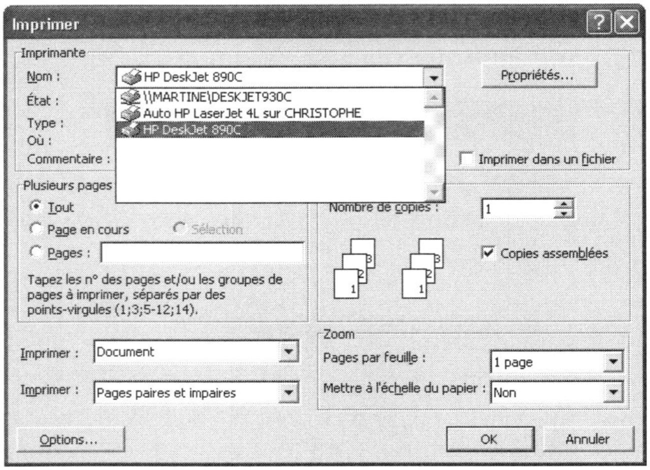

Figure 6-28 Quand vous voulez imprimer, vous avez désormais le choix de plusieurs imprimantes

Partager la connexion Internet

La Livebox faisant office de routeur, tous les ordinateurs qui lui sont connectés partagent automatiquement la connexion ADSL. Vous n'avez donc absolument rien à paramétrer de ce côté-là.

Cas de la Livebox Sagem

Comme nous l'avons déjà signalé, la Livebox Sagem a un comportement un peu à part en matière de réseau et ce qui a été énoncé plus haut risque de ne pas fonctionner. En effet, pour peu que vous ayez une machine connectée en Ethernet et une autre connectée en Wi-Fi à la Livebox Sagem, vous allez vite vous apercevoir que le partage de fichiers est un véritable casse-tête et demande de solides compétences réseau, à telle enseigne que bon nombre d'utilisateurs renoncent purement et simplement à utiliser cette fonctionnalité pourtant si intéressante.

Notre objectif est ici de vous exposer une méthode, pas à pas, qui vous permettra d'arriver à vos fins si vous êtes dans ce cas de figure. Dans le cadre de cet ouvrage, nous n'aurons pas le temps de faire un cours approfondi sur les réseaux IP, mais nous tenterons néanmoins de vous faire cerner les problèmes sous-jacents.

Pour l'instant, dans les procédures qui ont été étudiées, nous ne nous sommes pas souciés de l'attribution d'une adresse IP à votre ordinateur. En effet, nous avons dévolu cette tâche à un logiciel qui s'appelle le DHCP. Ce logiciel, qui peut s'exécuter sur votre machine ou bien dans le programme interne de gestion de la Livebox, attribue dynamiquement, lors de l'allumage de l'ordinateur, une adresse IP différente à chaque poste. Cette adresse étant dynamique, elle changera d'un jour à l'autre, au gré de vos allumages successifs. Ce système est très pratique et si vous possédez une Livebox Inventel, c'est celui que vous utiliserez. En fait, vous ne vous occupez de rien et tout est géré automatiquement.

Dans le cas de la Livebox Sagem, les choses sont différentes car il existe un serveur DHCP par type de connexion (Ethernet 1, Ethernet 2, USB, Wi-Fi et Bluetooth) si bien que vous avez une plage d'adresses IP qui est attribuée à chaque type de connexion. Cela a pour conséquence que les machines qui sont connectées en Ethernet on beaucoup de mal à voir les ordinateurs qui sont connectés en Wi-Fi.

Nous allons ici vous exposer une méthode générique qui va vous permettre de partager des ressources entre des machines connectées en sans fil à des machines connectées par un câble Ethernet. Pour notre démonstration, nous utiliserons deux machines : un ordinateur connecté en sans fil par une carte PCI Wi-Fi et un ordinateur connecté par un câble Ethernet à la Livebox (port rouge).

Attribution d'une adresse IP fixe aux ordinateurs

Le seul moyen de nous sortir du piège que nous ont tendu les concepteurs de la Livebox Sagem est d'attribuer nous même une adresse IP à nos machines, c'est-à-dire à nous passer de la fonction DHCP. Cela n'est pas vraiment compliqué et la seule chose vraiment importante est de ne pas attribuer deux fois le même numéro IP à deux machines différentes. Même si vous ne comprenez pas tout ce que vous faites, ce qui peut paraître frustrant en informatique, consolez-vous qu'à la fin vous obtiendrez ce que vous voulez.

Pour attribuer une adresse IP fixe à votre machine, faites un double clic sur l'icône de votre connexion dans la zone de notification. Dans la boîte de dialogue qui s'affiche, cliquez sur le bouton **Propriétés**.

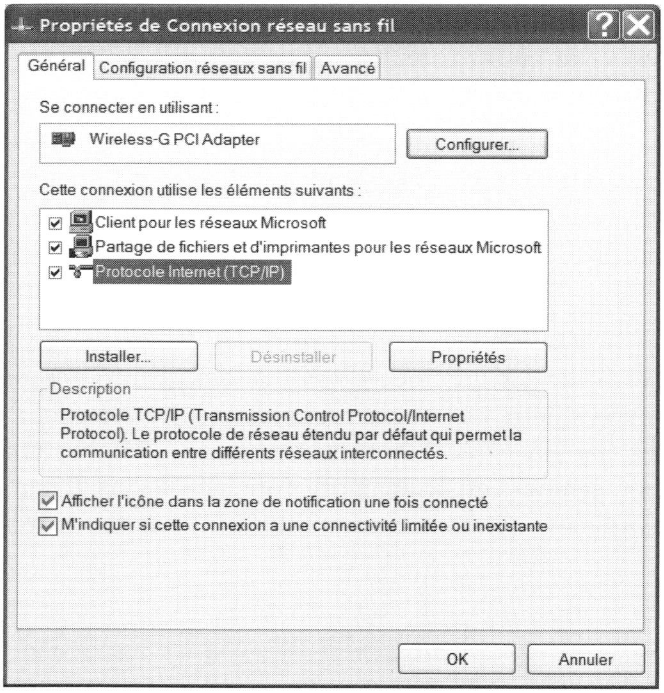

Figure 6-29 Boîte de dialogue des propriétés de connexion

Sélectionnez l'élément **Protocole Internet (TCP/IP)** et cliquez sur le bouton **Propriétés**. Dans la boîte de dialogue qui s'affiche *(figure 6-30)*, vous allez devoir remplir tous les champs.

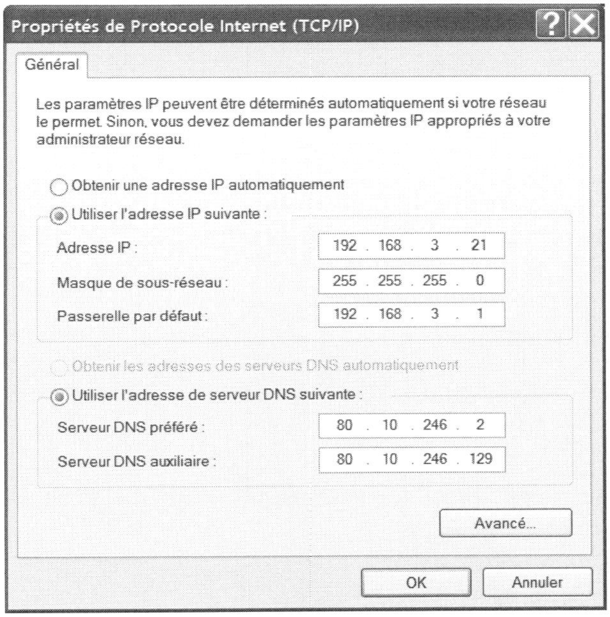

Figure 6-30 Boîte de dialogue des propriétés TCP/IP

Cochez l'option **Utilisez l'adresse IP suivante**.

Dans le champ **Adresse IP**, vous saisirez :

192.168.3.21 pour 1er ordinateur connecté en Wi-Fi ;

192.168.3.22 pour 2e ordinateur connecté en Wi-Fi ;

192.168.3.23 pour 3e ordinateur connecté en Wi-Fi ;

et ainsi de suite, en incrémentant le dernier numéro de l'adresse IP. Vous pouvez aller jusqu'à 254, ce qui vous laisse une certaine marche de manœuvre.

Attention Une adresse IP se compose de quatre champs pouvant prendre une valeur de 0 à 255 (un octet, soit 2^8). Quand vous saisissez une adresse IP, si un des champs comporte trois chiffres, vous passez automatiquement au champ suivant. Si le champ ne comporte qu'un ou deux chiffres, vous devez saisir un point pour passer au champ suivant.

Si votre ordinateur est connecté sur un port Ethernet, vous saisirez dans le champ Adresse IP :

192.168.5.21 pour 1er ordinateur connecté en Ethernet ;

192.168.5.22 pour 2e ordinateur connecté en Ethernet ;

192.168.5.23 pour 3e ordinateur connecté en Ethernet ;

et ainsi de suite, en incrémentant le dernier numéro de l'adresse IP.

Note Vous vous demandez peut-être comment on peut connecter trois ordinateurs en Ethernet alors qu'il n'y a que deux prises Ethernet sur la Livebox. C'est très simple, on branche un switch sur le port Ethernet rouge de la Livebox et on connecte les ordinateurs au switch qui peut accueillir 4, 8, 16, voire 32 ports Ethernet.

Dans le champ **Masque de sous-réseau**, vous saisirez la valeur :

255.255.225.0

Dans le champ **Passerelle par défaut**, vous saisirez la valeur :

192.168.3.1 si vous êtes connecté en Wi-Fi ;

192.168.5.1 si vous êtes connecté en Ethernet.

Cochez l'option **Utilisez l'adresse de serveur DNS suivante**.

Dans les champs **Serveur DNS préféré** et **Serveur DNS auxiliaire**, vous saisirez les valeurs que vous trouverez dans la rubrique **Mon compte** de la page d'accueil du site Web de Wanadoo. Pour ce faire, allez sur le site de Wanadoo (`http://www.wanadoo.fr/`) et cliquez sur le bouton **Mon compte** qui se trouve dans la barre d'outils au sommet de la page.

Dans le menu de gauche, cliquez sur l'option **Afficher tous mes identifiants**. Si vous n'êtes pas identifié, on vous demandera de saisir votre mot de passe de messagerie. Seul le titulaire principal du compte peut consulter ces renseignements.

Vous saisirez le DNS primaire dans le champ **Serveur DNS préféré** et le DNS secondaire dans le champ **Serveur DNS auxiliaire**.

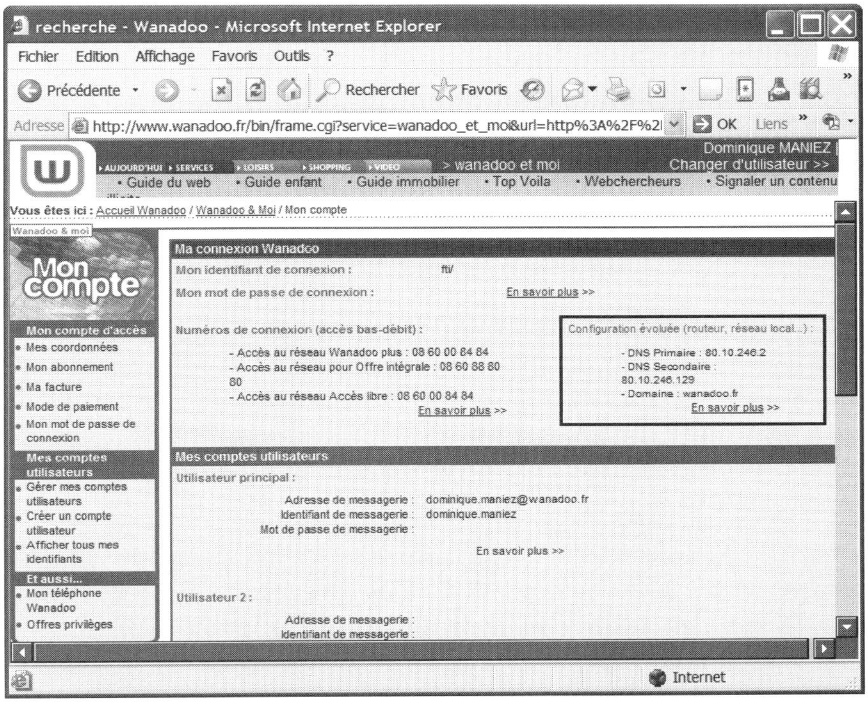

Figure 6-31 Affichage des serveurs DNS de Wanadoo

Terminez la saisie des informations des propriétés TCP/IP de votre connexion en cliquant sur le bouton OK, puis fermez toutes les autres fenêtres des propriétés de connexion.

Attention Vous devez recommencer cette opération sur tous les ordinateurs de votre réseau.

Note Si vous voulez des informations sur le concept de DNS, vous pouvez consulter le site Web suivant :

`http://fr.wikipedia.org/wiki/Domain_Name_Server`

Paramétrage du nom du groupe de travail

Pour que tous les ordinateurs puissent communiquer facilement ensemble, il faut qu'ils appartiennent tous au même groupe de travail. Vous devez donc attribuer le même nom de groupe de travail à tous les ordinateurs qui sont reliés à la Livebox. Pour connaître la procédure, reportez-vous plus haut à la section intitulée **Attribution d'un nom au groupe de travail**.

Partage des fichiers et des imprimantes

Si vous voulez partager des ressources, il faut d'une part autoriser Windows à le faire et, d'autre part, définir les ressources à partager. Toutes ces procédures sont décrites plus haut dans les sections **Partager des fichiers** et **Partager une imprimante**.

Pour l'instant, si vous allez dans les Favoris réseau et demandez l'affichage du groupe de travail, vous constaterez que vous ne voyez que les ordinateurs qui sont reliés selon le même type de connexion (Wi-Fi ou Ethernet). Cela est normal pour l'instant et nous allons bientôt régler ce problème.

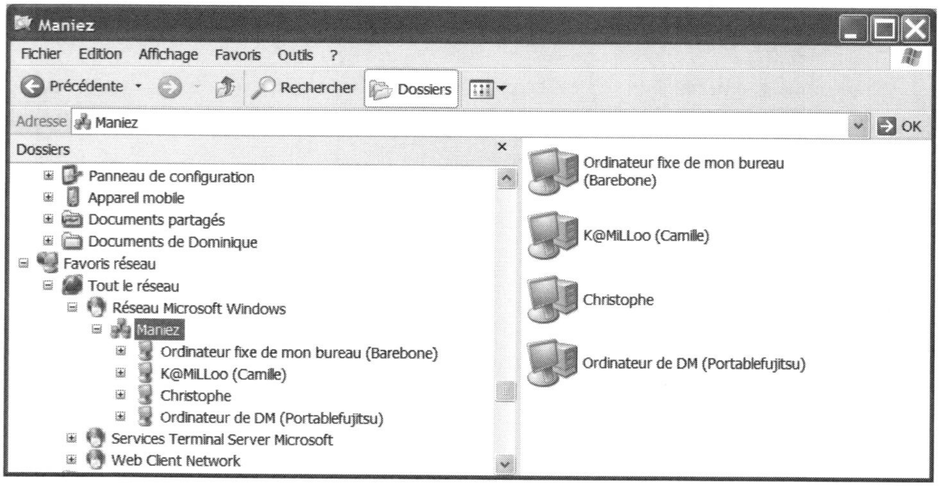

Figure 6-32 Affichage des ordinateurs membres du groupe de travail

Test des connexions entre sous-réseaux

Quand on travaille à l'élaboration d'un réseau, il est toujours utile de s'assurer que les machines peuvent au moins communiquer entre elles au plus bas niveau. On dispose d'une commande pour ce faire : la commande PING.

Pour tester si deux machines se « voient » sur le réseau, ouvrez une fenêtre de commande DOS (Démarrer puis Exécuter cmd) et saisissez la commande PING suivie de l'adresse IP de la machine que vous voulez interroger.

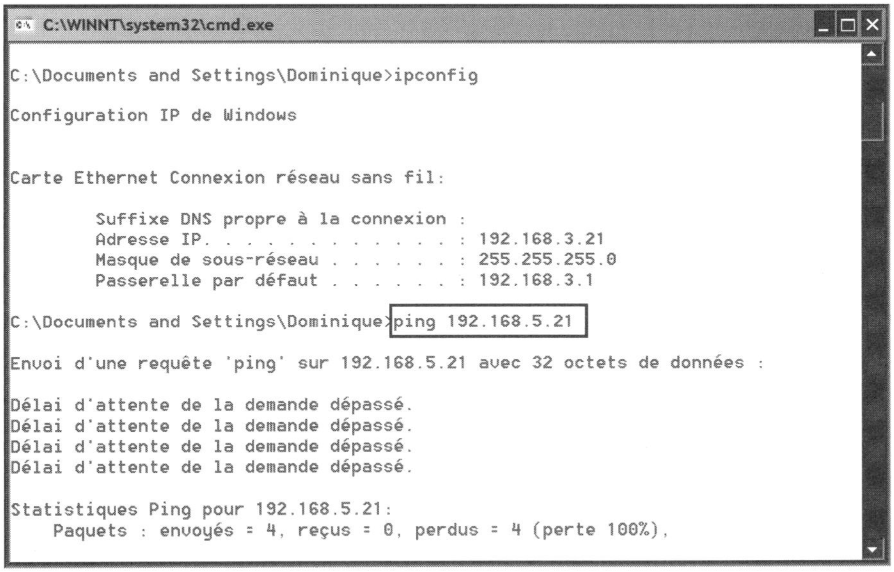

Figure 6-33 Ping d'une machine pour vérifier si les deux ordinateurs peuvent communiquer

Dans notre exemple, la machine dont l'adresse IP est **192.368.3.1** tente de communiquer avec la machine dont l'adresse IP est **192.368.5.1**. Pour réaliser ce test, la commande PING envoie des paquets de données et vérifie qu'ils arrivent bien à destination. Si tous les paquets envoyés sont reçus, cela signifie que la liaison entre les deux machines fonctionne correctement et que les deux ordinateurs se « voient » sur le réseau.

Dans notre exemple, aucun paquet envoyé n'est arrivé à destination et cela signifie qu'il y a un problème.

Si vous êtes sûr de votre fait et que vous ne voyez pas pourquoi les deux ordinateurs ne peuvent pas se voir, vous devez immédiatement penser à vérifier le paramétrage de votre pare-feu. De nos jours, les pare-feux sont la source de multiples problèmes réseau et l'utilisateur lambda a souvent bien du mal à diagnostiquer le problème.

Le pare-feu est un outil de sécurité utile, voire nécessaire, mais son mauvais paramétrage est souvent pire que le remède qu'il est censé fournir, un peu comme si vos multiples serrures pour vous protéger des cambrioleurs vous empêchaient de rentrer chez vous. Outre une mauvaise configuration du pare-feu, on constate souvent un empilement de plusieurs pare-feux sur l'ordinateur de l'utilisateur qui sont autant de sources d'erreurs possibles. Il n'est ainsi pas rare de voir que l'utilisateur dispose du pare-feu de Windows, de celui la Livebox et de constater qu'en plus il a installé la version gratuite de ZoneAlarm.

Toutes ces couches protectrices finissent pas créer un bouclier infranchissable et plus aucune communication n'est possible entre deux machines. Dans notre exemple, l'erreur provient d'un mauvais réglage de ZoneAlarm *(figure 6-34)*. Une simple inclusion de l'adresse IP de la machine émettrice de la requête dans la zone sûre permet de résoudre le problème, mais encore faut-il y penser.

La morale de cette histoire est que lorsque vous êtes en train de concevoir l'architecture de votre réseau, vous devez absolument désactiver tous les pare-feux dont vous disposez. Une fois que votre réseau fonctionnera correctement, il sera toujours temps de commencer à régler les pare-feux.

Pour partager des ressources, il faut d'une part autoriser Windows à le faire et, d'autre part, définir les ressources à partager. Toutes ces procédures sont décrites plus haut dans les sections **Partager des fichiers** et **Partager une imprimante**.

Création des favoris réseau

Pour pouvoir partager des ressources avec un ordinateur qui se trouve sur un autre sous-réseau (un ordinateur en Wi-Fi alors que le vôtre est en Ethernet ou vice-versa), vous devez créer un favori réseau qui ira pointer directement sur la machine en la désignant par son adresse IP.

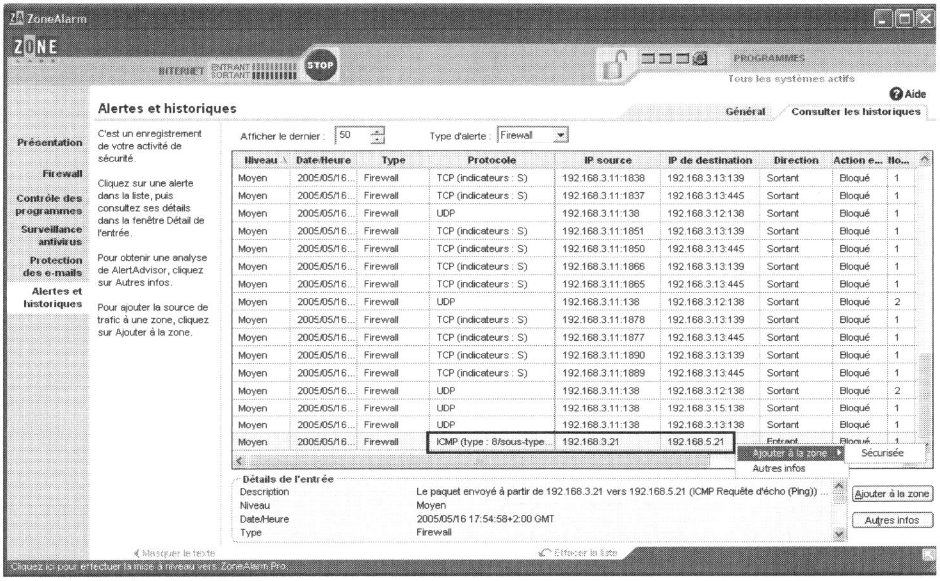

Figure 6-34 ZoneAlarm a bloqué la communication entre deux machines

Pour ce faire, affichez les Favoris réseau (**Démarrer** puis **Favoris réseau**) et cliquez sur la commande **Ajouter un favori réseau**.

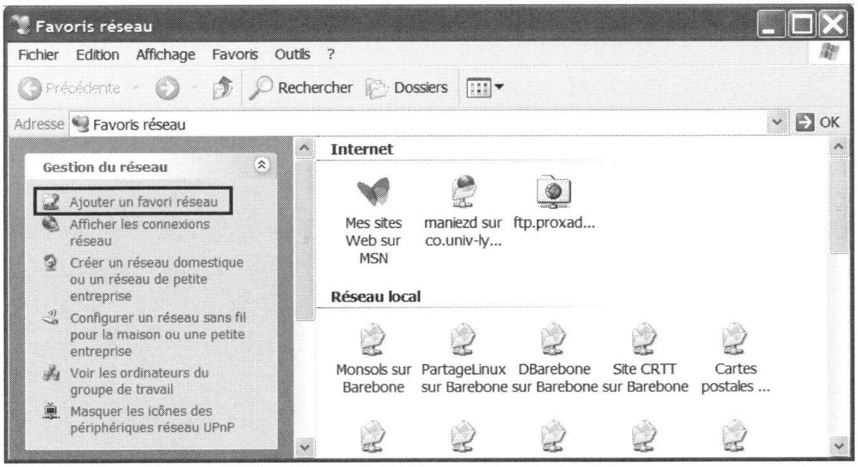

Figure 6-35 Création d'un favori réseau

L'Assistant Ajout d'un Favori réseau démarre. Cliquez sur le bouton **Suivant**. À la question **Où voulez-vous créer cet emplacement réseau ?**, choisissez l'option **Choisissez un autre emplacement réseau Spécifiez l'adresse d'un site Web, un emplacement réseau ou un site FTP**. Cliquez sur le bouton **Suivant**.

Dans l'écran suivant, vous devez saisir dans le champ **Adresse réseau ou Internet** l'adresse IP de la machine que vous voulez atteindre. Cette adresse doit être libellée de la manière suivante :

\\192.168.X.X\

L'adresse IP est préfixée par deux antislash et se termine par un antislash. Dans notre exemple, la machine connecté en sans fil veut atteindre une machine connectée en Ethernet.

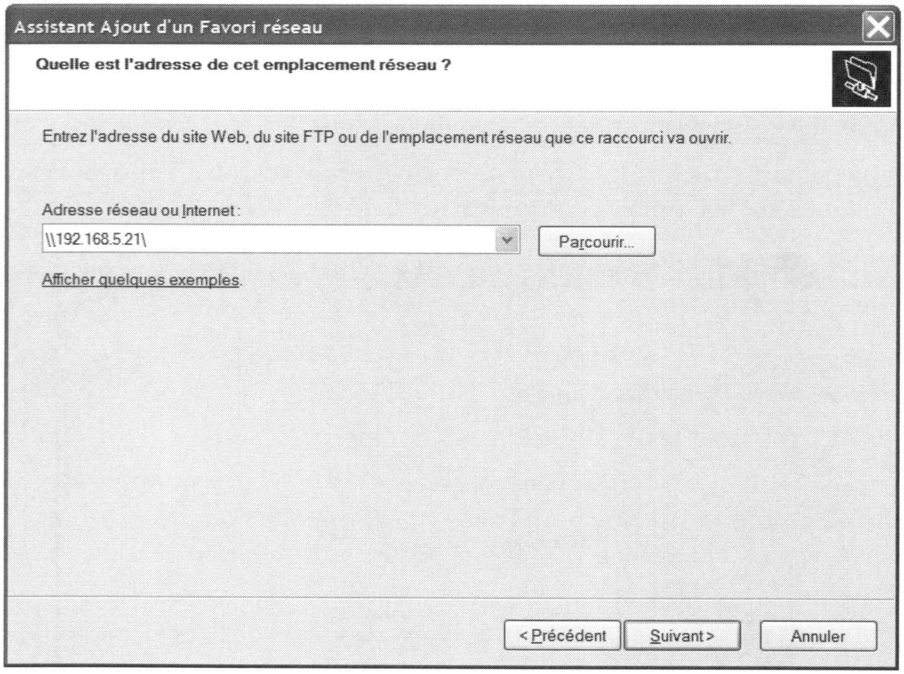

Figure 6-36 Saisie de l'adresse IP du favori réseau

Quand vous avez saisi l'adresse IP correctement, cliquez sur le bouton Parcourir. Une boîte de dialogue affiche la liste de tous les dossiers partagés de la machine dont vous avez spécifié l'adresse IP.

Figure 6-37 Sélection d'un dossier partagé

Sélectionnez le dossier qui vous intéresse et cliquez sur le bouton OK. L'adresse du favori réseau est complétée et le nom du dossier vient s'ajouter après le dernier antislash. Cliquez sur le bouton **Suivant**.

Dans cet écran, vous devez attribuer un nom à votre favori réseau. Vous pouvez conserver le nom proposé par défaut ou bien en choisir un autre. Cliquez sur le bouton **Suivant**.

Cliquez sur le bouton **Terminer** pour quitter l'assistant. Vous disposez à présent d'un favori réseau qui vous permet d'atteindre un dossier partagé situé sur une machine qui n'est pas sur le même sous-réseau que votre ordinateur.

Vous devez recommencer cette gymnastique pour chacun des dossiers partagés auxquels vous voulez accéder. Il n'y a rien de très complexe dans ces manipulations, mais on ne peut s'empêcher de trouver curieux le choix des architectes système qui ont conçu la Livebox Sagem.

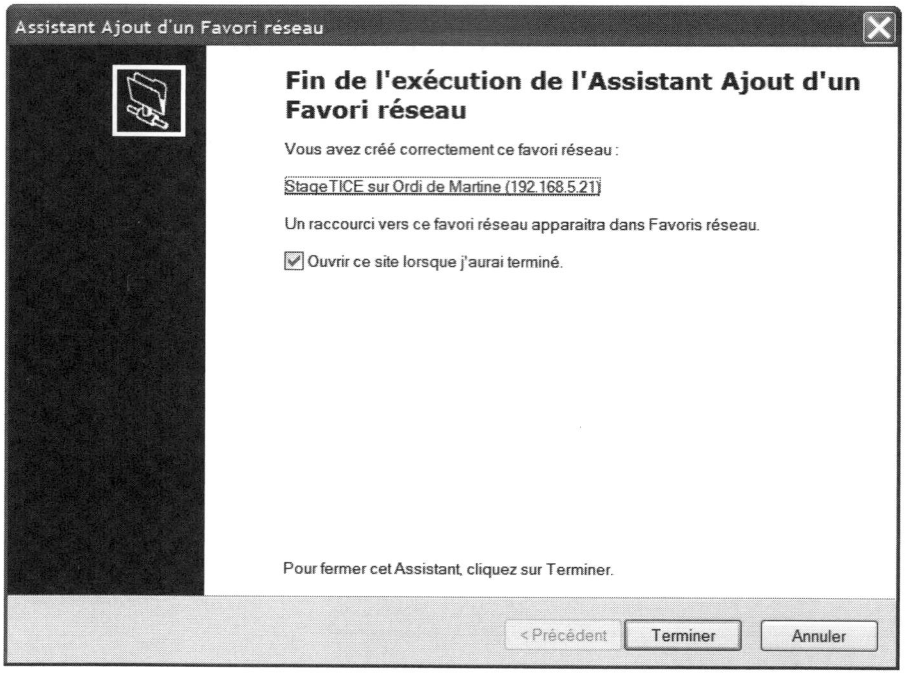

Figure 6-38 Dernier écran de l'Assistant Ajout d'un Favori réseau

Conseil Vous avez appris dans cette section à attribuer des adresses IP fixes à vos ordinateurs. Même si tous vos ordinateurs sont connectés sur le même sous-réseau (ils sont tous en Wi-Fi ou bien tous en Ethernet), cela n'est pas une mauvaise idée de gérer un système par adresse IP fixe. Votre configuration réseau n'en sera que plus stable.

Note Le partage d'imprimante réseau obéira à la même logique : dans la spécification de l'imprimante réseau, vous allez devoir préfixer le nom de l'imprimante avec l'adresse IP fixe de l'ordinateur auquel l'imprimante est connectée, par exemple, **192.168.5.21**\.

Partage de fichiers avec un Macintosh

Nous avons vu dans le chapitre précédent que l'on pouvait parfaitement connecter un Macintosh à la Livebox. Nous allons dans cette section étudier le partage de fichiers avec un Mac car c'est souvent la principale motivation de la création d'un réseau.

Sous Mac OS X, le partage se réalise très facilement. Allez dans les **Préférences Système** et cliquez sur l'icône **Partage**. Cliquez sur l'onglet **Services** et la boîte de dialogue illustrée à la *figure 6-39* apparaît.

Figure 6-39 Options de partage de fichiers

Dans la liste des services, cochez la case **Partage de fichiers**. Si vous envisagez de partager des fichiers avec un ordinateur tournant sous le système d'exploitation Windows, cochez la case **Partage de fichiers Windows**.

Si vous voulez partager des fichiers avec un autre utilisateur de votre réseau sans fil, vous devez les placer dans le dossier Public de votre dossier.

Si vous avez activé le partage de fichiers Windows, les utilisateurs de Windows peuvent accéder aux fichiers de votre Mac en saisissant dans leur navigateur Internet une URL dont la syntaxe est la suivante :

```
\\adresse IP du Mac\nom d'utilisateur
```

Par exemple, si nous saisissons dans le navigateur l'URL suivante :

```
\\192.168.3.30\maniezd
```

nous obtenons la fenêtre qui est illustrée à la figure 6-40 (il faut au préalable saisir dans une boîte de dialogue le nom d'utilisateur et le mot de passe du compte Mac).

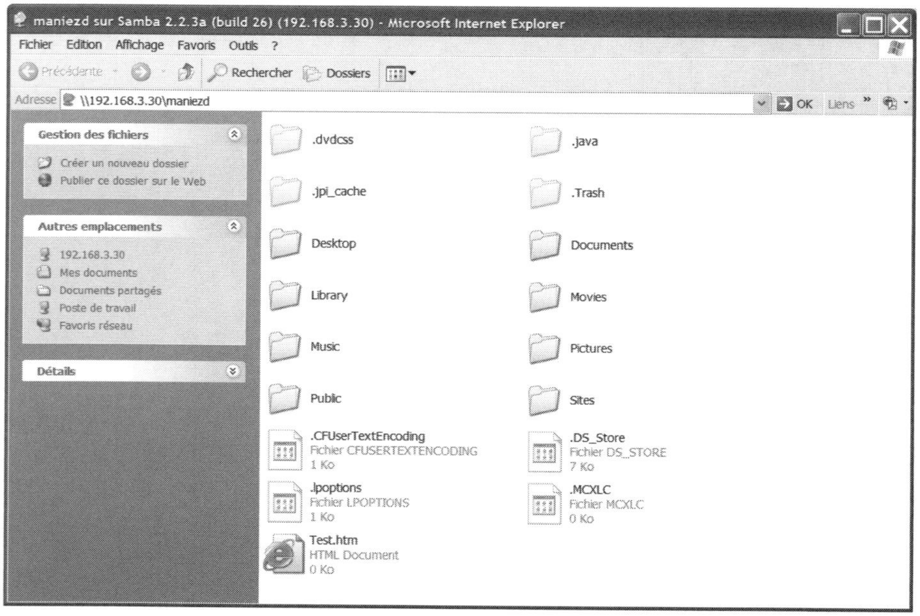

Figure 6-40 Accès au dossier Public d'un Macintosh depuis un PC sous Windows

Tous les fichiers du dossier Public sont alors accessibles en lecture seule.

Réseaux hétérogènes

Nous avons vu dans la section précédente qu'il est très facile d'accéder aux fichiers d'un Mac à partir d'un PC sous Windows pourvu qu'ils soient en réseau (sans fil ou filaire, cela n'a aucune espèce d'importance). De la même manière, il est très simple d'accéder aux fichiers d'un PC à partir d'un Mac.

Pour ce faire, sélectionnez la commande **Se connecter à un serveur...** du menu **Aller** du **Finder**. Si vous avez créé un groupe de travail sous Windows, il devrait apparaître dans une boîte de dialogue similaire à celle qui est illustrée à la *figure 6-41*.

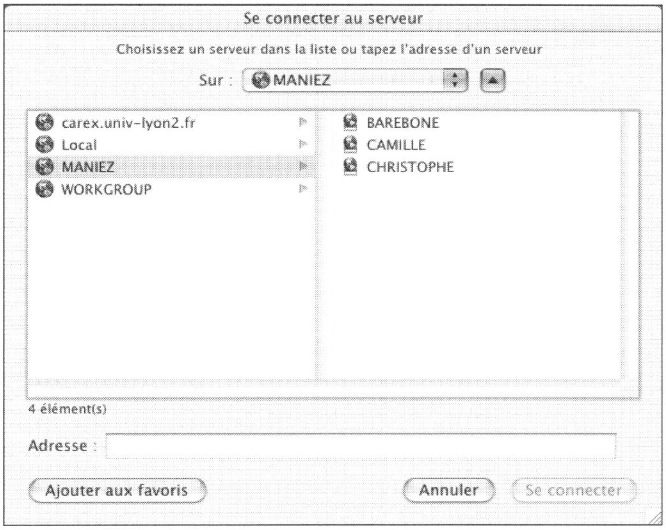

Figure 6-41 Boîte de dialogue de connexion à un serveur

Dans le panneau de gauche de la boîte de dialogue sont listés tous les serveurs auxquels vous êtes susceptible de vous connecter. Les serveurs sont des ordinateurs Mac ou des groupes de travail Windows. Local indique l'ordinateur local, c'est-à-dire l'ordinateur que vous êtes en train d'utiliser.

Dans l'exemple qui nous intéresse, le groupe de travail contient plusieurs ordinateurs. Quand on clique sur un des ordinateurs du groupe de travail, la boîte de dialogue illustrée à la *figure 6-42* apparaît.

Figure 6-42 Accès à un serveur via le protocole SMB

Dans la zone **Adresse**, on peut lire smb://192.168.1.103. SMB, parfois appelé Samba, est l'acronyme de Server Message Block (bloc de message de serveur). Il s'agit d'un protocole de partage de fichiers qui a été développé par Microsoft, IBM et Intel pour permettre l'échange de fichiers sur des réseaux hétérogènes. Bien évidemment, 192.168.1.103 est l'adresse IP de l'ordinateur auquel on souhaite se connecter.

Si l'on clique sur le bouton **Se connecter** après avoir sélectionné un ordinateur, une boîte de dialogue *(figure 6-43)* s'affiche pour demander la saisie d'un nom d'utilisateur et d'un mot de passe.

Il s'agit bien évidemment du nom d'utilisateur et du mot de passe de l'ordinateur du groupe de travail sous Windows. Une fois que les informations correctes ont été saisies, une boîte de dialogue intitulée **Montage SMB** apparaît. Il nous est demandé de choisir le nom du partage. Quand on a choisi le nom du partage et que l'on a cliqué sur le bouton **OK**, on accède dans le **Finder** aux fichiers de l'ordinateur qui est sous Windows.

Figure 6-43 Saisie du nom d'utilisateur et du mot de passe

À la lecture de ces différents exemples, on peut se rendre compte qu'il existe une grande interopérabilité entre les Mac et les PC. Le fait qu'un réseau Wi-Fi repose sur des normes bien établies renforce encore cette compatibilité. Nous avons vu qu'il est possible de connecter un Mac à un point d'accès qui n'est pas fabriqué par Apple, comme la Livebox, mais l'inverse est également vrai : il est possible d'utiliser une borne AirPort pour administrer un réseau de PC. D'ailleurs, Apple diffuse un logiciel baptisé **Utilitaire d'administration AirPort pour PC sous Windows** (disponible à l'adresse :

`http://docs.info.apple.com/article.html?artnum=120226).`

Communiquer et jouer

Nous avons passé en revue les grandes fonctionnalités réseau que sont le partage de fichiers et le partage d'imprimantes. Un réseau peut cependant avoir d'autres utilisations et nous en verrons principalement deux : la communication interne et le jeu.

Qu'un réseau serve à communiquer est un peu une lapalissade car vous savez très bien que lorsque l'on a accès à Internet, on peut communiquer avec le monde entier. L'exemple que nous allons voir est pourtant tout différent car il utilise les ressources du réseau interne pour communiquer entre chaque poste. Certains verront dans cette utilisation une source possible de détérioration des rapports humains, mais nous verrons que ces fonctionnalités peuvent se révéler très pratiques dans certains cas.

Utilisation de NetMeeting

NetMeeting est un programme livré avec les dernières versions de Windows qui rassemble de très nombreuses fonctionnalités, comme l'illustre la *figure 6-44*.

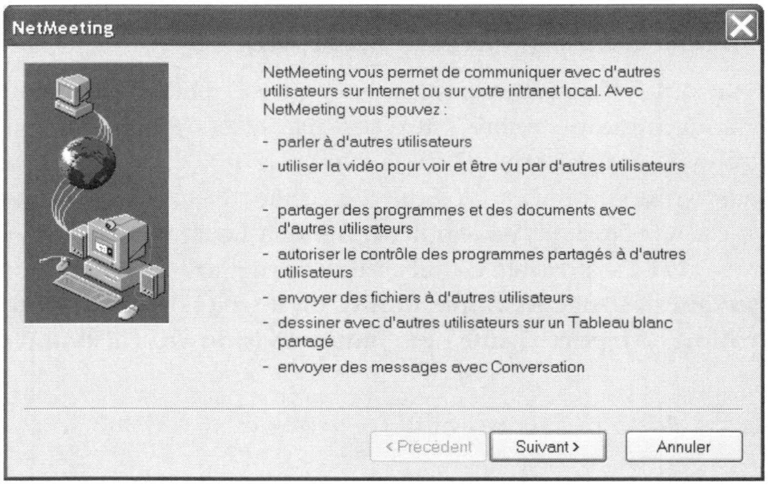

Figure 6-44 Fonctionnalités de NetMeeting

Comme le rappelle cet écran, vous pouvez communiquer avec des internautes, ou bien avec les utilisateurs de votre réseau local. C'est bien évidemment cette dernière possibilité qui va ici nous intéresser.

L'installation et l'utilisation de NetMeeting sont assez intuitives et nous vous renvoyons à la documentation livrée avec ce produit si vous avez des difficultés à l'installer ou à l'utiliser. Quand vous exécutez NetMeeting, la fenêtre illustrée à la *figure 6-45* apparaît.

Pour appeler un utilisateur de votre réseau local, il suffit de connaître son adresse IP. Pour vous faciliter la tâche, NetMeeting affiche cette dernière dans l'option **À propos** du menu **?** *(figure 6-46)*.

Figure 6-45 Fenêtre principale de NetMeeting

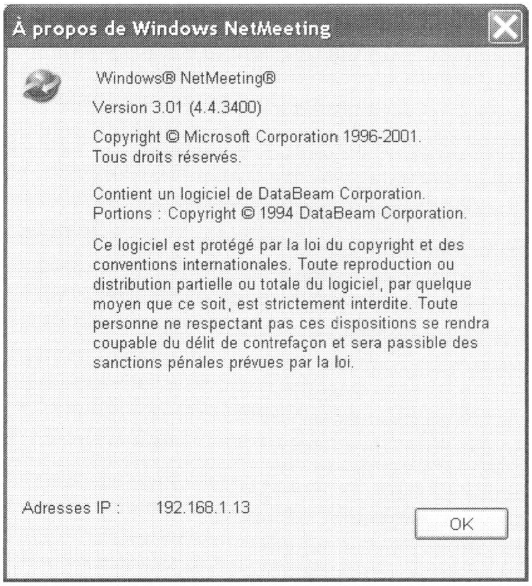

Figure 6-46 NetMeeting indique votre adresse IP

Il suffit donc de demander à son correspondant son adresse IP pour rentrer en contact avec lui. Pour faire un appel, il suffit de remplir la boîte de dialogue illustrée à la *figure 6-47*.

Figure 6-47 Appel NetMeeting

Quand on valide l'appel, le correspondant entend une sonnerie de téléphone sur son poste et, s'il accepte l'appel, les deux correspondants sont mis en relation. Il est alors possible de communiquer selon plusieurs modes. La *figure 6-48* illustre une banale conversation écrite, mais il est également possible d'utiliser un microphone et des haut-parleurs, voire une webcam.

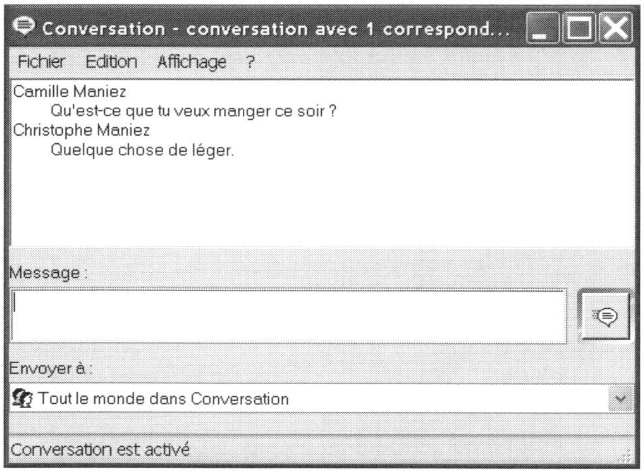

Figure 6-48 Conversation à l'aide de NetMeeting

Dans le cas d'un logement couvrant une grande surface, ce genre d'outil peut économiser bien des allers et venues. On peut également facilement imaginer un système de vidéosurveillance à l'aide d'une webcam. La webcam peut être reliée à l'ordinateur qui est connecté au réseau, mais on commence également à trouver des caméras sans fil qui sont autonomes.

Comme vous pouvez le voir, ce logiciel très complet offre de multiples possibilités de communication, selon les modalités les plus diverses.

Jouer

Le phénomène des jeux en réseau a pris ces dernières années une ampleur exceptionnelle, grâce au développement d'Internet et à l'ouverture de nombreuses salles de jeux. Il existe deux types de jeux réseau : les jeux où l'on joue avec les autres utilisateurs du réseau local et les jeux où l'on se connecte sur Internet à un serveur de jeux ce qui permet de jouer avec des joueurs du monde entier. Certains jeux offrent même les deux possibilités (réseau local et Internet). Si vous disposez d'un réseau sans fil, vous pouvez transformer votre logement en salle de jeux réseau et vivre des parties endiablées. De plus en plus de jeux ont un mode multijoueur et tous les grands classiques offrent la possibilité de jouer en réseau. La *figure 6-49* illustre, par exemple, la sélection du mode multijoueur du célèbre Age of empires. Nous ne nous étendrons pas sur le sujet des jeux en réseau, car un livre entier n'y suffirait pas.

En général, le paramétrage en mode multijoueur sur un réseau local est très simple (ce qui n'est pas toujours le cas sur Internet) et la seule chose que l'on vous demande de connaître est l'adresse IP de votre carte réseau. Pour visualiser facilement votre adresse IP, il suffit de cliquer sur le bouton **Démarrer** et de choisir la commande **Exécuter**. Dans la zone de texte, saisissez **IPCONFIG** et validez en appuyant sur la touche Entrée. La *figure 6-50* illustre la sortie obtenue.

Cette commande liste les cartes réseau de l'ordinateur (dans notre exemple, l'ordinateur en possède deux). En face du champ Adresse IP figure l'adresse IP de la carte et en face du champ Passerelle par défaut figure l'adresse IP de la Livebox.

Pour sortir de cette fenêtre en mode commande, saisissez **EXIT**.

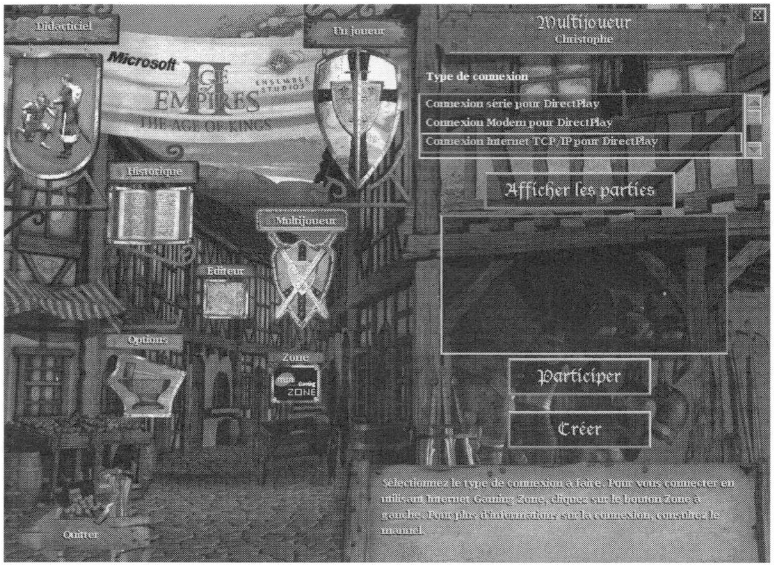

Figure 6-49 Choix du mode multijoueur sur un réseau IP dans Age of empire

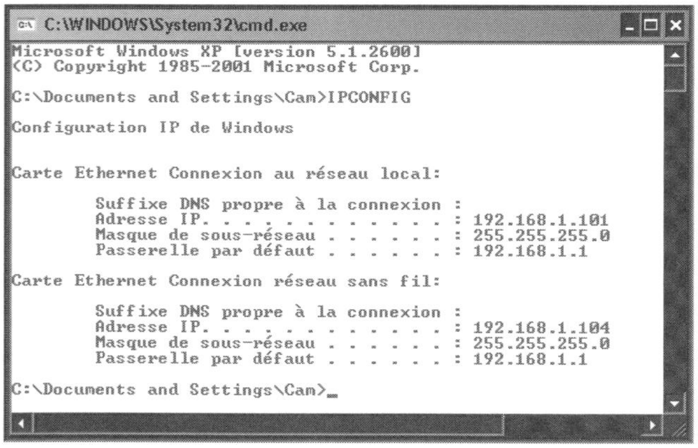

Figure 6-50 La commande IPCONFIG permet de connaître son adresse IP

Questions/Réponses

QUESTION Je veux connecter au moins deux ordinateurs par Ethernet à ma Livebox.

RÉPONSE Si vous voulez connecter deux machines en Ethernet à la Livebox, vous pouvez récupérer le port Ethernet jaune si vous ne vous servez pas de la fonction de télévision par ADSL. Pour cela, il suffit de désactiver la fonction de télévision par ADSL.

Vous trouverez des informations sur le sujet à l'adresse suivante :

`http://livebox.forumactif.com/viewtopic.forum?t=8687`

Si vous utilisez le service de télévision par ADSL ou bien si vous voulez connecter plus de deux ordinateurs en Ethernet à la Livebox, le plus simple est d'acquérir un switch (commutateur) à 4 ou 8 ports. Vous brancherez cet équipement par un câble RJ 45 sur la prise Ethernet rouge de votre Livebox et vous branchez les ordinateurs que vous voulez relier à la Livebox sur les ports du switch. On trouve des switch 4 ports à partir de 15 euros, alors il n'y a vraiment pas de quoi se priver. Choisissez l'équipement le plus simple et le meilleur marché.

QUESTION J'utilise MSN Messenger et je n'arrive pas à faire fonctionner ma webcam avec la Livebox.

RÉPONSE Pour pouvoir bénéficier de votre webcam, vous devez activer la fonction Universel Plug-and-play qui gère automatiquement l'ouverture et la fermeture de certains ports de communications sur votre ordinateur. Vous trouverez la procédure complète pour activer cette fonctionnalité à l'adresse suivante :

`http://www.inventel.com/`
`support.sheet.php?lg=fr&id=89&idos=3`

QUESTION J'ai un portable équipé en Wi-Fi et je me rends souvent chez des gens qui possèdent une Livebox. Quand je souhaite me connecter à leur point d'accès en Wi-Fi, je trouve la gestion des différentes clés WEP ennuyeuse. Existe-t-il une solution pour gérer des listes de clés WEP ?

RÉPONSE Rendez-vous sur le site Web de la société Boingo (`http://www.boingo.com/`) et téléchargez leur logiciel gratuit disponible dans la section Download ; il en existe une version pour Windows, pour Pocket PC et pour Macintosh. Avec ce logiciel, vous pourrez gérer facilement toutes vos connexions vers des Livebox, ainsi que toutes les autres connexions à des bornes Wi-Fi. Toutes les clés WEP seront gardées en mémoire et vous n'aurez à les saisir qu'une seule fois. Qui plus est, l'association se fera toute seule et vous n'aurez pas besoin de placer la Livebox en mode association.

CHAPITRE 7

Téléphoner avec la Livebox

Introduction

Wanadoo Phone est le nom commercial du service de téléphonie par ADSL. Ce service est également appelé voix sur IP, téléphonie IP ou bien encore en anglais VOIP pour *Voice Over Internet Protocol*. Comme son nom l'indique, on n'utilise plus le réseau classique téléphonique commuté (RTC), mais le réseau Internet pour communiquer vocalement avec son correspondant. Ce type de service commence à se répandre et cela fait déjà quelques années que les internautes profitent du réseau Internet pour échanger en temps réel des messages vocaux. Des logiciels, comme Netmeeting ou bien MSN, permettent de communiquer oralement sans problème. Plus récemment, le succès d'un logiciel comme Skype a rendu encore plus populaire la téléphonie IP.

Le gros avantage d'un service comme celui proposé par France Telecom est qu'il ne nécessite pas l'utilisation d'un ordinateur et que l'on peut en outre appeler quelqu'un qui lui-même ne possède pas d'ordinateur. En effet, le service de voix sur IP fonctionne parfaitement quand l'ordinateur est éteint et la seule obligation est que la Livebox soit allumée et en service.

Note On pourrait même très bien imaginer que quelqu'un utilise le service de téléphonie IP de la Livebox sans avoir d'ordinateur. Il suffirait qu'il s'abonne à l'ADSL au tarif le moins cher et que sa Livebox soit programmée lors de sa mise en route par un tiers disposant, par exemple, d'un ordinateur portable. Cette possibilité pourrait intéresser les personnes qui ne sont pas informatisées et qui recherchent une solution pour téléphoner au meilleur prix.

Grâce à votre abonnement à Wanadoo Phone, vous disposez en pratique d'une deuxième ligne de téléphone sur laquelle vous pouvez recevoir des appels et en émettre à un tarif avantageux. Vos deux lignes (classique et IP) fonctionnent en parallèle et vous pouvez aussi bien passer ou recevoir des appels sur ces deux lignes en même temps.

Lancée au mois de juillet 2004, l'abonnement à Wanadoo Phone est proposé en deux versions :

- une option tarifaire baptisée Appel Liberté, où chaque appel est facturé au prix unique de 0,13 euros par appel ;
- une offre qui cumule l'Internet et le téléphone en illimité.

Mise en route du service de Wanadoo Phone

Si vous souhaitez souscrire à l'offre de téléphonie de Wanadoo, vous devez au préalable souscrire à l'une des offres ADSL suivantes de la gamme eXtense :

- eXtense 512 k
- eXtense 512 k 5 Go
- eXtense 1024 k
- eXtense 1024 k 5 Go
- eXtense 2048 k

- Débit Max
- ADSL 2+

Si vous n'êtes pas encore abonné à l'ADSL, vous devez tester l'éligibilité (la possibilité d'être raccordé à l'ADSL) de votre ligne. Pour ce faire, vous pouvez appeler le 10 14 ou bien aller le site Web de Degrouptest (voir chapitre 1). Pour savoir quand votre ligne téléphonique a été raccordée à l'ADSL, vous devez surveiller l'état des diodes de la Livebox que vous aurez connectée au réseau.

Souscription au service

Vous devez contacter votre agence France Telecom ou bien appeler le 10 14 pour vous abonner à ce service. Quelques jours après la souscription à ce service, vous recevrez sur l'adresse électronique principale de votre compte un message émanant du service client de Wanadoo (`service.clients@wanadoo.fr`) et dont l'objet s'intitule « Confirmation de l'activation de votre option Wanadoo Phone ».

Dans ce courrier que nous vous recommandons d'imprimer et de conserver, vous aurez communication de votre numéro de téléphone (qui commence par 08 71) et d'un code secret qui vous servira pour le répondeur de la ligne IP.

La procédure d'activation de la ligne a été simplifiée et automatisée. Auparavant, il fallait aller sur le site de Wanadoo et saisir soi-même sur un formulaire l'adresse MAC et le numéro de série de la Livebox *(figure 7-1)*. Ces renseignements figurent sur une étiquette qui est collée au dos du boîtier du CD-ROM et également sous la Livebox. La saisie de ces informations pouvait également être effectuée par le commercial de France Telecom à qui vous souscriviez votre abonnement ou bien en appelant l'assistance téléphonique.

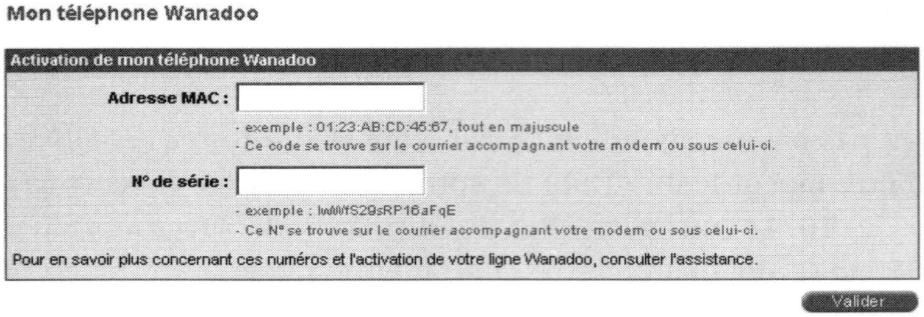

Figure 7-1 Saisie de l'adresse MAC et du numéro de série de la Livebox

Désormais, ces renseignements sont collectés automatiquement, mais pour ce faire, il faut bien évidemment que votre Livebox soit connectée et que vous ayez saisi vos identifiants Wanadoo. Il est donc inutile d'attendre le courrier de confirmation de l'activation de votre ligne IP si vous n'avez pas encore branché votre Livebox.

Le délai d'activation de votre ligne à partir du moment de la souscription du service varie de deux à quinze jours. Passé ce délai, si vous n'avez pas de nouvelles, appelez le 10 14 ou bien l'assistance technique.

Si vous êtes très pressé, vous pouvez également appeler le service client au 0 892 690 173 et leur communiquer l'adresse MAC et le numéro de série de votre Livebox. En quelques minutes, l'activation de votre ligne pourra être réalisée et il vous suffira de redémarrer votre Livebox pour que le service soit effectif.

Avant de passer vos coups de fil, consultez cependant la section intitulée **Mise en garde**, un peu plus bas dans ce chapitre.

S Raccordement de votre téléphone à la Livebox Sagem

Raccordez votre téléphone à la prise portant la mention PHONE, située sous votre Livebox, qui présente un autocollant blanc.

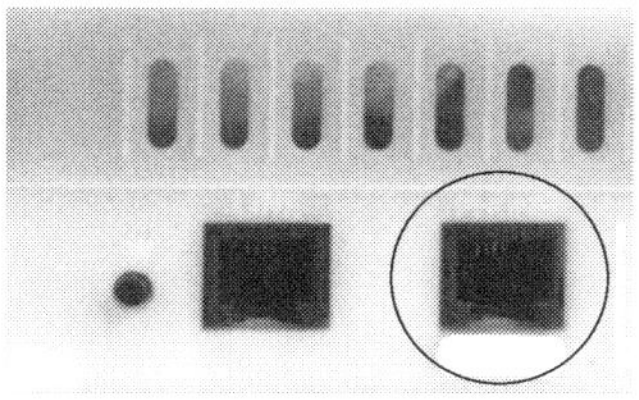

Figure 7-2 Prise de raccordement de votre téléphone à la Livebox Sagem

Si votre téléphone ne peut pas être raccordé directement sur la prise RJ11, vous devez utiliser l'adaptateur fourni avec la Livebox.

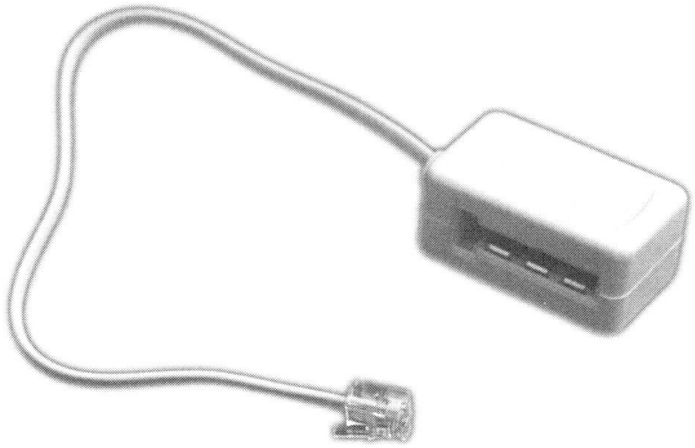

Figure 7-3 Adaptateur téléphonique

Branchez l'adaptateur sur la prise PHONE de la Livebox, puis branchez votre téléphone sur l'adaptateur.

Raccordement de votre téléphone à la Livebox Inventel

Raccordez votre téléphone à la prise située sous votre Livebox qui présente un autocollant blanc.

Si votre téléphone ne peut pas être raccordé directement sur la prise RJ11, vous devez utiliser l'adaptateur fourni *(figure 7-3)* avec la Livebox. Branchez alors l'adaptateur sur la prise PHONE de la Livebox, puis branchez votre téléphone sur l'adaptateur.

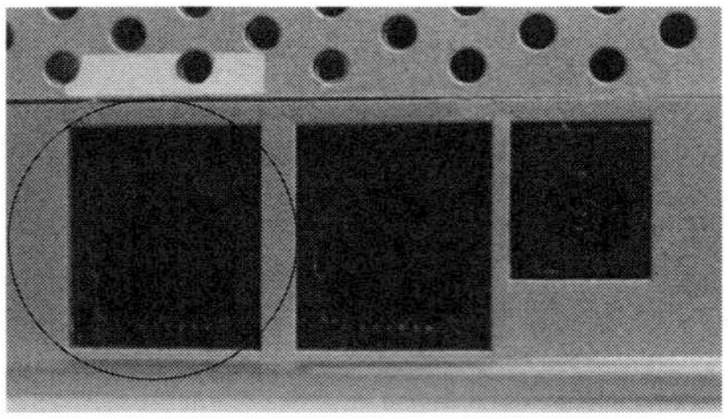

Figure 7-4 Prise de raccordement de votre téléphone à la Livebox Inventel

Choix du téléphone

Tous les téléphones ne sont pas compatibles avec la Livebox et notamment les téléphones trop anciens. Nous vous conseillons d'acquérir un téléphone sans fil récent dont vous relierez la base directement à la prise Phone de votre Livebox. Le fait de relier directement le téléphone à la Livebox sans passer par l'adaptateur assure un son de meilleure qualité.

Si vous le pouvez, choisissez un téléphone qui est compatible avec le service de présentation du numéro puisque cette fonctionnalité est intégrée, sans supplément de prix, à Wanadoo Phone.

Attention La Livebox, comme tout objet bourré d'électronique, est sensible aux perturbations électriques. Si vous utilisez un téléphone sans fil, placez sa base le plus loin possible de la Livebox.

Sur le site Web du forum Livebox dont nous avons déjà parlé, vous trouverez à l'adresse suivante une liste des téléphones compatibles avec la Livebox qui ont été testés avec succès par les membres du forum :

`http://livebox.forumactif.com/viewtopic.forum?t=1221`

Mise en garde

Voici un scénario assez classique : vous venez de recevoir votre Livebox et vous avez souscrit au service de téléphonie illimité. Vous vous précipitez sur l'installation de votre Livebox et branchez votre téléphone sur la prise IP pour profiter de vos premiers coups de fil à prix préférentiels et vous appelez ainsi toute votre famille à l'aide de votre tout nouveau système. Malheureusement, la VOIP n'était pas active et tous vos appels ont été passés par l'intermédiaire de votre ligne classique, ce qui a pour conséquence qu'ils vous seront facturés au tarif normal.

Pour que vos appels soient passés par votre ligne ADSL et soient par conséquent gratuits (système du forfait à 10 euros par mois) ou bien facturés à un tarif préférentiel (appel Liberté), le service Wanadoo Phone doit impérativement avoir été activé et le service doit être opérationnel.

Dans le cas contraire, vos appels sont acheminés sur la ligne classique (RTC) et sont donc facturés au tarif normal.

Il existe plusieurs cas de figures où l'utilisateur croit appeler de sa ligne ADSL et appelle en réalité de sa ligne RTC. Au moment de recevoir sa facture, il s'aperçoit alors qu'il y a eu méprise…

Dans ces conditions, nous vous conseillons d'être particulièrement vigilant quand vous utilisez votre ligne ADSL.

Quand vous avez souscrit au service Wanadoo Phone, l'activation n'est pas immédiate. Vous devez donc attendre pour téléphoner de manière illimitée et la tournée des cousins, oncles et tantes devra être reportée de quelques heures, voire quelques jours.

Le meilleur moyen de savoir si vous téléphonez avec votre ligne ADSL est encore d'écouter la tonalité quand vous décrochez. Elle doit être différente de la tonalité habituelle. Vous pouvez écouter la tonalité d'une Livebox Sagem à l'adresse suivante :

`http://www.cosi.fr/sagem.wav`

Vous pouvez écouter la tonalité d'une Livebox Inventel à l'adresse suivante :

```
http://www.cosi.fr/inventel.wav
```

Normalement, le pictogramme représentant un téléphone sur le sommet de votre Livebox doit être allumé, mais il existe malheureusement des cas où ce voyant est allumé et le service de VOIP inactif.

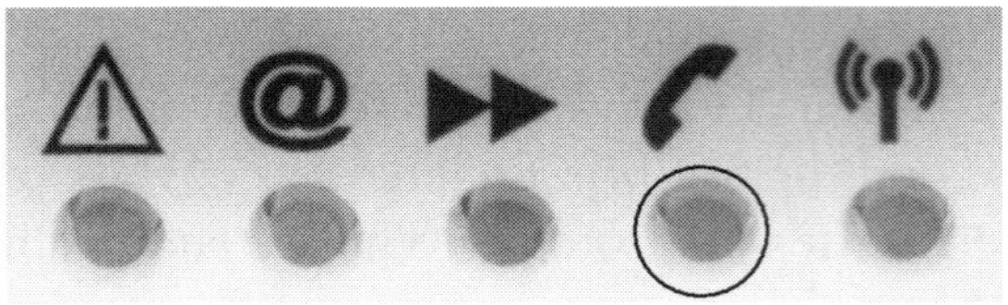

Figure 7-5 Diode de la fonction de téléphonie IP sur la Livebox Sagem

Figure 7-6 Diode de la fonction de téléphonie IP sur la Livebox Inventel

Quand le téléphone de votre ligne IP se met à sonner quand on vous appelle sur votre ligne classique, cela signifie également que votre ligne IP n'est plus active. Il ne vous reste plus alors qu'une seule solution pour retrouver la fonction de téléphone IP : relancer la Livebox (soit par logiciel, soit en l'éteignant et en la rallumant).

Note Quand vous êtes en communication avec votre téléphone IP, la diode de la Livebox représentant un téléphone clignote.

Qualité des communications

La qualité des communications avec Wanadoo Phone est globalement bonne et même si l'on fait la différence avec la téléphonie classique, les conversations restent très audibles, aussi bien pour vous que pour vos correspondants, ce qui n'est pas toujours le cas avec certains services de téléphonie sur IP.

Il arrive cependant que la qualité ne soit pas continue au cours de la conversation. Certains utilisateurs se plaignent aussi d'avoir des blancs dans la conversation, un phénomène d'écho ou bien d'entendre des bips.

D'autres personnes abonnées à Wanadoo Phone témoignent du fait qu'elles entendent un bruit de fond continu. La plupart du temps, ce problème vient d'une mauvaise installation téléphonique et il convient de faire vérifier son installation par un professionnel.

Nous avons réalisé de nombreux essais et il ne semble pas que l'activité de la ligne Internet ait un impact sur la qualité des communications. Vous pouvez ainsi effectuer simultanément le téléchargement d'un très gros fichier, regarder la télévision ADSL et utiliser votre téléphone IP sans que cela ait de conséquences sur la qualité de la conversation téléphonique.

De l'avis quasi général des utilisateurs, la qualité est correcte compte tenu du prix facturé, ce qui semble vouloir dire que l'abonné est prêt à pardonner les défauts de qualité du système compte tenu des économies qu'il réalise sur sa ligne RTC. On peut sans doute dire d'ailleurs que c'est le service de téléphonie illimité qui motive bien souvent le choix de la Livebox, cet objet étant pour l'instant une condition impérative pour bénéficier de Wanadoo Home.

Dysfonctionnements

Même si, comme nous venons de le dire, le service Wanadoo Phone offre globalement une qualité sonore satisfaisante, il est cependant l'objet de nombreux dysfonctionnements.

Le premier d'entre eux est la déconnexion régulière du service de téléphonie IP. Parfois plusieurs fois par jour, le service se coupe et le voyant de la VOIP s'éteint. Si vous vous rendez sur le forum de la Livebox (`http://livebox.forumactif.com`), vous constaterez que de très nombreux utilisateurs font part de ce problème qui semble concerner beaucoup de monde. Chacun y va de son explication et cherche une solution pour améliorer le problème. Selon nous, la chaîne des responsabilités est tellement complexe qu'il devient très difficile, voire impossible de fournir un diagnostic fiable à ce sujet. En effet, le succès de la VOIP implique le réseau de France Telecom, des serveurs de VOIP, l'installation téléphonique chez le client (prises, filtres, téléphone, *etc.*), le matériel de la Livebox, le logiciel de la Livebox (que l'on appelle également firmware, ou microcode logiciel) et l'environnement logiciel de l'abonné. Avouez que cela fait beaucoup !

Note Les premiers clients du service Wanadoo Phone ont incriminé le logiciel de la Livebox (le firmware) qui selon eux était la source des déconnexions fréquentes. Ce logiciel est régulièrement mis à jour, à distance, sans que vous ayez à intervenir. Il suffit que votre Livebox reste sous tension pour que France Telecom procède à la mise à jour du firmware de votre Livebox. Pendant cette mise à jour, votre Livebox se met à clignoter et il est bien évidemment conseillé de ne pas intervenir pendant le processus. Comme vous n'êtes pas censé savoir quand Wanadoo procède à la mise à jour, il n'est pas rare qu'un utilisateur endommage sa Livebox en la redémarrant pendant une opération de mise à jour du firmware.

Sur le CD de votre Livebox, vous trouverez un utilitaire qui permet de flasher (enregistrer) le firmware original de votre Livebox. Cette manipulation peut être utile si votre Livebox ne fonctionne plus du tout.

Pour la Sagem, l'utilitaire se nomme RouterUpgrade et se trouve dans le dossier \Rescue. Pour le modèle Inventel, l'utilitaire se nomme DWBFlash et se trouve dans le dossier `\All\Inventel`. Pour pouvoir flasher votre firmware, vous avez besoin de l'utilitaire et d'un fichier de données qui contient le logiciel de votre Livebox. Le firmware de la Sagem se trouve dans le dossier `\Rescue` et a pour extension `.BIN`. Le firmware de l'Inventel se trouve dans le dossier `\FR\Inventel\dwb` et a pour extension `.DWB`.

Si la mise à jour de votre Livebox ne s'effectue pas automatiquement, vous pouvez toujours récupérer sur Internet un firmware mis à jour et le flasher à l'aide des utilitaires précédemment cités. Cela étant, d'après la hotline de Sagem, il semblerait qu'une mise à jour automatique de firmware ne soit pas équivalente à une mise à jour manuelle. Conclusion : même si certains utilisateurs de Livebox attendent la mise à jour de leur firmware comme le messie, il ne sert à rien de se précipiter et dans le cas où votre Livebox n'ait pas été mise à jour automatiquement, il vaut mieux attendre quelques jours pour voir si le nouveau firmware résout réellement des problèmes avant d'entamer une procédure manuelle.

Vous pouvez connaître le numéro de version de votre Livebox en allant dans l'interface Web d'administration. Pour la Sagem, il faut aller dans le menu **Basic**, **Informations**, puis **Logiciel**.

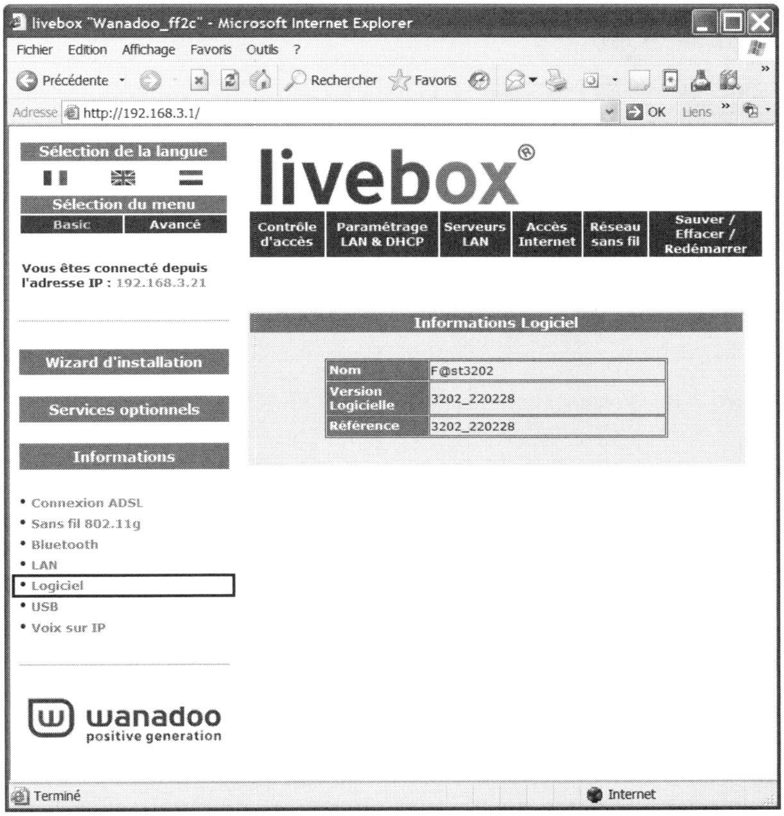

Figure 7-7 Version du logiciel (firmware) de la Livebox Sagem

Pour le modèle Inventel, il faut aller dans le menu **Informations Système**.

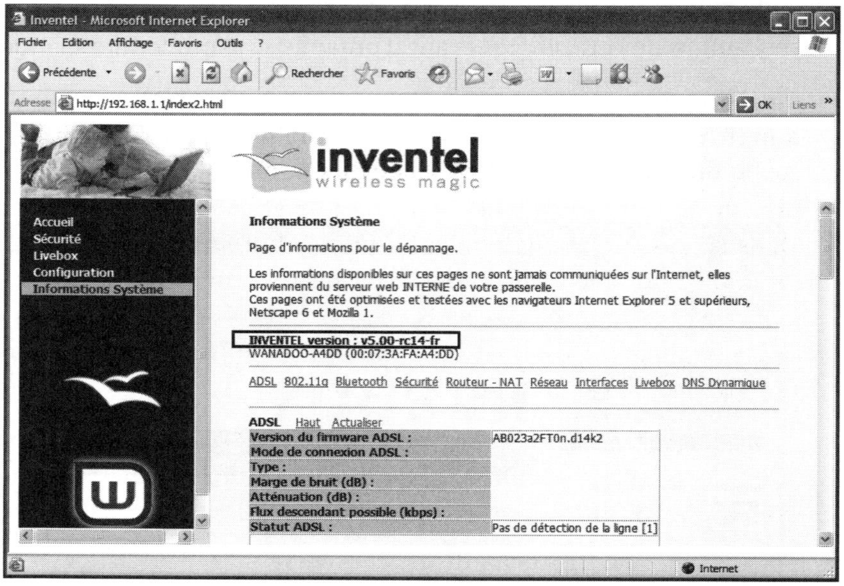

Figure 7-8 Version du logiciel (firmware) de la Livebox Inventel

Vous trouverez des informations sur la mise à jour du firmware aux adresses suivantes :

`http://assistance.wanadoo.fr/reponse1144.asp`

`http://www.tout-savoir.net/dossiers.php?url=238`

Nous sommes personnellement également victime de ce phénomène et le seul moyen de retrouver l'usage du service est de redémarrer la Livebox. Certes, cette manipulation n'est pas très complexe, mais elle devient vite agaçante quand on est obligé de relancer plusieurs fois par jour sa Livebox, d'autant qu'il faut attendre à chaque fois plusieurs minutes avant que le voyant du téléphone IP ne redevienne actif.

Un des membres du forum de la Livebox propose une alternative au redémarrage de la Livebox : il suffit tout simplement de débrancher le câble RJ 11 qui apporte l'ADSL et qui relie votre prise téléphonique à la Livebox, puis de le rebrancher. Nous avons effectivement constaté, sans vraiment comprendre, que la VOIP revenait plus vite comme cela, mais pas tout le temps…

Outre ces problèmes de déconnexions, il arrive également que la communication VOIP soit coupée quand votre autre ligne (le téléphone RTC) sonne et que vous répondez à l'appel.

Il y a parfois aussi des problèmes de serveur VOIP et la coupure peut alors affecter un très grand nombre d'abonnés. Ce fut notamment le cas au début du mois de février 2005 où la panne était nationale et a duré plusieurs heures. Dans ce cas-là, au lieu de téléphoner à la hotline pour demander ce qui se passe, allez donc jeter un coup d'œil sur le forum de la Livebox. Cela ne résoudra pas votre problème, mais vous verrez alors que vous êtes des milliers dans votre cas et vous serez quand même un peu consolé. Enfin, la consultation du forum est gratuite, pas la hotline...

Bref, vous l'aurez compris, la technologie de la VOIP n'est pas parfaite, mais elle séduit cependant un nombre grandissant de consommateurs car le coût des communications est réellement moins cher.

Coût des communications

Comme nous l'avons déjà indiqué, le coût des communications ADSL dépend de la formule que vous avez choisie.

Soit vous avez choisi l'option Appel Liberté qui est facturée 5 euros par mois et tous vos appels vers les numéros de téléphone fixe en France métropolitaine sont facturés au prix unique de 13 centimes d'euro avec une durée maximale de 2 heures par appel.

Soit vous avez choisi l'option Illimité Internet + téléphone et tous vos appels vers les numéros de téléphone fixe en France métropolitaine sont gratuits avec une durée maximale de 2 heures par appel. Si l'on examine, la différence de coût entre une offre Internet illimité et une offre incorporant le téléphone, on s'aperçoit que la différence est de 10 euros. Quand nous avons souscrit cette offre, elle nous a été vendue comme valant 20 euros *(figure 7-9)*, mais bénéficiait d'un prix promotionnel à 10 euros pendant les 6 premiers mois.

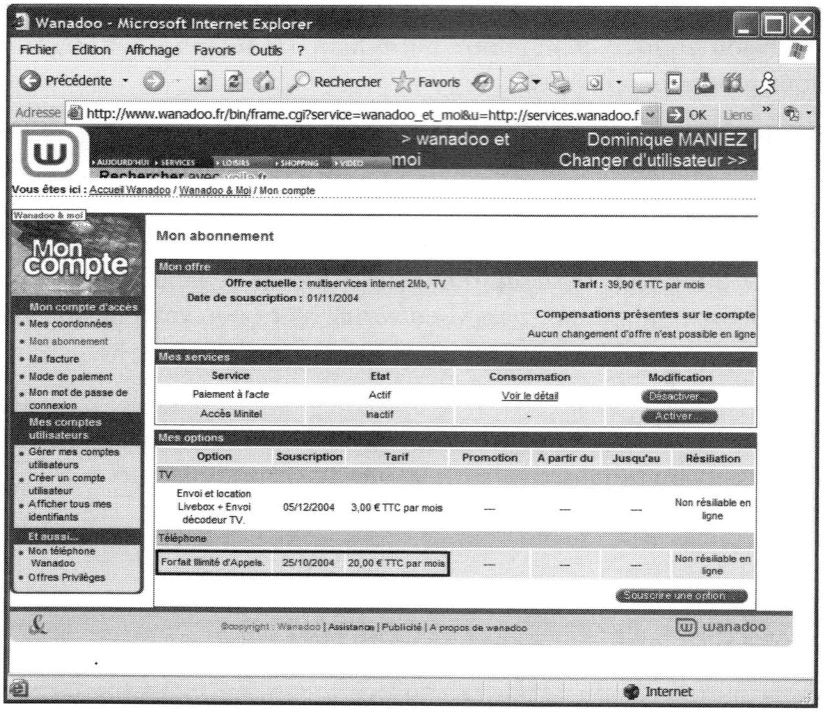

Figure 7-9 Facturation de la téléphonie illimitée

Compte tenu de la concurrence acharnée sur ce secteur économique, il est clair que Wanadoo va conserver le tarif de 10 euros et ne pourra donc pas revenir en arrière. Dans le cas contraire, la prestation ne serait vraiment pas au prix du marché. Il n'est d'ailleurs même pas véritablement certain qu'elle soit au prix du marché au tarif actuel…

La différence entre l'option Appel Liberté et la formule illimitée est de 5 euros, ce qui représente 38 appels téléphoniques facturés à 13 centimes. La logique économique voudrait que si passez moins de 38 coups de fil par mois vous souscriviez à l'option Appel Liberté et à la formule illimitée dans le cas contraire. Dans la mesure où cette limite paraît relativement basse (à peu près un appel par jour), il paraît plus avantageux de passer à la formule illimitée.

Vous noterez cependant que les appels entre abonnés Wanadoo Phone étant gratuits, on peut alors imaginer certains cas de figure où l'option Appel

Liberté se justifie. En effet, si vous communiquez essentiellement avec une personne qui est elle-même abonnée à Wanadoo Phone, vous n'avez sans doute pas besoin de l'option illimitée.

Note La possibilité de consulter le journal des appels (que nous détaillerons plus loin) peut vous aider à analyser finement votre consommation et ainsi à déterminer la meilleure option tarifaire.

Nous n'avons pour l'instant parlé que des appels vers les téléphones fixes en France métropolitaine. Nous allons ci-dessous détailler le prix des autres communications.

Appels vers les autres xBox

Par xBox nous n'entendons pas une célèbre console de jeu réalisé par un non moins célèbre éditeur de logiciels, mais les boîtes des autres fournisseurs d'accès comme la Freebox ou la Neufbox. Tous vos appels vers les abonnés à la téléphonie ADSL d'autres fournisseurs d'accès à Internet sont gratuits, hormis les appels vers les abonnés Tiscali qui sont facturés de la manière suivante :

- Coût de la mise en relation : 9 centimes ;
- Prix à la minute : 4,3 centimes.

Appels vers les mobiles

Vous pouvez appeler un téléphone mobile depuis votre ligne IP, mais bien entendu, la communication sera facturée. Le coût se compose d'une mise en relation de 16 centimes d'euros et d'un tarif à la minute qui varie selon l'opération :

- Orange : 17 centimes ;
- SFR : 17 centimes ;
- Bouygues : 22 centimes.

Si l'on compare ces tarifs avec ceux que pratique France Telecom à partir d'un téléphone classique (RTC), on s'aperçoit que l'appel vers un mobile à partir d'une ligne RTC est plus onéreuse au tarif plein (du lundi au vendredi, de 8 heures à 21 heures 30, et le samedi, de 8 heures à 12 heures), mais meilleur marché au tarif réduit (le soir et le week-end). Il est vrai que cette comparaison est effectuée sur la base du tarif « normal », c'est-à-dire le tarif fort qui est proposé au client qui n'a souscrit à aucune option tarifaire, ces dernières étant fort nombreuses et renouvelées à une fréquence que la meilleure volonté du monde ne permet plus de suivre tant il est vrai qu'étudier l'évolution des tarifications des différents opérateurs de téléphonie relève de l'activité à temps plein qui demande une formation supérieure…

wanadoo

Votre facture

Numéro : 11153367908
Date : 05/04/2005
Page : 1/1

Votre numéro client :

Pour nous contacter
Wanadoo - Service client
33734 Bordeaux cedex 9

http://www.wanadoo.fr/go/infofacture
Assistance (0,34 EUR TTC/min à partir d'un n° fixe) :
Commerciale : 0 892 699 114
Technique : 0 892 699 113

M. MANIEZ DOMINIQUE

Services internet facturés	Montant HT	Taux TVA	Montant TTC
Abonnement promotionnel "Forfait Illimité d'Appels" du 01/04/2005 au 30/04/2005 : 1 mois	8,36	19,60%	10,00
Abonnement "Option Location Livebox" du 01/04/2005 au 30/04/2005 : 1 mois	2,51	19,60%	3,00
Vos communications vers Orange en France du 01/03/2005 au 01/03/2005 : 1mn2s	0,27	19,60%	0,32
Vos communications entre clients Wanadoo Phone du 20/03/2005 au 20/03/2005 : 9mn22s	0,00	0,00%	0,00
Vos communications vers fixe métropole du 01/03/2005 au 31/03/2005 : 38h13mn14s	0,00	0,00%	0,00
Total de votre facture dont total TVA 19,60% = 2,18 EUR	11,14		13,32

La TVA est payée sur les débits. Les montants unitaires étant arrondis, leur somme peut différer du montant total à payer.

Montant total à payer (EUR TTC) 13,32

dex 15 - SA au capital de 9.868.459.072 € - RCS Paris 380 129 866
ra accordé en cas de règlement anticipé - Tout paiement après échéance
à pénalités sur la base de 1,5 fois le taux d'intérêt légal pour les
ons générales de vente pour les particuliers.

Figure 7-10 La facturation des appels payants s'effectue sur la facture Wanadoo

Appels vers l'étranger

Le coût se compose d'une mise en relation de 11 centimes d'euros et d'un tarif à la minute (exprimé en centimes d'euros) qui varie selon la destination :

Europe Proche /Amérique du Nord (hors Hawaii et Alaska)	8,3
Algérie, Maroc, Tunisie	28
Reste Europe/Amérique du Nord	28
Afrique et Océanie	62
Amérique Centrale	69
Amérique du Sud	44
Asie 1, Russie, Australie et Nouv. Zélande	23
Asie 2 et reste Océanie	74
Guadeloupe, Guyane, Martinique, Réunion, St-Pierre-et-Miquelon	17,5
Mayotte	31,7
Nouvelle-Calédonie, Polynésie Française et Wallis et Futuna	62

Note Vous trouverez le détail exact de la répartition des pays par zone géographique à l'adresse suivante :

`http://assistance.wanadoo.fr/reponse1205.asp`

Important Une comparaison avec les tarifs que pratique France Telecom à partir d'un téléphone classique (RTC) indique qu'il est toujours plus avantageux d'appeler l'étranger à partir de sa ligne téléphonique IP, quelle que soit l'heure d'appel.

Appels vers les numéros de mobile à l'étranger

Le coût se compose d'une mise en relation de 11 centimes d'euros et d'un tarif à la minute (exprimé en centimes d'euros) qui varie selon la destination :

Europe Proche/Amérique du Nord (hors Hawaii et Alaska)	30,5
Maghreb	35,9
Reste Europe/Amérique du Nord	50,2
Afrique et Océanie	84,2
Amérique Centrale	91,2
Amérique du Sud	66,2
Asie 1, Russie, Australie et Nouv. Zélande	45,2
Asie 2 et reste Océanie	96,2

Appels vers les numéros d'urgence

L'appel vers les numéros d'urgence suivants est bien évidemment gratuit, mais dans la mesure où ces services doivent pouvoir vous localiser, l'appel s'effectue par le biais de la ligne téléphonique classique (RTC). Cette dernière doit donc être libre si vous voulez effectuer un appel d'urgence à partir de votre téléphone reliée à votre ligne IP.

- 15 : SAMU ;
- 17 : Police ;
- 18 : Pompiers ;
- 112 : Appel d'urgence européen ;
- 115 : Urgence sociale ;
- 119 : Enfance maltraitée.

Appels interdits

Un certain nombre d'appels ne sont pas autorisés à partir de votre ligne IP, notamment :

- ➜ appels vers les numéros verts ;
- ➜ appels vers les numéros azur ;
- ➜ appels vers les numéros indigo
- ➜ appels vers les numéros Audiotel ;
- ➜ appels vers les numéros courts non gratuits (horloge parlante) ;
- ➜ appels vers les numéros Kiosque ;
- ➜ appels vers les renseignements.

Pour tous ces appels, vous devez donc employer votre ligne téléphonique classique.

Coûts des appels entrants

Vous pouvez bien évidemment recevoir des appels sur votre ligne IP puisque vous bénéficiez d'un numéro de téléphone. Se pose alors la question de savoir le coût que va payer votre correspondant quand il appelle sur votre ligne IP.

Cette question est relativement complexe car elle dépend de l'opérateur de votre correspondant puisque c'est lui qui fixe les tarifs. Voici, à titre indicatif, un tableau de comparaison qui montre le tarif (exprimé en centimes d'euro) que paye un abonné de France Telecom, à partir de sa ligne fixe RTC, quand il vous appelle 5 minutes sur votre numéro RTC ou votre numéro IP :

	RTC	Livebox
Local plein tarif	22	19
Local tarif réduit	15	19
National plein tarif	49	19
National tarif réduit	37	19

On en conclura qu'il est toujours préférable pour vos correspondants de vous appeler sur votre ligne Livebox, sauf en local au tarif réduit (le soir et le week-end).

Conseil Vous noterez cependant qu'il existe encore une solution beaucoup plus avantageuse pour vos correspondants : que vous les rappeliez ! En plus, si vous avez un numéro de téléphone qui affiche le numéro de votre correspondant, ils ne sont même pas obligés d'utiliser le crédit-temps ; ils n'ont qu'à faire sonner votre téléphone pour que vous les rappeliez.

Répondeur

Votre ligne téléphonique IP dispose d'un service de répondeur qui permet à vos correspondants de vous laisser des messages. Votre messagerie est opérationnelle dès l'activation de votre ligne IP, mais il est préférable de la paramétrer, ne serait-ce que pour personnaliser le message d'accueil. En théorie, vous pouvez paramétrer votre messagerie en composant le 888 qui est le numéro qui vous sert à l'interroger, mais dans bien des cas cette manipulation ne fonctionne pas et vous devrez alors composer le 0871 200 888, à partir de votre ligne RTC (et non pas IP) pour avoir accéder aux fonctions de paramétrage de votre messagerie vocale.

Avant d'appeler ce numéro, munissez-vous de votre numéro de téléphone IP et du code secret qui vous a été fourni par Wanadoo dans le courrier électronique qui vous a averti de l'activation du service Wanadoo Phone.

Après avoir composé le 0871 200 888 à partir de votre téléphone classique, le serveur vocal vous demandera votre numéro de téléphone IP (commençant par 0871) et votre code secret. Ensuite, vous pourrez régler les différents paramètres de votre messagerie vocale, grâce à un système de navigation classique sur ce genre de système. Outre l'annonce que vous pouvez personnaliser, vous pourrez notamment régler le système de notification de messages.

Note Vous trouverez un mode d'emploi complet des fonctions de la messagerie vocale : l'adresse suivante :

`http://assistance.wanadoo.fr/reponse1033.asp`

En consultant le mode d'emploi de la messagerie vocale (figure 7-10), vous constaterez qu'il est possible d'activer la notification e-mail avec fichier audio.

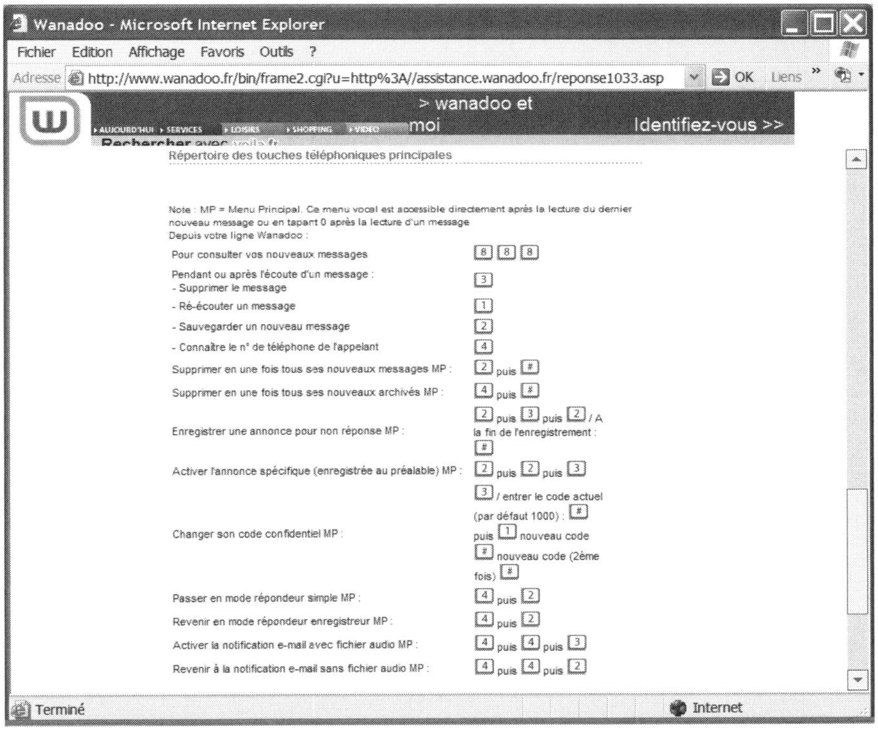

Figure 7-11 Mode d'emploi de la messagerie vocale

Vous en avez rêvé, Wanadoo l'a fait ! En effet, cette fonctionnalité permet bien d'une part d'être notifié par courriel de la dépose d'un message dans votre boîte vocale, mais également de recevoir le contenu du message lui-même sous la forme d'un fichier WAV qui arrive en pièce jointe. Dès qu'un message est déposé par l'un de vos correspondants, un message est envoyé à l'adresse principale de votre compte Wanadoo. Ce courriel indique l'heure du message vocal, le numéro de votre correspondant (si son numéro n'est pas masqué) et contient une pièce jointe au format WAV.

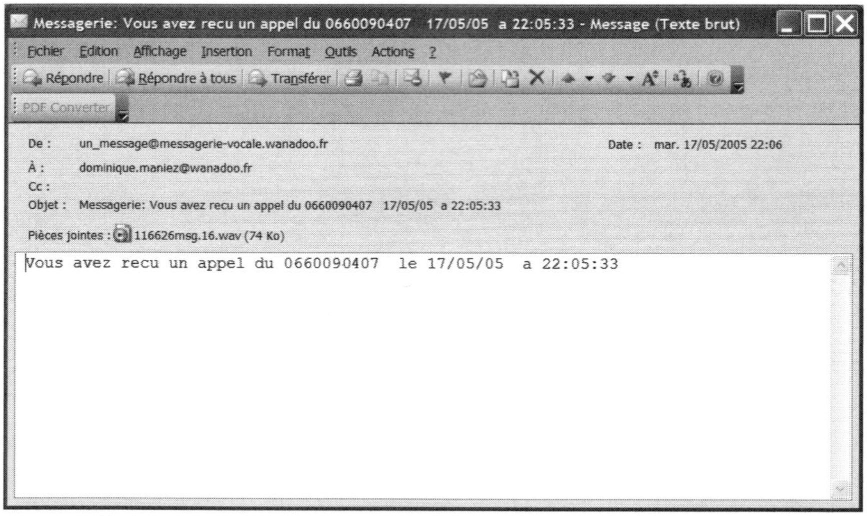

Figure 7-12 Notification par courrier de l'arrivée d'un message

Pour écouter le message, il suffit de cliquer sur la pièce jointe et vous entendrez le message dans le lecteur Windows Media si ce logiciel est celui qui est associé à la lecture des fichiers WAV. Dans notre exemple, vous pouvez constater qu'un message de 9 secondes a un poids de 74 Ko. La qualité sonore du message est très correcte *(figure 7-13)*.

La mise en route de cette fonctionnalité qui est vraiment très intéressante est malheureusement un peu laborieuse et il faut tâtonner avant d'arriver à ses fins. Pour activer ce type de notification, accomplissez les étapes suivantes :

1. Appelez le 888.
2. Une fois que vous êtes revenu au menu principal (il faut attendre la fin de la lecture des messages ou bien taper la touche 0), saisissez la séquence de touches 4 4 1.
3. Raccrochez.
4. Appelez à nouveau le 888.

5. Une fois que vous êtes revenu au menu principal, saisissez la séquence de touches 4 4 3 2.

6. Raccrochez.

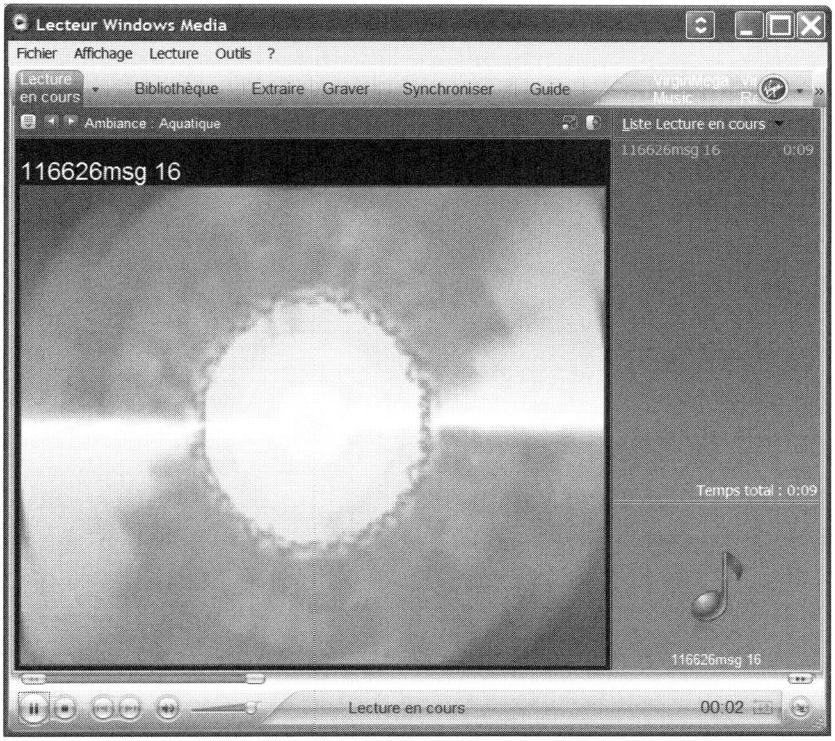

Figure 7-13 Écoute du message dans le lecteur Windows Media

La fonction est normalement immédiatement activée.

Pour nous résumer, vous pouvez consulter vos messages de trois manières différentes :

- ➜ en composant le 888 à partir du téléphone de votre ligne IP ;
- ➜ en composant le 0 871 200 888 depuis un autre téléphone ;
- ➜ en consultant votre messagerie Wanadoo.

L'appel au 888 depuis votre ligne IP est gratuit. En revanche, l'appel du 0871 200 888 est facturé au prix d'un appel vers les numéros 0871 de Wanadoo et le prix dépend par conséquent de l'opérateur à partir duquel vous effectuez l'appel. Si, par exemple, vous relevez votre boîte vocale depuis une Freebox, l'appel est gratuit. En revanche, si vous relevez votre boîte vocale depuis le poste d'un abonné de France Telecom, la communication coûtera 15 centimes d'euro si elle dure trois minutes.

Attention Vous ne pouvez pas relever votre messagerie à partir d'une autre ligne Wanadoo Phone en composant le 0 871 200 888. En effet, composer le 0 871 200 888 à partir de sa ligne IP revient à composer le 888 et l'on n'a donc pas la possibilité de saisir son numéro de téléphone.

Journal d'appel

Votre ligne Wanadoo Phone dispose d'un journal d'appel très sophistiqué auquel vous pouvez accéder à partie de la page d'accueil de Wanadoo (`http://www.wanadoo.fr`) dans la rubrique **Mon compte**. Pour consulter ce journal des appels, allez dans la rubrique **Mon compte** (icône dans la barre d'outils du haut de la page d'accueil de Wanadoo), puis cliquez dans le menu en bas à gauche sur l'option **Mon téléphone Wanadoo**.

Dans cette page, vous pouvez déjà vérifier les options de votre messagerie. En bas à droite de cette page, vous disposez d'une option intitulée **Suivi des appels** et en cliquant sur le lien **Liste des appels** vous accédez au journal des appels.

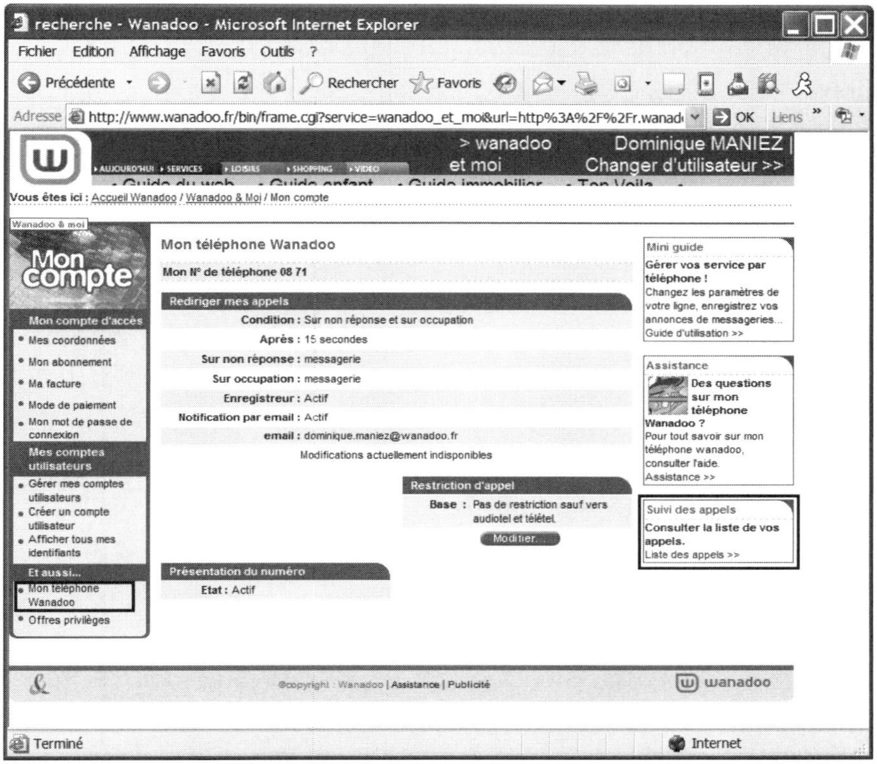

Figure 7-14 Options de la messagerie dans Mon compte

Comme il s'agit d'une option confidentielle, vous devez saisir le mot de passe de messagerie du titulaire principal du compte.

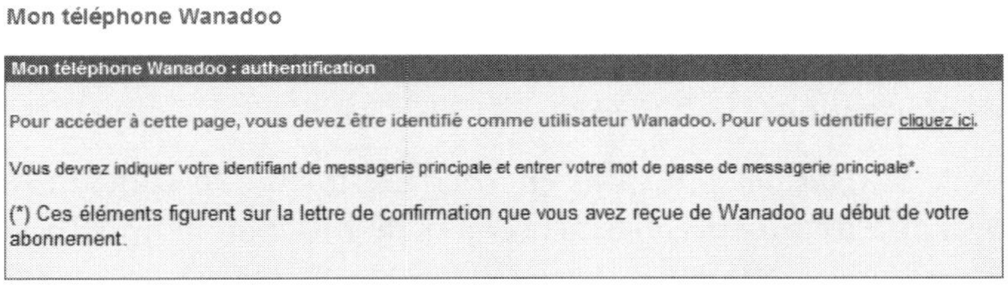

Figure 7-15 La consultation du journal des appels nécessite une identification du titulaire du compte principal de Wanadoo

Après vous être identifié, vous arrivez sur la page d'accueil du journal des appels qui donne une vision synthétique des appels passés dans le mois en cours.

Figure 7-16 Page d'accueil du journal des appels

En cliquant sur le bouton **Détail des appels**, vous constatez toute la puissance et la précision de l'outil informatique et vous découvrez immédiatement, en ayant une pensée pour George Orwell, tous les problèmes qu'une telle masse d'informations peut poser…

Les amateurs de statistiques pourront encore faire mieux en cliquant sur le bouton **Recherche avancée**. Très sincèrement, le programmeur de base de données que je suis est admiratif devant un tel outil, mais le citoyen soucieux des libertés individuelles que je suis également (il n'y a nulle schizophrénie dans cette dualité…) ne peut être qu'inquiet des possibilités de flicage qu'une telle application renferme.

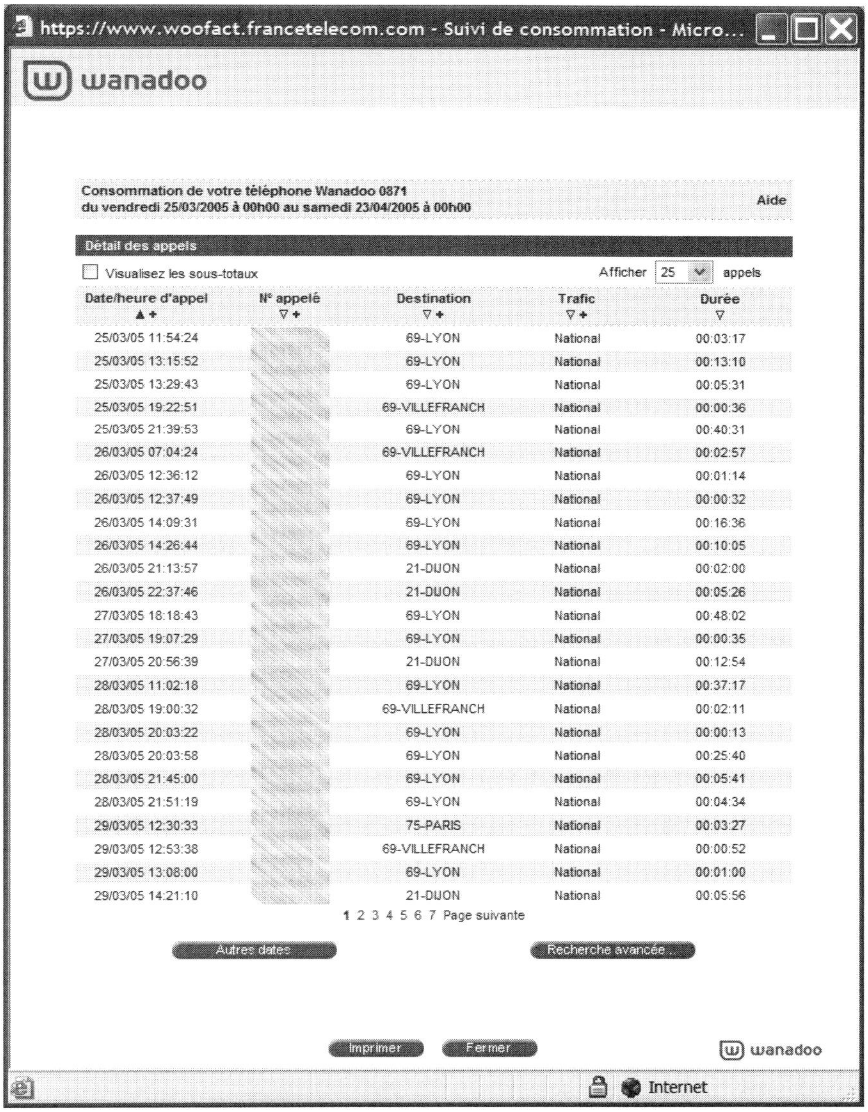
https://www.woofact.francetelecom.com - Suivi de consommation - Micro...

wanadoo

Consommation de votre téléphone Wanadoo 0871
du vendredi 25/03/2005 à 00h00 au samedi 23/04/2005 à 00h00

Aide

Détail des appels

Visualisez les sous-totaux

Afficher 25 appels

Date/heure d'appel	N° appelé	Destination	Trafic	Durée
25/03/05 11:54:24		69-LYON	National	00:03:17
25/03/05 13:15:52		69-LYON	National	00:13:10
25/03/05 13:29:43		69-LYON	National	00:05:31
25/03/05 19:22:51		69-VILLEFRANCH	National	00:00:36
25/03/05 21:39:53		69-LYON	National	00:40:31
26/03/05 07:04:24		69-VILLEFRANCH	National	00:02:57
26/03/05 12:36:12		69-LYON	National	00:01:14
26/03/05 12:37:49		69-LYON	National	00:00:32
26/03/05 14:09:31		69-LYON	National	00:16:36
26/03/05 14:26:44		69-LYON	National	00:10:05
26/03/05 21:13:57		21-DIJON	National	00:02:00
26/03/05 22:37:46		21-DIJON	National	00:05:26
27/03/05 18:18:43		69-LYON	National	00:48:02
27/03/05 19:07:29		69-LYON	National	00:00:35
27/03/05 20:56:39		21-DIJON	National	00:12:54
28/03/05 11:02:18		69-LYON	National	00:37:17
28/03/05 19:00:32		69-VILLEFRANCH	National	00:02:11
28/03/05 20:03:22		69-LYON	National	00:00:13
28/03/05 20:03:58		69-LYON	National	00:25:40
28/03/05 21:45:00		69-LYON	National	00:05:41
28/03/05 21:51:19		69-LYON	National	00:04:34
29/03/05 12:30:33		75-PARIS	National	00:03:27
29/03/05 12:53:38		69-VILLEFRANCH	National	00:00:52
29/03/05 13:08:00		69-LYON	National	00:01:00
29/03/05 14:21:10		21-DIJON	National	00:05:56

1 2 3 4 5 6 7 Page suivante

Autres dates — Recherche avancée...

Imprimer — Fermer

wanadoo

Internet

Figure 7-17 Détail des appels

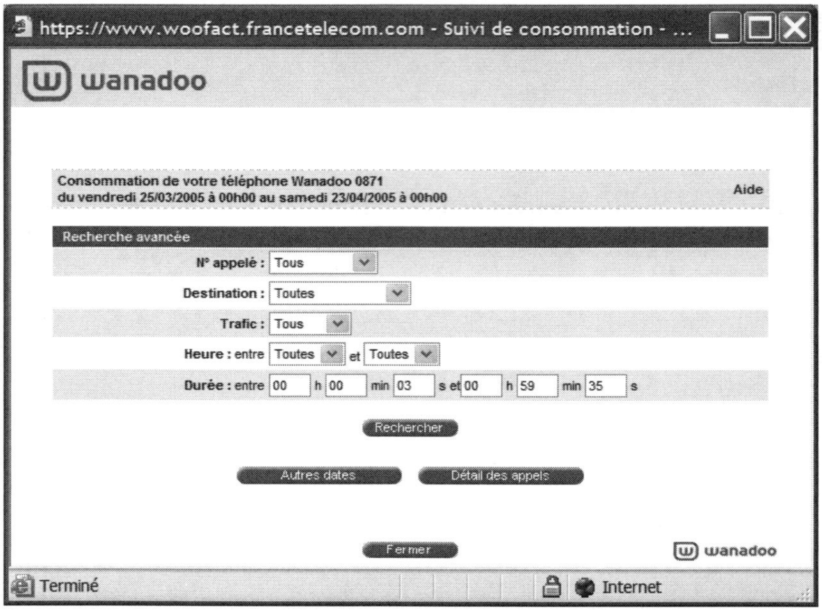

Figure 7-18 Module de recherche dans le journal des appels

Questions/Réponses

QUESTION Comment puis-je masquer mon numéro quand j'appelle à partir de ma ligne ADSL ?

RÉPONSE Vous devez préfixer le numéro de votre correspondant par 831. Par exemple, si votre correspondant a le numéro 01 02 03 04 05, vous devez composer le 831 01 02 03 04 05 pour masquer votre numéro. Cette manipulation ne masque le numéro que pour l'appel en cours et ne constitue donc pas un secret permanent.

QUESTION Est-ce que mon ordinateur doit être allumé pour pouvoir téléphoner avec ma ligne ADSL ?

RÉPONSE Non, seule la Livebox a besoin d'être allumée.

QUESTION J'ai dû changer de Livebox parce que la mienne ne fonctionnait plus. Avec ma nouvelle Livebox, mon téléphone ADSL ne marche plus.

RÉPONSE Cela est parfaitement normal. Votre numéro de téléphone vous a été attribué en fonction de l'identifiant de votre Livebox. Comme vous avez changé de Livebox, votre identifiant a été modifié et vous devez donc changer de numéro de téléphone. Pour cela, vous devez déclarer votre nouvel identifiant en appelant l'assistance technique de Wanadoo et patienter que votre nouveau numéro de téléphone soit disponible. Attention : cette opération peut prendre quelques jours.

QUESTION Peut-on envoyer ou recevoir des télécopies à partir de la ligne de téléphone ADSL ?

RÉPONSE Non.

CHAPITRE 8

Regarder la télévision avec la Livebox

Présentation du service MaLigne tv

Après avoir étudié l'Internet et le téléphone, nous arrivons au troisième volet qui justifie l'appellation de passerelle triple play de la Livebox : la télévision numérique par ADSL.

Pendant des années, nous avons été habitués à regarder la télévision qui arrivait sur une antenne râteau par le biais des ondes hertziennes ; puis ce fut l'avènement des réseaux câblés et du satellite. Depuis peu, il existe un quatrième mode de transmission de la vidéo : la paire de fils de cuivre de votre ligne téléphonique. Cette prouesse technique a été rendue possible grâce à deux technologies différentes : la numérisation du signal vidéo et l'ADSL.

Le principe de la réception de la télévision par ADSL est très simple : vous recevez le signal vidéo par l'intermédiaire de votre ligne ADSL. Ce signal arrive dans la Livebox qui le retransmet à un décodeur numérique (relié à la Livebox par un câble réseau de type RJ 45) qui, à son tour le retransmet à un téléviseur (relié au décodeur par un câble Péritel).

France Telecom commercialise ce service sous le nom de MaLigne tv (`http://www.malignetv.fr/`).

Note Vous n'êtes pas obligé d'avoir une Livebox pour accéder à ce service. En effet, certains modems offrent la connexion Internet et une prise permettant le raccordement à un décodeur numérique. En revanche, ces modems n'offrent pas la fonctionnalité de téléphonie IP, ni de point d'accès Wi-Fi.

L'offre MaLigne tv se résume à la fourniture du service réseau (France Telecom achemine les données) et à la location d'un décodeur numérique qui va vous permettre de regarder la télévision. En tant que telle, le service MaLigne tv n'offre aucun contenu. Il est donc nécessaire de coupler cette offre avec celle d'un fournisseur de contenus. Actuellement, seuls deux sociétés proposent des contenus télévisuels : TPS et le groupe Canal+.

Le service MaLigne tv ne concerne donc que la télévision par ADSL et il n'a rien à voir avec l'accès à Internet, même si les deux services utilisent la même technologie (l'ADSL) et le même support physique. Cela explique pourquoi vous devez payer en plus pour bénéficier d'un accès à Internet. *A contrario*, vous n'êtes pas obligé d'être abonné à Internet si vous voulez vous abonner au service MaLigne tv.

Note Dans la mesure où vous n'êtes pas obligé d'être abonné à Internet pour bénéficier de l'offre MaLigne tv, vous n'êtes bien évidemment pas dans l'obligation de posséder un ordinateur. Cela étant, si vous avez une Livebox, c'est sans doute que vous êtes abonné à Internet.

La réception de la télévision par le biais de la ligne téléphonique ADSL offre essentiellement deux avantages : une grande facilité d'installation et un vaste choix de programmes.

Facilité d'installation

Pour celui qui ne peut pas recevoir le câble et qui ne se contente pas des chaînes hertziennes, il n'existait jusqu'à présent pas beaucoup de solutions alternatives. La seule réellement viable était l'installation d'une parabole et l'abonnement à un bouquet satellite.

Ce type d'installation n'est malheureusement pas si facile que cela, en raison de deux obstacles : l'installation d'une parabole, outre le fait qu'elle n'est pas très esthétique, demande un certain savoir-faire et va forcément nécessiter quelques travaux ; deuxièmement, si vous êtes dans un habitat collectif (que vous soyez propriétaire ou locataire), vous allez devoir demander l'autorisation d'installer une parabole et cette autorisation ne vous sera pas toujours accordée.

Face à ces deux inconvénients, la solution de la réception de la télévision par l'ADSL représente un gros avantage car l'installation est relativement simple, ne nécessite pas de travaux et vous n'avez besoin d'aucune autorisation puisqu'une antenne parabolique n'est pas requise.

Choix des programmes

L'autre avantage de la télévision par ADSL est que vous bénéficiez d'un nombre impressionnant de programmes qui renvoie la télévision hertzienne à l'âge de la préhistoire. Les possibilités sont tellement nombreuses que vous pouvez vraiment composer votre télévision à la carte.

Outre un vaste choix de programmes, vous avez aussi la possibilité d'accéder au service de vidéo à la demande (en anglais VOD, pour video on demand). Ce nouveau service promis à un bel avenir vous permet tout simplement de choisir vos films sur votre téléviseur, dans un catalogue interactif, et de les commander instantanément. C'est en fait le principe du vidéo-club, sauf que vous n'avez pas à vous déplacer pour aller chercher votre DVD et, bien évidemment, vous n'avez pas non plus à le rapporter.

Le développement dans un futur proche de l'Internet à très haut débit et de la télévision haute définition laisse entrevoir des perspectives fantastiques pour les amateurs de cinéma. Bien évidemment, les gérants de vidéo-clubs font grise mine et certains songent déjà à une reconversion. Ces derniers ont d'ailleurs bien raison car leur profession va disparaître…

Éligibilité au service MaLigne tv

Pour l'instant, ce service n'est pas accessible sur tout le territoire national. En effet, seules les grandes villes bénéficient de ce service. Il y a deux raisons à cela : pour que le système soit rentable, il faut qu'il y ait un nombre suffisamment important de clients et c'est par conséquent dans les grandes villes qu'on a le plus de chance de trouver de nombreux clients. Deuxièmement, la diffusion de la vidéo numérique, même compressée, demande une bande passante importante ; cela a pour conséquence que vous ne devez pas habiter trop loin du central téléphonique pour pouvoir bénéficier de ce service. En ville, les centraux téléphoniques sont suffisamment nombreux et proches des habitants pour offrir ce service à un nombre élevé de clients potentiels.

Pour l'instant (début 2005), il est possible de s'abonner au service MaLigne tv dans les villes suivantes :

- Pour la province : Aix en Provence, Amiens, Angers, Antibes, Avignon, Bordeaux, Besançon, Caen, Cannes, Clermont-Ferrand, Dijon, Grenoble, Le Havre, Lyon, Lille, Le Mans, La Roche sur Yon, Les Sables d'Olonne, Marseille, Menton, Montpellier, Mulhouse, Nancy, Nantes, Nice, Orléans, Paris, Poitiers, Reims, Rennes, Rouen, Saint-Etienne, Strasbourg, Toulon, Toulouse.
- Pour l'Île de France : les Yvelines, l'Essonne, les Hauts de Seine, la Seine et Marne, la Seine Saint Denis, le Val de Marne, le Val d'oise.

Si vous vous trouvez dans l'une de ces villes, vous devez quand même demander une étude technique pour savoir si votre ligne téléphonique est susceptible d'être compatible avec le service MaLigne tv.

Fort du succès que rencontre MaLigne tv dans les villes où ce service est déployé, France Telecom envisage au deuxième semestre de l'année 2005 de poursuivre ses efforts de couverture afin d'atteindre plus de 100 nouvelles villes ce qui représenterait un total de 10 millions de foyers. La *figure 8-1* dresse la carte des villes couvertes à la mi-2005.

Figure 8-1 Villes couvertes par le service MaLigne tv au 2e trimestre 2005

Attention L'offre MaLigne tv est incompatible avec le service ADSL extense DébitMax (débit de 8 Mo), en raison du fait qu'avec MaLigne tv un débit de 6 Mo est réservé à la télévision (il reste 2 Mo pour le débit Internet).

Conseil Vous pouvez tester l'éligibilité de votre ligne à l'adresse suivante (il s'agit d'une offre pour TPS, mais vous pouvez effectuer le test même si vous souhaitez vous abonner à Canal+) :

```
https://www.tps.fr/index.php?rid=161
```

Installation du décodeur numérique

La package MaLigne tv comprend un dépliant en couleur qui explique parfaitement le branchement des différents éléments du kit et nous ne reviendrons donc pas sur le sujet. Nous nous contenterons simplement d'attirer votre attention sur quelques détails qui ne figurent pas dans le manuel d'installation.

Comme toujours, avant de se lancer dans une installation, la première des choses à faire consiste à vérifier que vous avez bien tous les éléments qui sont requis. L'étape numéro 2 du manuel d'installation liste tous les accessoires livrés avec le décodeur et il vous appartient donc de vérifier qu'ils sont bien tous présents.

Attention Vérifiez que vous avez bien la carte d'accès et les codes qui vont avec. Sans ces codes, vous ne pourrez rien faire.

Conseil Faites une photocopie des codes d'accès et du numéro de la carte viaccess qui sont fournis avec le décodeur et conservez-la en lieu sûr.

L'étape numéro 1 du manuel d'installation indique que vous devez avoir installé votre Livebox. Il est préférable de commander MaLigne tv une fois que vous avez reçu la Livebox et que vous vous êtes assuré qu'elle fonctionne correctement. En effet, plusieurs utilisateurs ont déjà signalé qu'ils avaient commandé en même temps la Livebox et l'abonnement à MaLigne tv, mais qu'ils n'avaient pas reçu tout le matériel simultanément. Si vous recevez d'abord le décodeur, puis un mois plus tard la Livebox, vous aurez payé un abonnement pendant un mois à MaLigne tv et à TPS ou Canal+ pour rien. La bonne installation de la Livebox conditionnant l'installation de MaLigne tv, la prudence recommande de faire les choses dans l'ordre.

Emplacement du décodeur par rapport à la Livebox

Nous avons déjà évoqué cette question dans le chapitre 2, mais il est important de bien repréciser les choses. Votre décodeur doit se situer près de la télévision dans la mesure où il est raccordé par le biais d'une prise Péritel qui n'est pas très longue. On peut toujours envisager d'acquérir une rallonge Péritel (on en trouve jusqu'à 10 mètres de longueur), mais on risque d'avoir des pertes du signal vidéo si la rallonge est de mauvaise qualité. D'autre part, vous ne devez pas perdre de vue le fait que le décodeur numérique doit être visible de l'endroit d'où vous regardez la télé dans la mesure où vous allez le piloter à l'aide d'une télécommande.

La logique impose donc de placer le décodeur pas trop loin du téléviseur et de raccorder le décodeur à la Livebox quel que soit son emplacement. Le cordon RJ 45 qui est livré dans le package MaLigne tv et qui sert à relier le décodeur à la Livebox fait une longueur de 2 mètres ; il est donc généralement insuffisant dans les situations où la Livebox se trouve dans une autre pièce que celle où est située le téléviseur. Dans ce cas de figure, le réflexe de la plupart des utilisateurs est de faire installer une prise de téléphone supplémentaire près de la télévision et de regrouper ainsi dans le même périmètre la Livebox, le téléviseur et le décodeur. Cette idée n'est pas insensée de prime abord, mais elle risque au final de se révéler coûteuse et techniquement de piètre qualité. En effet, le fait de rajouter une prise téléphonique va avoir toute une série de conséquences auxquelles vous n'avez peut-être pas réfléchi :

- achat d'une nouvelle prise et prestation d'un technicien de France Telecom si vous n'êtes pas bricoleur ;
- achat d'un nouveau filtre ou pose d'un filtre maître si vous dépassez trois prises de téléphone ;
- déplacement de la Livebox sur une prise qui ne sera pas celle de la tête de réseau (dont signal ADSL moins bon) ;
- possible altération de la qualité de la ligne si l'installation n'est pas faite dans les règles de l'art.

Dans ces conditions, le simple bon sens commande, si votre décodeur est éloigné de plus de deux mètres de votre Livebox, d'acquérir un câble RJ 45 de très bonne qualité de la longueur nécessaire. Vous devez garder à l'esprit que le câble Ethernet est prévu pour une longueur de 100 mètres sans déperdition de signal.

Coût de MaLigne tv

Le coût de l'abonnement à MaLigne tv n'est pas négligeable et il convient de bien mesurer tous les coûts qui vont s'ajouter les uns aux autres. Comme les offres d'abonnement à un contenu télévisuel sont également nombreuses, vous allez vite vous rendre compte qu'il est difficile de s'y retrouver.

Le coût de l'abonnement à MaLigne tv se décompose en quatre éléments :

- les frais de mise en service (64 euros) ;
- un dépôt de garantie pour le décodeur (75 euros) ;
- l'abonnement à MaLigne tv ou bien l'abonnement à une offre Internet comprenant la télévision (abonnement Multiservices Internet et TV) ;
- l'abonnement à TPS ou au groupe Canal+.

Lors d'opérations promotionnelles, vous pouvez vous faire offrir les frais de mise en service, mais vous ne couperez pas à la caution. Vous devez être également attentif au fait que vous allez signer un contrat pour un an.

Dans la mesure où vous avez une Livebox, nous partirons du principe que vous avez souscrit un abonnement à Internet. Dans ces conditions, si vous voulez souscrire un abonnement à MaLigne tv, vous serez intéressé par une formule combinant MaLigne tv et Internet. Cette formule est baptisée Offre multiservices Internet et télévision. Elle se décline en trois versions qui se différencient par le débit de la ligne Internet :

- 512 Kbps (limité à un trafic de données de 5 Go) au prix de 29,90 euros par mois ;
- 1024 Kbps au prix de 34,90 euros par mois ;

- 2048 Kbps au prix de 39,90 euros par mois.

Vous devez bien comprendre qu'à ce prix vous avez une ligne Internet ADSL et le service MaLigne tv sans aucun programme. La seule chose que vous puissiez faire, c'est de commander des films ou des émissions selon le principe de la vidéo à la demande.

Il faut donc rajouter à ce coût l'abonnement à un fournisseur d'accès de contenu audiovisuel (TPS ou Canal+).

Nous avons listé dans le tableau ci-dessous les coûts d'abonnement de toutes les formules des deux opérateurs en les additionnant au coût de l'abonnement à l'offre multiservices Internet et télévision. Vous obtenez donc un coût mensuel réel de votre abonnement en fonction du débit Internet choisi. Mais comme les choses ne sont pas aussi simples, nous avons également ajouté une colonne pour l'offre de Canal+ qui indique le prix au-delà de la première année d'abonnement. En effet, vous constaterez amèrement que le coût de l'abonnement augmente après un an.

TPS	512	1024	2048
Déclic	32,90	37,90	42,90
Star Super Premium	41,90	46,90	51,90
Grand Public	50,40	55,40	60,40
Panoramic	57,40	62,40	67,40

Canal+	512	> 1 an	1024	> 1 an	2048	> 1 an
Le bouquet	41,90	61,80	46,90	66,80	51,90	71,80
CanalSatDSL Thématiques	32,90	48,90	37,90	53,90	42,90	58,90
CanalSatDSL Famille	41,90	54,80	46,90	59,80	51,90	64,80
CanalSatDSL Cinéma	41,90	56,80	46,90	61,80	51,90	66,80
CanalSatDSL Grand spectacle	41,90	58,80	46,90	63,80	51,90	68,80

Bien évidemment, ces offres sont valables au moment de la rédaction de cet ouvrage (mai 2005), ce qui signifie qu'elles sont susceptibles d'évoluer dans le temps. Vous pouvez également profiter d'une promotion qui pourra faire baisser légèrement le coût de votre abonnement. Néanmoins, cette grille donne une bonne indication de la tendance de ce marché.

Choix de l'opérateur : Canal+ ou TPS ?

Comme vous l'aurez à présent compris, vous avez le choix entre deux opérateurs pour vous abonner à un contenu : TPS ou le groupe Canal+.

Déterminer le meilleur opérateur est une opération délicate dans laquelle nous ne nous lancerons pas en vertu du principe que des goûts et des couleurs il ne faut point discuter. Nous tenterons cependant de vous décrire sommairement les différentes offres et nous vous donnerons quelques pistes qui guideront votre choix. Si vous naviguez sur Internet à la quête d'informations précises et détaillées sur la composition des bouquets, vous serez surpris du manque de clarté dans la présentation des offres. Même sur les sites Web officiels des opérateurs, on n'obtient finalement rien de plus qu'une liste de logos représentant les chaînes qui composent les bouquets. Il devient alors difficile de faire son choix en se faisant une opinion basée sur le nom d'une chaîne tellement les descriptions sont minimalistes. Il est vraiment étonnant de proposer tant de chaînes et d'être aussi avare d'informations sur leur contenu. Les opérateurs doivent considérer que leurs produits sont extrêmement bien connus du public ou bien que c'est à ce dernier de se débrouiller pour savoir ce qu'il doit choisir.

Vous noterez également que le contenu des offres est sujet à évolution ; par exemple, les chaînes de la Télévision Numérique Terrestre (TNT) ont été récemment incluses dans les bouquets de CanalSatDSL *(figure 8-2)*.

Figure 8-2 Les chaînes de la TNT sont diffusées sur le bouquet CanalSatDSL

Pour une première vue d'ensemble des offres, vous pouvez quand même visiter les sites Web des différents opérateurs :

```
http://www.canalplus.fr/
http://www.canalsatellite.fr/
http://www.cinecinema.fr/
http://www.tps.fr/
```

Conseil Vous pouvez également vous faire une idée des programmes tout simplement en les consultant dans un magazine télé ; achetez un magazine complet qui couvre bien toutes les offres de TPS et de Canal+ et étudiez la programmation des deux opérateurs sur une période d'un mois.

Canal+

Le groupe Canal+ propose les offres suivantes en ADSL :

- Canal+ Le bouquet ;
- CanalSatDSL Thématiques ;

- CanalSatDSL Famille ;
- CanalSatDSL Cinéma ;
- CanalSatDSL Grand spectacle.

Canal+ Le Bouquet

Il s'agit d'un bouquet regroupant les cinq chaînes suivantes :

Canal +, Canal + Cinéma, Canal + Sport, Canal + Décalé et Canal + Hi-tech

`http://www.canalplus.fr/pid202.htm`

Des informations sur la composition des 4 bouquets CanalSatDSL peuvent être consultées à l'adresse suivante :

`http://www.canalsatellite.fr/pid237.htm`

Le principe de ces bouquets est simple : on dispose d'un bouquet de base et à chaque nouveau bouquet on rajoute des chaînes au bouquet de base.

CanalSatDSL Thématiques

C'est le bouquet de base de l'offre CanalSatDSL. Outre les chaînes hertziennes (hormis TF1 et M6), vous trouverez 11 chaînes de divertissement (dont 13e rue, Jimmy, Comédie!, TMC, Téva et Paris Première), 8 chaînes de culture et découverte du monde (dont Planète, Voyage et Histoire), 7 chaînes de sport (dont Eurosport, Sport+ et NBA+), 7 chaînes pour la jeunesse (dont Canal J), 3 chaînes internationales, 4 chaînes de musique (dont MCM et MTV) et 5 chaînes d'information (dont CNN, i>Télé et BBC World.

CanalSatDSL Famille

C'est le bouquet Thématiques auquel on rajoute le Pack Disney TV et le National Geographic Channel

CanalSatDSL Cinéma

C'est le bouquet Thématiques auquel on rajoute 7 chaînes de cinéma (Premier, Famiz, Emotion, Frisson, Auteur, Classic et TCM)

CanalSatDSL Grand spectacle

C'est la réunion des bouquets Famille et Cinéma

Options

Outre les quatre bouquets, vous pouvez aussi prendre des options payants pour des chaînes à l'unité comme, OMTV (5,30), Pink TV (9), Seasons (6,30) et Mezzo (4,50).

TPS

TPS propose les offres suivantes en ADSL :

- Déclic;
- Star Super Premium ;
- Grand Public ;
- Panoramic.

Vous trouverez une description très sommaire de la composition de ces bouquets à l'adresse suivante :

`http://www.tps.fr/index.php?rid=18`

Déclic

C'est le bouquet de base de TPS ; il se compose de 24 chaînes généralistes dont toutes les chaînes hertziennes (mais pas la TNT pour l'instant) et également Paris Première, LCI et Eurosport. En outre, ce bouquet comprend chaînes étrangères.

Star Super Premium

Il s'agit de toutes les chaînes du bouquet Déclic auquel on a rajouté TPS Star (la chaîne du cinéma récent)

Grand Public

C'est le bouquet Star Super Premium auquel on a rajouté 6 chaînes de cinéma, 23 chaînes thématique (dont Série club, Teva, Histoire, Mezzo) et trois chaînes étrangères (BBC Prime, CNBC Europe et CNN)

Panoramic

C'est le bouquet Grand public auquel viennent s'ajoute 8 chaînes spécialisées.

Qualité de la télévision par ADSL

La première qualité de la télévision par ADSL, c'est l'abondance des chaînes. Il faut quand même ici rappeler qu'avant l'arrivée de la TNT (dont plus de la moitié de la population française ne peut pas encore bénéficier), ceux qui n'avaient pas accès au câble ni au satellite étaient réduits à la portion congrue avec seulement 6 chaînes hertziennes. Pour beaucoup de Français, le fait d'avoir accès à une centaine de chaînes représente véritablement un bouleversement du paysage audiovisuel. Bien évidemment, toutes les chaînes présentées dans les offres des deux opérateurs ne sont pas d'une qualité exceptionnelle, certains canaux paraissant même franchement artisanaux, mais l'avantage est qu'étant donné le nombre de chaînes proposées, chacun trouvera au moins des émissions à son goût. Que l'on apprécie l'art lyrique, le jazz, le basket, la cuisine, la chasse ou bien encore les films en noir et blanc, on arrivera toujours à dénicher un programme pour satisfaire sa curiosité. Cette abondance de biens peut constituer un véritable problème chez les zappeurs invétérés, mais ce problème est somme toute marginal…

Pour les amoureux du cinéma, il faut reconnaître qu'aussi bien sur TPS (avec le bouquet Grand public) que sur CanalSatDSL Cinema, l'offre regorge de films en tous genres, des films les plus récents aux chefs-d'œuvre du ciné-club.

Le fait que de très nombreux films étrangers soient passés en version originale sous-titrée (notamment les films anciens) séduira les amoureux du septième art *(figure 8-3)*.

Plus intéressant encore est la faculté de pouvoir choisir la langue dans laquelle le film est projeté. Il s'agit ici du concept de version multilingue. Pour de nombreux films étrangers, il est en effet possible de choisir entre la langue originale du film et le français. On se rapproche ainsi de la fonctionnalité du DVD où l'on peut choisir sa piste audio *(figure 8-4)*.

Figure 8-3 Film sous-titré en version française

Figure 8-4 Film diffusé en version multilingue

Si cette fonctionnalité est très appréciable, elle souffre quand même d'un défaut ennuyeux dans le sens où le système de sous-titrage laisse à désirer. En effet, soit les sous-titres sont absents, soit il faut les activer par le biais du Teletext, ce qui n'est guère pratique *(figure 8-5)*.

Figure 8-5 Page d'accueil du Teletext pour les sous-titres

Pour ce faire, il faut utiliser la télécommande de son téléviseur (pas celle qui est livrée avec le décodeur), activer le menu Teletext, puis afficher la page 889. Si les sous-titres ont été programmés pour le film, ils apparaîtront en surimpression en mode Teletext.

Problème du gel d'images

Tous les utilisateurs de la télévision par ADSL, quel que soit leur système ou leur fournisseur de contenu, se plaignent d'un problème récurrent que les uns appellent gel d'images et les autres freeze ou pixellisation. Le problème est assez simple dans son énoncé : à certains moments, l'image ou une partie de l'image se fige pendant quelques fractions de seconde. Ce phénomène peut s'accompagner également d'une distorsion du son. Une partie plus ou moins importante de l'image peut être affectée par ce phénomène auquel personne n'arrive vraiment à trouver une explication rationnelle. Certains utilisateurs ont remarqué qu'en période d'orage, les gels d'images étaient plus fréquents. Il arrive aussi que les scènes d'actions rapides soient plus sujettes à ce problème. Il est bien difficile de trouver une cause à tout cela car le phénomène est vraiment aléatoire. On peut parfois regarder un film en entier sans qu'aucune déformation de l'image n'apparaisse. Une autre fois, on aura un problème toutes les cinq minutes, voire plus. Certains ont remarqué que certaines chaînes étaient plus sensibles au gel d'images que d'autres. On pourrait également penser qu'il s'agit tout simplement d'un problème de débit ; en ce sens, le fait de télécharger de gros fichiers et de téléphoner en VOIP pourrait aggraver la situation. Or, quand on réalise des tests, on se rend compte que les téléchargements volumineux n'influent pas sur la qualité de l'image et que des gels se produisent quand il n'y a aucune autre activité sur la ligne ADSL *(figure 8-6)*.

Figure 8-6 Exemple de gel d'images

Si vous êtes vraiment ennuyé trop souvent par ce problème, appelez le 10 13 et demandez leur de vérifier votre ligne en leur expliquant le problème. Certaines personnes ont également fait mention d'une incompatibilité de certaines Livebox avec certains modèles de DSLAM (l'équipement qui gère l'ADSL au central téléphonique).

Conseil

Tout comme le firmware de la Livebox se met à jour automatiquement, le firmware du décodeur peut aussi se mettre à jour. Cela ne peut se faire que lorsqu'il est en veille. Il est donc important de laisser votre décodeur en veille de temps en temps, et de ne pas tout le temps le laisser allumé. Pour mettre en veille son décodeur, il suffit de l'éteindre avec la télécommande.

Vidéo à la demande

Le système de vidéo à la demande est l'un des aspects les plus novateurs de MaLigne TV. Pour accéder à ce système, il suffit de créditer son compte ; cette procédure se réalise très simplement en saisissant à l'aide de la télécommande du décodeur son numéro de carte bancaire. La transaction est sécurisée et le numéro de carte est mémorisé pour des achats ultérieurs. Quand le compte est approvisionné, il ne reste plus qu'à faire son choix. La banque de films est classée par thèmes (nouveautés, action, comédie, *etc.*) et vous pouvez naviguer entre les différentes rubrique pour faire votre marché.

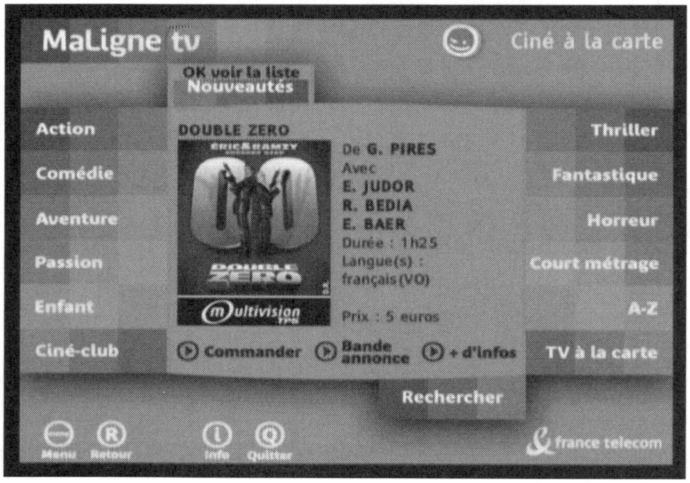

Figure 8-7 Page d'accueil de la vidéo à la demande

Pour chaque film, vous disposez de différents renseignements factuels (réalisateur, acteurs, langue, durée, résumé) et bien évidemment de son prix d'achat. En général, les films récents coûtent de l'ordre de 5 euros, ce qui peut paraître cher par rapport à une location de DVD, mais concurrentiel par rapport à une place de cinéma.

Quand un film vous intéresse, vous pouvez regarder sa bande annonce.

Figure 8-8 Visualisation d'une bande annonce d'un film proposé à la VOD

Si la bande annonce vous donne envie de voir le film, il vous suffit d'appuyer sur la touche OK de votre télécommande pour enclencher le paiement de l'acte de VOD et le visionnage du film démarre immédiatement.

Vous disposez également d'un module de recherche dans lequel vous pouvez effectuer une requête sur plusieurs critères (mot-clé, genre et année).

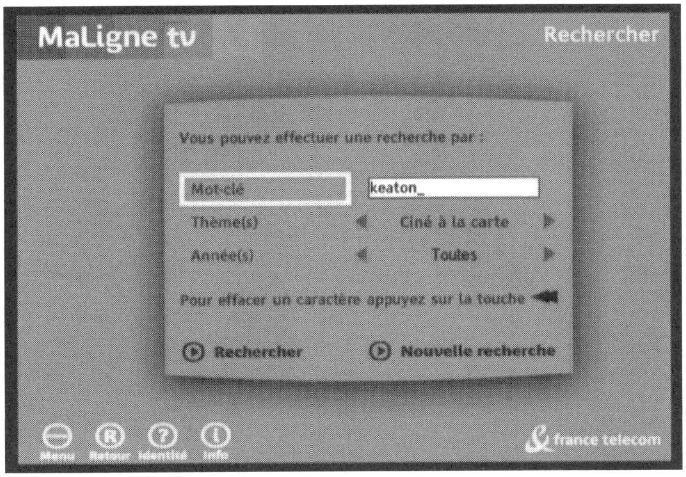

Figure 8-9 Recherche dans la base de données des films

Ce système fonctionne très bien, mais on peut légitimement se demander s'il a un grand intérêt dans la mesure où la base de données des films disponibles n'est pas très importante (de l'ordre de 150 films).

Figure 8-10 Résultat d'une requête dans la base de données des films

Ce nombre peut paraître ridicule par rapport au stock d'un vidéo-club, mais il faut savoir que certains films sont très récents et que les films disponibles en VOD changent très régulièrement. Cette limite du nombre de films n'est donc pas en soi un problème.

Quand vous visionnez un film, vous pouvez à tout moment l'arrêter pour le reprendre quelques minutes plus tard. Pour ce faire, appuyez sur la touche Pause de votre télécommande. Si, en revanche, vous appuyez sur la touche Arrêt de votre télécommande, vous arrêtez définitivement de regarder le film et vous ne pourrez plus y revenir ultérieurement. En pareil cas, on vous demande de confirmer que vous voulez bien arrêter le visionnage. En fait, quand vous avez acheté un film, vous pouvez le regarder pendant une durée qui est égale à 1,25 fois la durée du film (un film de deux heures pourra être visionné pendant deux heures et demi). Cela vous permet de revoir certaines scènes et vous pouvez utiliser votre télécommande comme s'il s'agissait finalement d'une cassette, les touches d'avance rapide et de retour rapide étant opérationnelles.

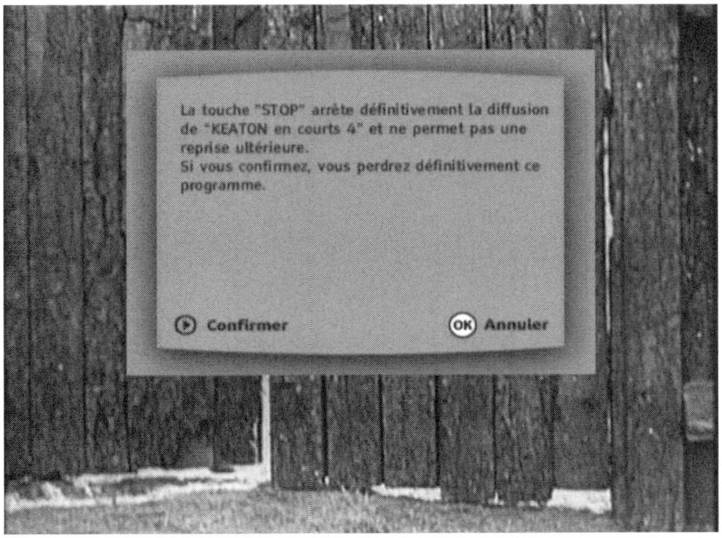

Figure 8-11 L'arrêt du visionnage d'un film en VOD ne permet pas de le reprendre ultérieurement

Le système tient à jour un historique des films que vous avez achetés en VOD.

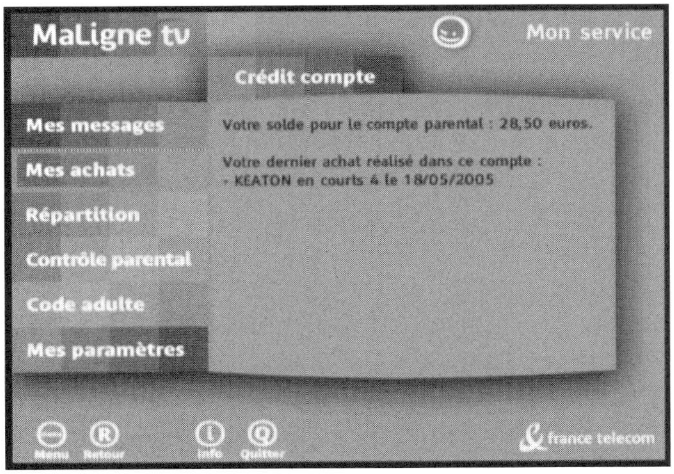

Figure 8-12 Consultation de l'historique des achats

Vous avez la possibilité de répartir comme bon vous semble le crédit de votre compte entre le compte parental et le compte familial.

Contrôle parental

De nombreux utilisateurs ne saisissent pas bien la différence qu'il y a entre ces deux comptes. En fait, c'est comme dans un système informatique où les utilisateurs ont des comptes qui n'ouvrent pas les mêmes droits. Le compte parental est le super utilisateur qui a tous les pouvoirs et il peut déléguer une partie de ses pouvoirs au compte familial.

Il a aussi souvent chez les utilisateurs une confusion entre le mot de passe du compte parental et le code adulte. Ces deux notions sont différentes. Le mot de passe du compte parental est un code qui vous a été attribué lors de la remise de la carte viaccess. Il figure normalement sur un courrier qui vous a été remis lors de la prise de votre abonnement. Ce code secret vous permet de vous identifier en tant que gestionnaire du système. C'est grâce à ce code que vous pourrez notamment décider de créditer votre compte.

Lors de la mise en service de votre décodeur, il est demandé au titulaire du compte parental de définir un code adulte qui sera systématiquement demandé pour accéder à certains contenus très violents ou pornographiques (en clair, les films interdits aux moins de 18 ans). Vous avez donc deux mots de passe qui ont une fonctionnalité différente.

Si vous êtes identifié (à l'aide de la touche ? de votre télécommande) en tant qu'utilisateur du compte parental, vous avez la possibilité de modifier le code adulte, alors que vous ne pouvez pas modifier le code secret du compte parental *(figure 8-13)*.

Figure 8-13 Modification du code adulte

Ce code adulte sera nécessaire pour déverrouiller certains programmes.

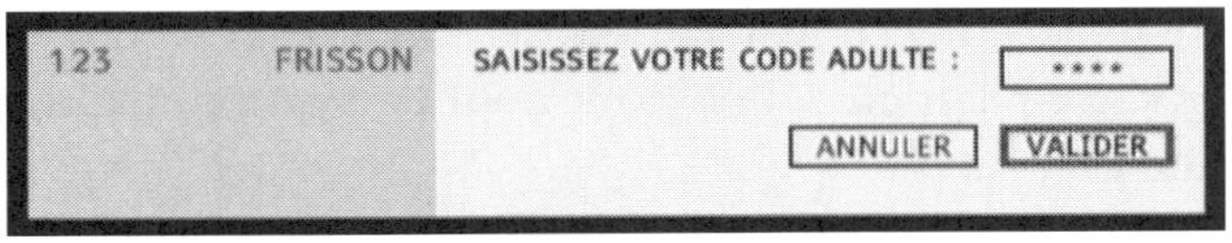

Figure 8-14 La saisie du code adulte est nécessaire pour déverrouiller certains programmes

Enregistrer la télévision par ADSL

De nombreux abonnés souhaitent enregistrer les émissions ou les films qui passent sur leur bouquet de programmes. Pour bien comprendre la manœuvre, il faut garder à l'esprit que la télévision par ADSL n'est pas une télévision classique, ce qui signifie, par exemple, que le décodeur ne possède pas de tuner intégré, à la différence d'un magnétoscope. Cette différence est fondamentale car elle a de nombreuses conséquences pratiques. La première d'entre elles est que vous ne pouvez pas enregistrer une émission ADSL si vous en regardez une autre en même temps. Vous en conclurez habilement que l'on ne peut enregistrer que la chaîne que l'on est en train de regarder. Quand avec un système classique vous regardez une chaîne pendant que vous en enregistrez une autre, cela n'est possible que parce que votre téléviseur et votre magnétoscope ont chacun un tuner ; dans notre exemple, vous regardez la télévision en utilisant le tuner de votre téléviseur et vous enregistrez une émission en utilisant le tuner de votre magnétoscope. Avec la télévision par ADSL, ce schéma est caduc. Vous n'arriverez, par exemple, jamais à changer les chaînes de la télévision ADSL avec la télécommande de votre magnétoscope, alors que vous faites cela très bien pour les chaînes hertziennes. Ne perdez pas de vue qu'il n'y a pas de tuner dans le décodeur, mais uniquement de l'électronique pour décoder un signal vidéo qui arrive compressé dans votre Livebox.

Pour enregistrer une émission provenant de la télévision par ADSL, vous devez tout d'abord vous positionner sur la chaîne que vous souhaitez enregistrer. Ensuite, vous devez avoir effectué un branchement, à l'aide d'un câble Péritel, de votre décodeur à votre magnétoscope (le schéma de branchement est indiqué dans le guide d'installation de MaLigne tv). Pour finir, vous devez paramétrer votre magnétoscope pour qu'il enregistre ce qui provient de l'entrée auxiliaire.

Si vous souhaitez programmer un enregistrement, cela est possible, mais il faudra que votre décodeur soit allumé avant que l'enregistrement ne démarre et il faudra qu'il soit positionné sur le bon canal. Cela signifie, dans la pratique que vous ne pouvez pas programmer deux enregistrements consécutifs qui enregistrerait sur des canaux différents. En fait, on s'aperçoit très vite avec ce nouveau système que pour enregistrer une émission, il faut être physiquement présent devant son décodeur et son magnétoscope.

Bien évidemment, le raisonnement est rigoureusement le même si vous utilisez un enregistreur de DVD (avec ou sans disque dur) à la place d'un magnétoscope.

Regarder la télévision ADSL sur son PC

De nombreux utilisateurs souhaitent regarder la télévision ADSL sur leur ordinateur et se demandent quel matériel il faut utiliser, compte tenu du fait que l'on a affaire à une télévision numérique. En fait, aussi bizarre que cela puisse paraître, le signal vidéo est bien numérisé de bout en bout jusqu'à la Livebox, puis de la Livebox jusqu'au décodeur, mais dès qu'il sort du décodeur, il devient analogique. En effet, la prise Péritel délivre un signal analogique et il est assez surprenant de constater que sur aucun des décodeurs proposés pour visualiser la télévision ADSL, il n'y en a un qui propose une sortie numérique.

Dans ces conditions, si vous souhaitez regarder la télévision ADSL sur votre ordinateur, n'importe quelle carte d'acquisition vidéo analogique fera l'affaire. Toutes les cartes TV tuner qui sont vendus à vil prix sur le marché conviennent parfaitement pour peu qu'elles aient une entrée analogique. Personnellement, nous utilisons un modèle de chez Pinnacle qui nous donne entière satisfaction *(figure 8-15)*.

Figure 8-15 Carte tuner permettant de visualiser la télévision ADSL sur son PC

Ce n'est pas parce que ce genre de carte possède un tuner qu'elle convient, mais c'est parce qu'en général toutes ces cartes possèdent une entrée analogique qui autorise l'acquisition d'images. Comme ces cartes ne possèdent pas d'entrée au format Péritel, on utilisera un petit adaptateur qui convertit les signaux de la prise Péritel au format S-vidéo ou bien au format composite *(figure 8-16)*.

Figure 8-16 Adaptateur Péritel vers le format S-vidéo et vidéo composite

En banchant cet adaptateur sur la prise S-vidéo ou bien vidéo composite de la carte, on peut alors facilement visualiser le contenu des images de la télévision ADSL sur son PC *(figure 8-17)*.

Figure 8-17 Logiciel de pilotage de la carte TV tuner

Bien que ce type de carte soit souvent livré avec une télécommande, il faudra utiliser la télécommande du décodeur afin de changer les chaînes. Le logiciel de la carte se contente de lire les signaux qui arrivent sur son entrée S-vidéo ou vidéo composite et les affiche sur l'écran du PC. Si le logiciel le permet, il peut également enregistrer la vidéo dans différents formats dont certains pourront être ensuite convertis pour réaliser un DVD.

Questions/Réponses

QUESTION Est-il possible d'enregistrer les sous-titres d'un film qui sont affichés par le biais du Teletext ?

RÉPONSE Si votre magnétoscope possède un décodeur Teletext intégré (fonctionnalité qui est rare), cela est possible. Dans le cas contraire, quand vous enregistrez un film en VO, vous pourrez visualiser les sous-titres grâce au décodeur Teletext de la télévision, mais vous ne pourrez pas les enregistrer.

QUESTION Est-il possible de brancher deux téléviseurs sur le décodeur de MaLigne tv ?

RÉPONSE Si votre but est de pouvoir regarder des émissions différentes sur chacun des téléviseurs, cela n'est malheureusement pas possible. La seule solution pour avoir deux téléviseurs qui diffusent des émissions différentes est d'avoir deux lignes de téléphone, deux abonnements à MaLigne tv et deux décodeurs…

En revanche, vous pouvez envisagez de diffuser le même programme ADSL sur deux téléviseurs différents. Il existe sur le marché des systèmes de transmetteur d'images qui permettent de dupliquer le son est l'image d'un téléviseur pour le diffuser sur un deuxième téléviseur. Faites cependant attention à la chose suivante : la plupart de ces systèmes fonctionnent sur le principe de la transmission par ondes radio et certains de ces appareils partagent leur fréquence avec la technologie Wi-Fi. Cela signifie que vous allez pouvoir dupliquer votre émission ADSL sur un deuxième poste de télévision, mais vous allez brouiller le signal Wi-Fi…

QUESTION Je souhaite programmer l'enregistrement d'une émission qui est verrouillée par le code adulte. Comment faire pour ne pas être obligé d'être présent physiquement pour saisir le code secret lors du démarrage de l'enregistrement ?

RÉPONSE On ne peut rien faire : il faut que vous soyez présent pour déverrouiller le programme au moment de l'enregistrement.

CHAPITRE 9

Connecter un PDA à la Livebox

Dans ce chapitre, nous allons voir comment intégrer un PDA *(Personnal Digital Assistant*, assistant numérique personnel en français) à la Livebox. Longtemps cantonnés à l'univers des jeunes cadres dynamiques, les PDA se sont aujourd'hui démocratisés (3 millions d'unités vendues par an dans le monde depuis 4 ans) car leurs prix ont considérablement chuté. De plus, l'arrivée de Microsoft sur ce marché avec son système d'exploitation Pocket PC (appelé aussi Windows CE) a dynamisé ce secteur qui commençait à s'essouffler. Nous avons donc choisi de concentrer notre étude sur les PDA sous Pocket PC dans la mesure où ils offrent la meilleure interopérabilité avec les autres systèmes d'exploitation de Microsoft.

Installation de la carte réseau

Les assistants numériques acceptent trois types de cartes réseau (PCMCIA ou PC Card, Compact Flash et SD Card). Quel que soit le type de carte employé, la procédure est toujours la même : il faut insérer la carte dans le PDA et procéder à l'installation des pilotes. Pour ce faire, le PDA doit se trouver sur sa station d'accueil qui est reliée au PC.

Si vous installez une PC Card, vous devez faire attention à bien installer les bons pilotes ; en effet, ce type de carte convenant également pour un ordinateur portable, on trouve sur le CD ROM d'installation les pilotes pour Windows 98, Windows 2000 et Windows XP.

Une fois les pilotes installés, on trouve sur le PDA le programme de gestion de la carte (en général dans le groupe Programmes). Pour tous les exemples de cette étape, nous utilisons un iPAQ 3870 de marque Compaq équipé d'une carte sans fil WL110 du même constructeur.

La première tâche consiste à paramétrer la carte pour qu'elle soit reconnue par la Livebox. Pour ce faire, il faut exécuter le logiciel de gestion de la carte qui est parfois appelé client *(figure 9-1)*.

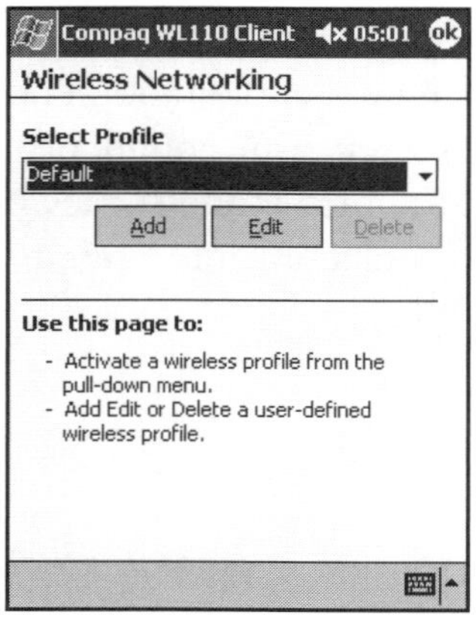

Figure 9-1 Logiciel de paramétrage de la carte Compaq

Ce programme permet à l'utilisateur de définir différents profils pour gérer la carte. Comme un PDA est en général un terminal mobile, il est possible de définir ainsi plusieurs scénarios de connexion en fonction des différents endroits où vous vous déplacez. Commencez par ajouter un profil pour faire reconnaître à votre PDA votre point d'accès.

Donnez un nom au profil et choisissez le type de réseau auquel vous vous connectez *(figure 9-2)*.

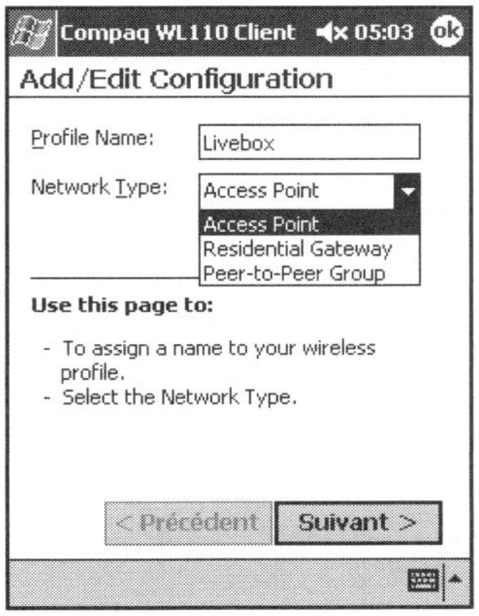

Figure 9-2 Choix du nom du profil et du type de réseau

Dans la mesure où la Livebox est un point d'accès, choisissez **Access Point**. Dans l'écran suivant *(figure 9-3)*, vous avez la possibilité de scanner les réseaux captés par votre carte.

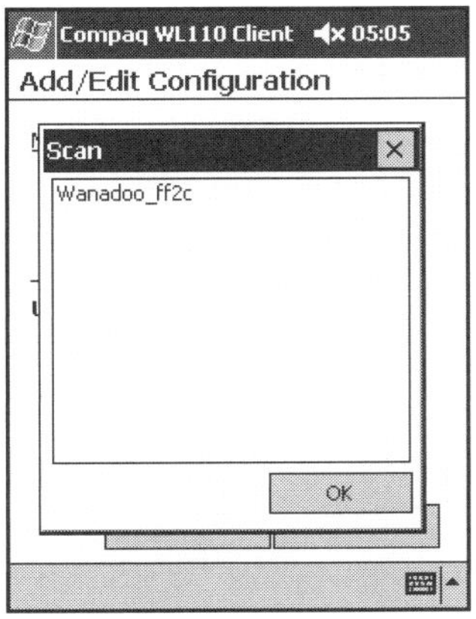

Figure 9-3 Le programme de la carte scanne tous les réseaux disponibles

Dans notre exemple, un réseau intitulé Wanadoo_ff2c a été trouvé : il s'agit d'une Livebox Sagem.

Sélectionnez ce réseau et cliquez sur le bouton **OK**. Cliquez sur le bouton **Suivant** pour passer au prochain écran du logiciel de configuration.

Cochez la case **Enable Data Security**, sinon vous ne pourrez pas saisir la clé WEP de la Livebox). Cochez l'option **Use Hexadecimal** (la clé WEP fournie avec la Livebox est écrite en base 16) et saisissez la clé inscrite au dos du boîtier contenant le CD-ROM dans le champ **Key 1**. La saisie des 26 caractères de la clé WEP sur un assistant numérique n'est pas une partie de plaisir, mais heureusement elle ne se fait pas en mode masqué *(figure 9-4)*.

Figure 9-4 Saisie de la clé WEP

Le dernier écran offre la possibilité d'activer une option d'économie d'énergie. Il faut en effet noter que les PC Card consomment une quantité non négligeable d'énergie ; l'activation de cette option permet de prolonger l'autonomie du PDA et également d'améliorer les performances de la connexion sans fil.

Cochez l'option **On** afin d'économiser l'énergie *(figure 9-5)*.

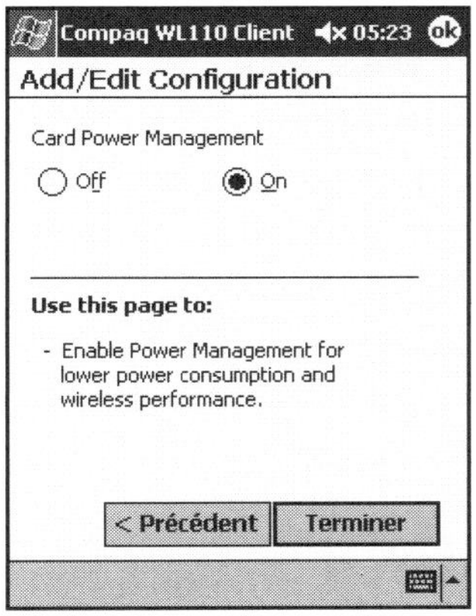

Figure 9-5 Gestion de l'économie d'énergie

Si vous avez bien suivi ce que nous avons dit dans les chapitres précédents, vous savez qu'il faut appuyer sur le bouton d'association de la Livebox avant de cliquer sur le bouton **Terminer**.

Une fois que le profil a été créé et validé, la liaison est normalement établie *(figure 9-6)*.

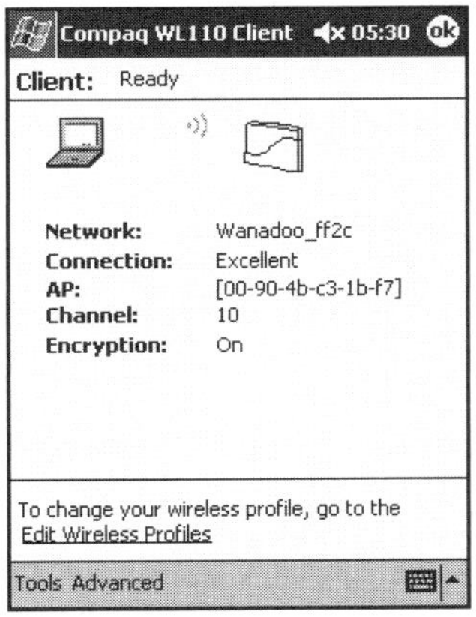

Figure 9-6 La connexion entre la carte du PDA et la Livebox a été établie

Une fois la carte paramétrée, il ne reste plus qu'à programmer les utilisations que l'on peut en faire. En fait, elles ne sont pas très nombreuses pour l'instant. Ceci s'explique par la relative jeunesse des PDA et le caractère très récent des technologies sans fil. Au départ, les PDA n'étaient prévus que pour communiquer avec l'ordinateur principal de leur utilisateur par le biais d'une station d'accueil. Toute l'architecture réseau se résumait donc à un câble et un logiciel de synchronisation des données. Les premières versions du logiciel Pocket PC n'intégraient d'ailleurs pratiquement aucune fonctionnalité réseau. Il est, par exemple, impossible de créer des partages de fichiers et aucun outil de diagnostic réseau (ping, ipconfig, *etc.*) n'est présent. Cette tendance est bien évidemment en train de s'inverser avec l'engouement pour les réseaux Wi-Fi et certains constructeurs commencent à livrer des utilitaires qui comblent ces lacunes (HP notamment propose un logiciel de voix sur IP et un partage de fichiers sur réseau ad-hoc).

Parmi les principales motivations d'acquisition d'un assistant numérique Wi-Fi figure le plus souvent en première place le souhait de pouvoir se connecter sans fil à Internet. Nous allons voir qu'avec l'équipement adéquat la mise en œuvre de cette fonctionnalité est très simple.

Connexion à Internet

La Livebox jouant à la fois le rôle d'un point d'accès et d'un routeur, vous pouvez partager votre connexion Internet dès que vous avez réussi à connecter votre assistant numérique à la Livebox.

Si vous possédez cette configuration et un PDA équipé d'une carte réseau Wi-Fi, il suffit de régler quelques paramètres pour pouvoir surfer sur son PDA sans fil à la patte.

Pour ce faire, allez dans les Paramètres et cliquez sur l'onglet Connexions *(figure 9-7)*.

Les deux programmes qui nous intéressent sont **Cartes réseau** et **Connexions**. Quand on clique sur **Cartes réseau** (*figure 9-8*), on est surpris de constater que plusieurs cartes sont listées alors qu'une seule carte est insérée dans le PDA.

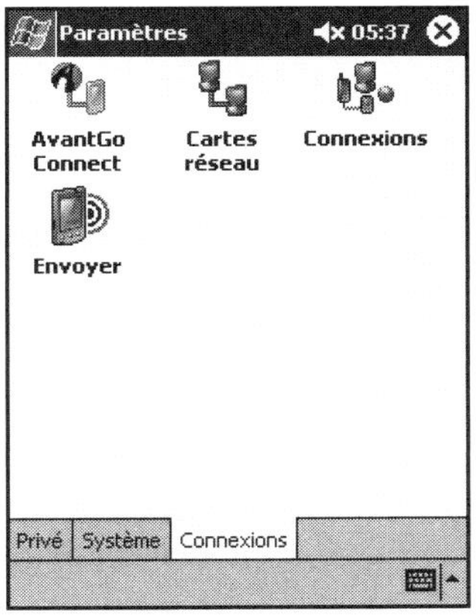

Figure 9-7 Onglet Connexions des Paramètres

Figure 9-8 Liste des adaptateurs installés sur le PDA

En fait, il n'y a bien qu'une seule carte réseau enfichée dans l'assistant numérique, mais plusieurs protocoles réseau ont été installés, d'où la présence de plusieurs adaptateurs dans la liste. Il faut dans notre cas sélectionner l'adaptateur sans fil (COMPAQ WL110 Wireless Client) puis cliquer sur le bouton **Propriétés**.

Si vous ne voulez pas vous occuper de l'adressage et laisser cette tâche au DHCP, vous devez cocher la case **Adresse IP allouée par serveur**. Cependant, comme nous l'avons déjà expliqué, il est bien préférable d'attribuer une adresse IP fixe *(voir le chapitre 6)*.

Dans notre exemple, nous choisissons une adresse IP dans la plage qui va de 192.168.3.21 à 192.168.3.254. Assurez-vous bien que cette adresse n'a pas déjà été attribuée à une autre machine de votre réseau.

Conseil Même si vous ne gérez pas des dizaines de machines sur votre poste, le plus raisonnable est quand même d'établir une liste de tous les terminaux que vous reliez à la Livebox et de spécifier pour chaque machine l'adresse IP fixe que vous lui avez attribuée.

Le masque de sous-réseau doit être égal à 255.255.255.0.

Comme nous sommes en Wi-Fi et relié à une Livebox Sagem, l'adresse de la passerelle par défaut est 192.168.3.1.

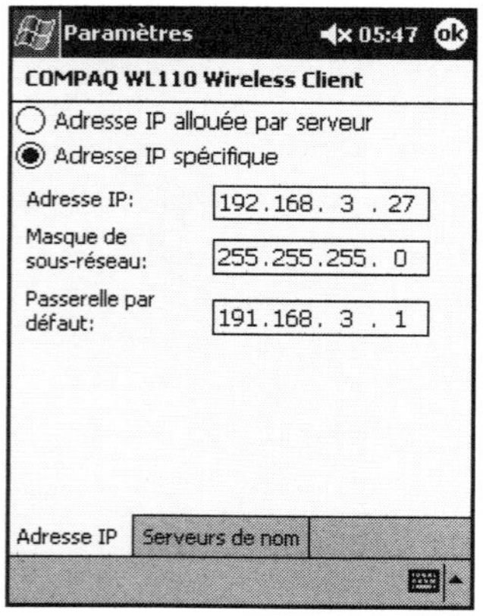

Figure 9-9 Adresse IP allouée à la connexion

Cliquez sur l'onglet **Serveurs de nom** pour passer à l'écran suivant.

Saisissez dans les champs DNS et Autre DNS, vous saisirez les valeurs (DNS primaire et DNS secondaire) que vous trouverez dans la rubrique **Mon compte** de la page d'accueil du site Web de Wanadoo. Pour ce faire, allez sur le site de Wanadoo (`http://www.wanadoo.fr/`) et cliquez sur le bouton **Mon compte** qui se trouve dans la barre d'outils au sommet de la page *(voir le chapitre 6)*. Il n'est pas utile de saisir d'adresse de serveur WINS pour le moment *(figure 9-10)*.

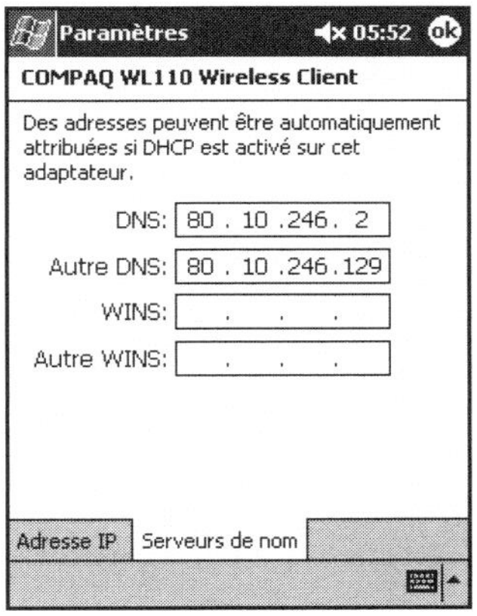

Figure 9-10 Saisie des adresses des serveurs DNS de Wanadoo

Cliquez sur le bouton OK pour valider ces paramètres. Une boîte de dialogue vous informe que les valeurs que vous venez de saisir ne seront prises en compte que lors de la prochaine utilisation de l'adaptateur. Pour que les modifications soient prises en compte, retirez l'adaptateur et insérez-le à nouveau dans l'assistant numérique.

Exécutez ensuite le programme **Connexions** *(figure 9-7)* et vérifiez que vous avez les mêmes paramètres que ceux qui sont illustrés à la *figure 9-11*.

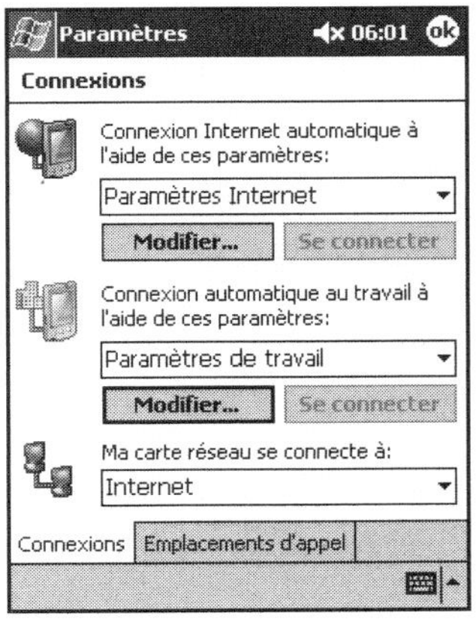

Figure 9-11 Paramètres de connexion

Lancez ensuite le navigateur Internet et saisissez une URL dans la barre d'adresses. Si tout se passe bien, vous serez connecté à Internet sans fil.

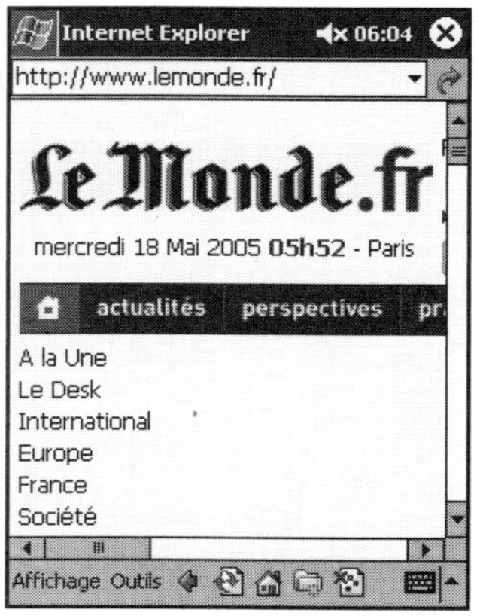

Figure 9-12 Connexion à un site Web

Il est bien évident que la consultation des sites qui sont optimisés pour une résolution d'écran de 1024 par 768 n'est pas très agréable sur un PDA. En revanche, on commence à trouver des sites dont l'interface est spécialement étudiée pour ce genre d'appareils. Le fait que de plus en plus de téléphones mobiles soient équipés d'un navigateur n'est bien évidemment pas étranger à ce phénomène. Des fournisseurs d'accès à Internet proposent à leurs abonnés une interface Web mail conçue pour les assistants numériques afin qu'ils puissent lire leurs courriers électroniques de manière conviviale. Des programmes de bureau virtuel tel que celui qui est illustré à la *figure 9-13* commencent également à voir le jour.

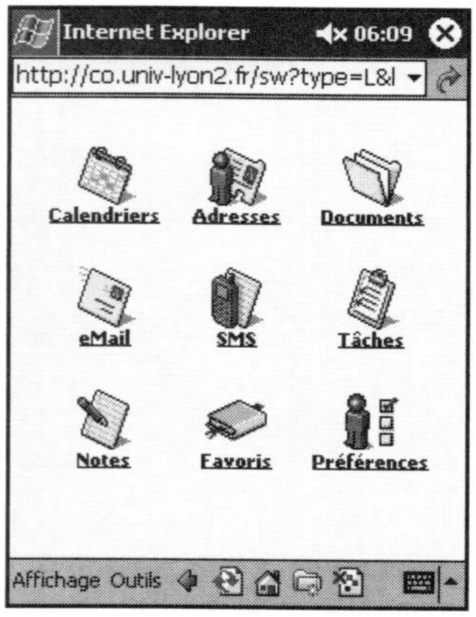

Figure 9-13 Interface de bureau virtuel conçue pour un PDA

Si la rédaction d'un courriel est toujours un peu problématique étant donné les interfaces de saisie qui sont disponibles sur un PDA, en revanche, la consultation du courrier électronique est tout à fait agréable et facile.

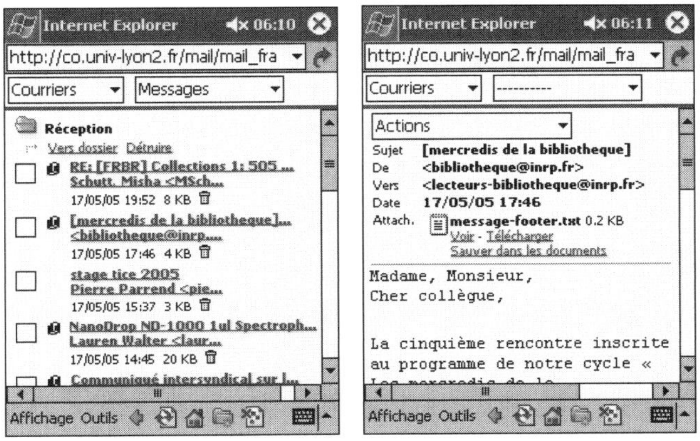

Figure 9-14 Lecture de courriels dans une interface Webmail

Une fois que la connexion Internet est fonctionnelle, vous pouvez aussi utiliser le programme de courrier électronique qui est intégré à l'assistant numérique.

Synchronisation sans fil

Le partage de fichiers est impossible entre un PDA et les autres terminaux du réseau sans fil si l'on se limite aux fonctionnalités intrinsèques du système d'exploitation. Il est cependant possible d'utiliser la connexion Wi-Fi pour synchroniser le PDA et l'ordinateur avec lequel il est jumelé. Cette connexion remplacera avantageusement la connexion par câble (série ou USB).

Pour ce faire, il faut déjà que le PDA et l'ordinateur auquel il est relié ait déjà établi un partenariat à l'aide du logiciel ActiveSync.

Pour ce faire, nous devons obligatoirement attribuer une IP fixe à la connexion du PDA. Si cela n'est déjà fait, allez dans l'onglet **Connexions** des **Paramètres** et exécutez l'application **Cartes réseau**. Vous devez donc attribuer une IP fixe (reportez-vous à la figure 9-9) qui ne soit pas comprise dans la plage des adresses gérées par le DHCP de la Livebox. Pour connaître cette plage d'adresses, vous pouvez aller dans l'interface Web d'administrateur de la Livebox (menu Basic puis clic sur Paramétrage Lan & DHCP). Dans notre exemple *(figure 9-15)*, on voit que la plage qui va de 192.168.3.10 jusqu'à 192.168.3.20 est prise par le DHCP. C'est la raison pour laquelle nous pouvons commencer à piocher dans nos adresses à partir de 192.168.3.21.

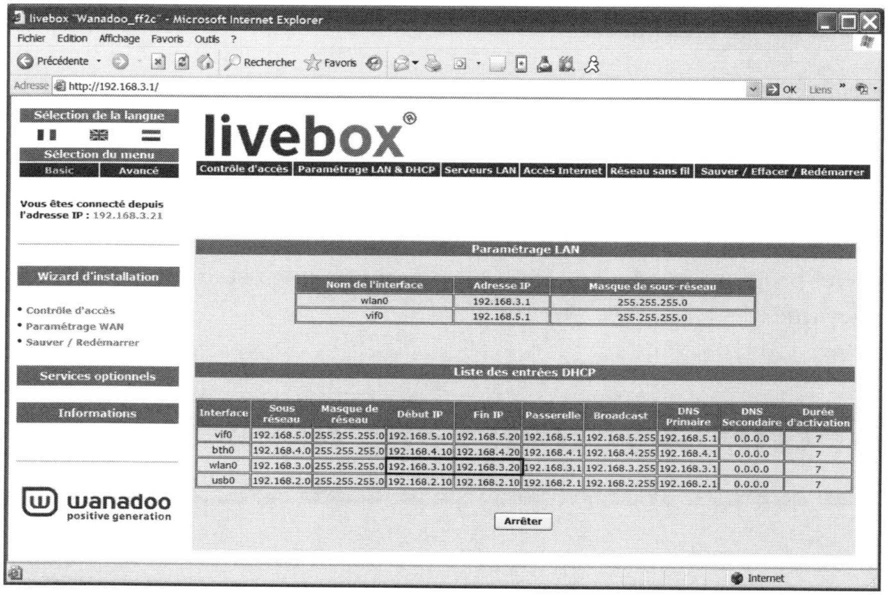

Figure 9-15 Liste des entrées DHCP sur la Livebox Sagem

Cliquez ensuite sur l'onglet **Serveurs de nom**, puis saisissez dans le champ WINS l'adresse IP de l'ordinateur avec lequel le PDA est jumelé *(figure 9-16)*.

Si vous ne connaissez pas l'adresse IP de cet ordinateur, souvenez-vous que la commande IPCONFIG vous l'indique (cf. chapitre 6). Si vous avez suivi nos conseils, cette information figure sur la liste de vos machines…

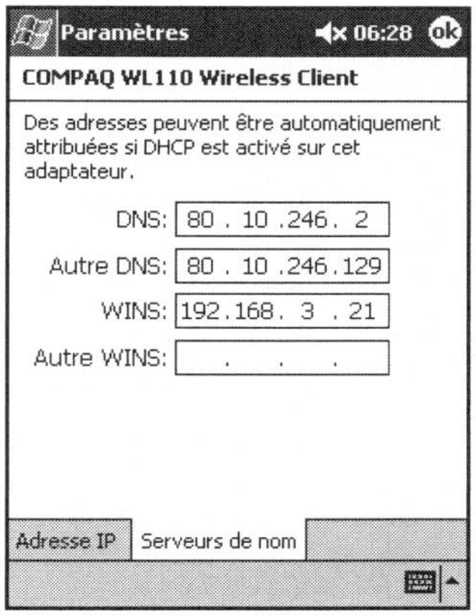

Figure 9-16 Saisissez dans le champ WINS l'adresse de l'ordinateur avec lequel vous synchronisez le PDA

Validez ces modifications en cliquant sur le bouton **OK**. Otez votre PDA de sa station d'accueil et lancez ActiveSync : la synchronisation se réalise alors grâce au réseau sans fil.

Transformer son PDA en terminal mobile

Grâce à votre PDA et à votre réseau sans fil, vous pouvez vous connecter à distance à votre ordinateur si ce dernier tourne sous Windows XP Pro (ou Windows 2000 Server). Votre ordinateur jouera le rôle d'un serveur et votre PDA celui d'un terminal. De la sorte, vous allez visualiser sur l'écran de votre PDA l'écran de votre ordinateur et vous pourrez à distance agir comme si vous étiez devant votre ordinateur. Afin de pouvoir utiliser cette fonctionnalité, vous devez d'abord paramétrer Windows XP Pro.

Pour ce faire, allez dans les **Propriétés système** et cliquez sur l'onglet **Utilisation à distance**. Dans la zone Bureau à distance, cochez la case **Autoriser les utilisateurs à se connecter à distance à cet ordinateur** *(figure 9-17)*.

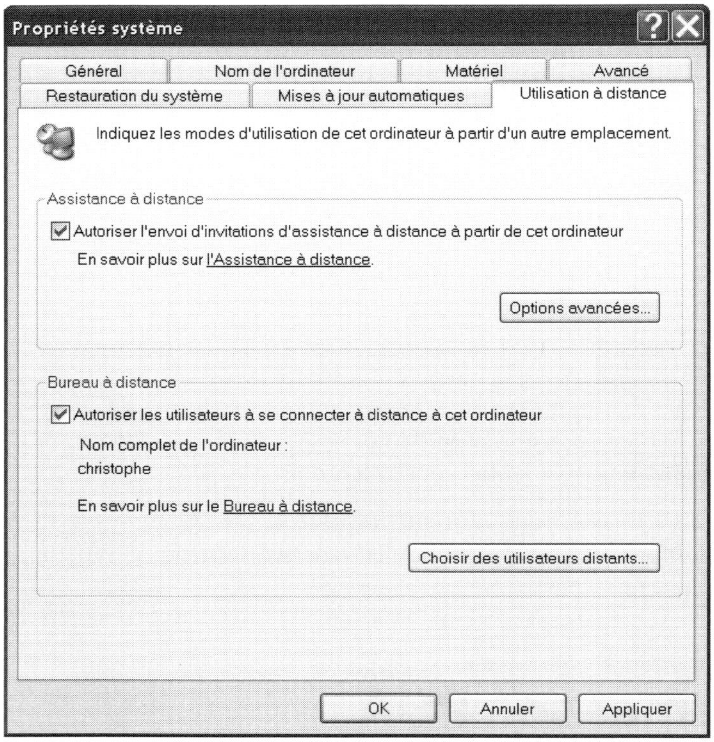

Figure 9-17 Paramétrage de la fonctionnalité Bureau à distance

Vous devez ensuite établir la liste des utilisateurs autorisés à se connecter à cet ordinateur en cliquant sur le bouton **Choisir des utilisateurs distants**. Pour des raisons évidentes de sécurité, il est préférable que les utilisateurs sélectionnés aient un mot de passe. Une fois les utilisateurs choisis, cliquez sur le bouton **Vérifier les noms** afin de vous assurer que vous n'avez pas commis d'erreurs *(figure 9-18)*.

Une fois ces réglages effectués, vous devez paramétrer votre PDA. Assurez-vous que votre carte Wi-Fi est correctement configurée puis exécutez l'application **Client Terminal** qui est normalement installée dans le groupe **Programmes**. Dans le premier écran *(figure 9-19)*, saisissez dans la zone Serveur le nom de l'ordinateur auquel vous souhaitez vous connecter. Ce nom figure dans les Propriétés système de Windows XP Pro *(figure 9-17)*.

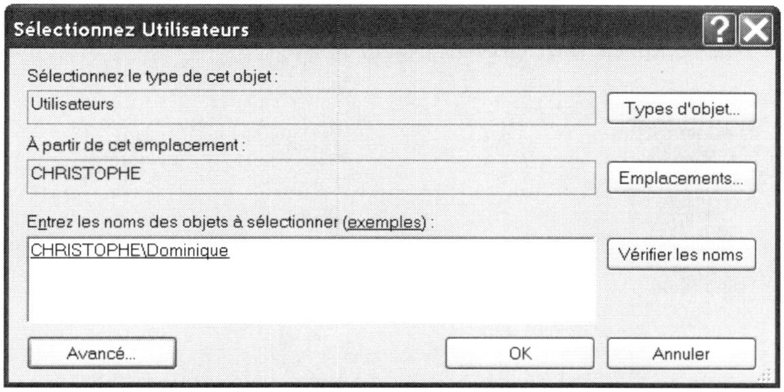

Figure 9-18 Sélection des utilisateurs autorisés à se connecter à distance

Figure 9-19 Saisie du nom de l'ordinateur auquel on se connecte à distance

Il est préférable de ne pas cocher la case **Adapter la taille du bureau du serveur à l'écran**. Vous ne verrez qu'une portion de l'écran du serveur sur l'écran de votre PDA, mais cela est préférable.

Après quelques secondes, une fenêtre d'ouverture de session apparaît *(figure 9-20)*.

Vous devez alors saisir le nom de l'utilisateur que vous avez autorisé, dans Windows XP Pro, à se connecter à distance à cet ordinateur. Saisissez ensuite le mot de passe et cliquez sur le bouton **OK**. Vous pouvez remarquez que l'on ne voit qu'une partie de l'écran ; les cinq cases situées au bas de l'écran permettent de se déplacer rapidement dans une portion de l'écran. Une fois que l'authentification est réussie, vous vous retrouvez sur le bureau de l'ordinateur distant *(figure 9-21)*.

Figure 9-20 Saisie du nom d'utilisateur et du mot de passe

Figure 9-21 Ouverture d'une session Windows XP à travers l'écran d'un PDA

Vous pouvez alors exécuter, à distance, toutes les actions que vous souhaitez sur cet ordinateur. Vous pouvez ainsi accéder à des fichiers distants et les visualiser dans leur application d'origine. Vous avez également la possibilité d'exécuter des applications qui n'existent pas sur Pocket PC ou bien des applications qui nécessitent des ressources que n'ont pas les PDA. La *figure 9-22* illustre l'exécution distante d'une application de dictionnaire électronique dont le contenu ne pourrait pas être stocké sur un assistant numérique.

Figure 9-22 Exécution distante d'une application qui n'existe pas sur PDA

Logiciels tiers

Comme nous l'avons vu, les fonctionnalités réseau de base de Pocket PC sont très insuffisantes et vous aurez tout intérêt, si vous souhaitez tirer pleinement parti de votre PDA et de votre réseau sans fil, à acquérir quelques logiciels tiers.

Le premier de ces logiciels est gratuit : il s'agit de MiniStumbler dont nous avons déjà évoqué le grand frère, NetStumbler. Vous pouvez le télécharger à l'adresse suivante :

`http://www.netstumbler.com/downloads/`

Si vous avez des problèmes de détection de votre AP, MiniStumbler *(figure 9-23)* vous donnera toute une série d'informations (nom du réseau, canal, type de réseau, *etc.*) qui vous seront très utiles en cas de dépannage.

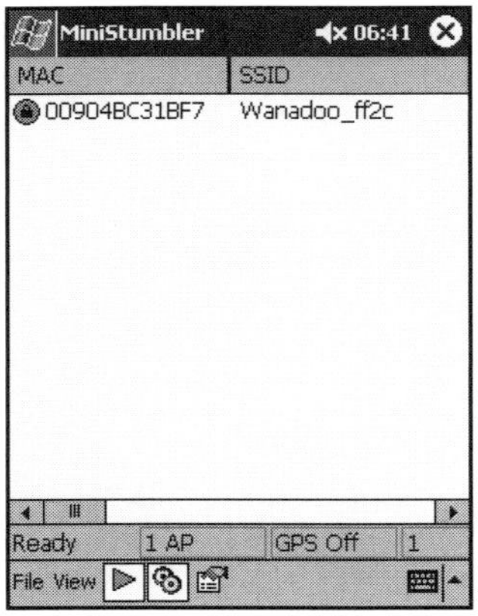

Figure 9-23 Le petit frère de NetStumbler s'exécutant sur un PDA

IP Dashboard for Pocket PC

Ce petit logiciel (disponible à `http://www.hudsonmobile.com/`) fournit de très nombreux renseignements sur la configuration réseau de votre PDA. Il permet notamment de connaître l'adresse IP de son PDA, ce qui est impossible à faire avec les outils de base de Pocket PC. Une fois installé, IP Dashboard affiche ses informations en boucle sur l'écran d'accueil du PDA *(figure 9-24)*.

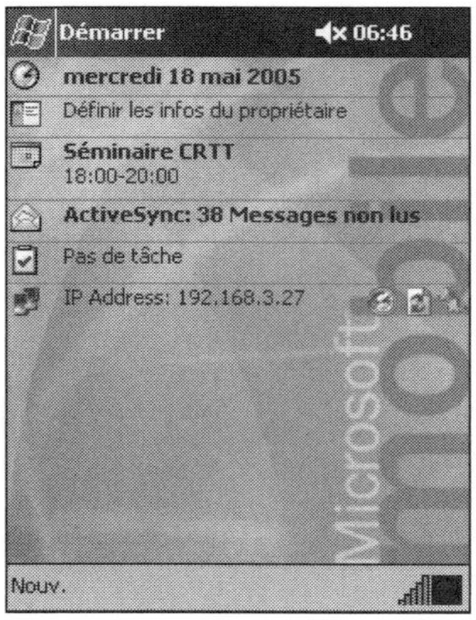

Figure 9-24 IP Dashboard affiche l'adresse IP du PDA

La figure 9-25 illustre toutes les informations que peut délivrer ce logiciel.

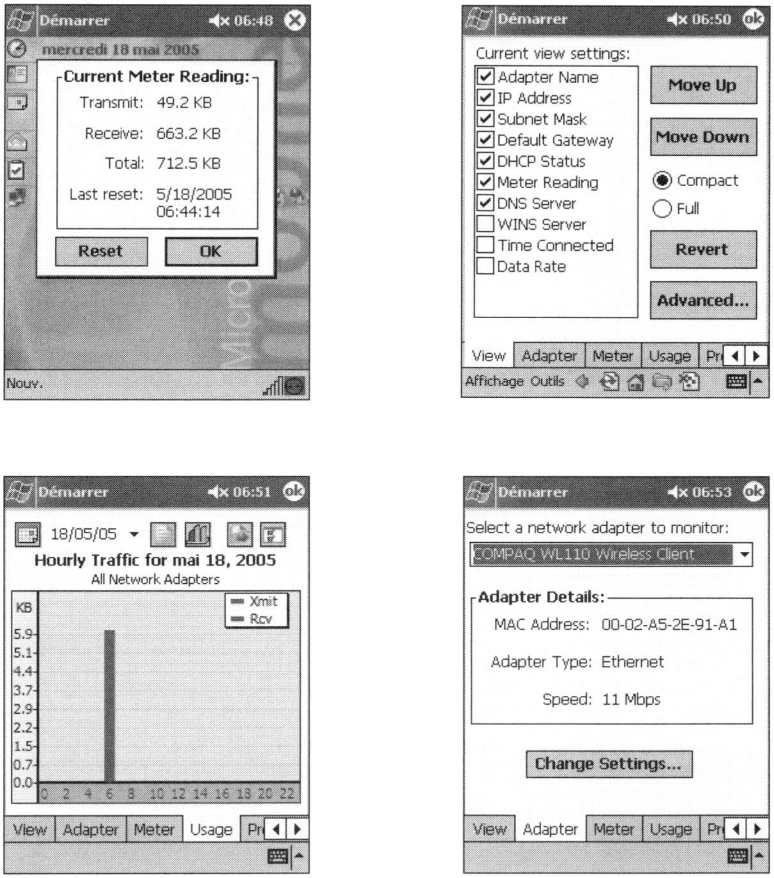

Figure 9-25 Informations retournées pas IP Dashboard

IP Dashboard est même capable d'effectuer un Ping sur une machine du réseau. Le Ping est une commande de base du dépannage réseau. Quand on effectue un Ping sur l'adresse IP d'une machine, on peut s'assurer que les deux machines communiquent correctement. Si le Ping échoue, cela signifie qu'il y a un problème de connexion sur le réseau. La *figure 9-26* illustre une commande Ping sur la Livebox.

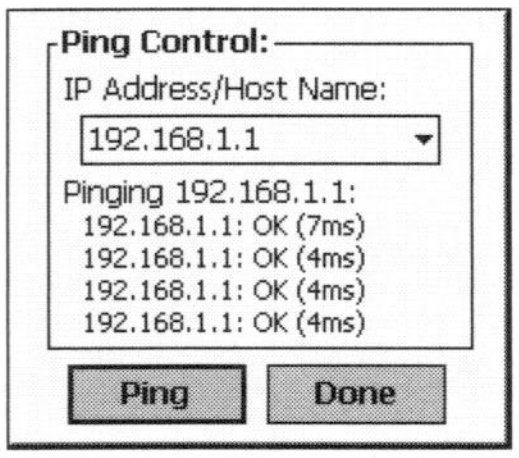

Figure 9-26 IP Dashboard permet de faire un Ping sur la Livebox

Dans la mesure où IP Dashboard permet de connaître l'adresse IP du PDA, il est également possible de faire un Ping sur le PDA à partir d'un autre ordinateur. Pour ce faire, il faut lancer un interpréteur de commande (Démarrer, Exécuter cmd) puis saisir la commande Ping suivi du numéro IP de la machine qu'on veut tester. La *figure 9-27* illustre le résultat d'une commande Ping sur un assistant numérique relié au réseau sans fil.

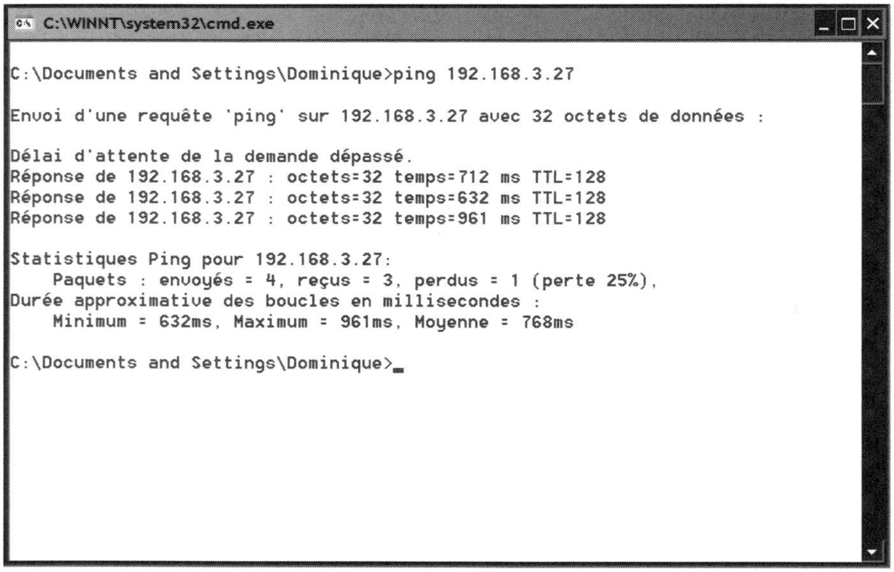

Figure 9-27 Commande Ping pour tester la liaison entre deux machines reliées en sans fil grâce à la Livebox

PocketLan

PocketLan est un petit programme (disponible à http://www.pocketgear.com/software_detail.asp?id=2825) qui rajoute une couche réseau à l'explorateur de fichiers. Il est ainsi possible d'accéder aux partages réseau des autres ordinateurs qui forment le réseau sans fil. PocketLan commence par recenser tous les ordinateurs qui font partie du réseau *(figure 9-28)*.

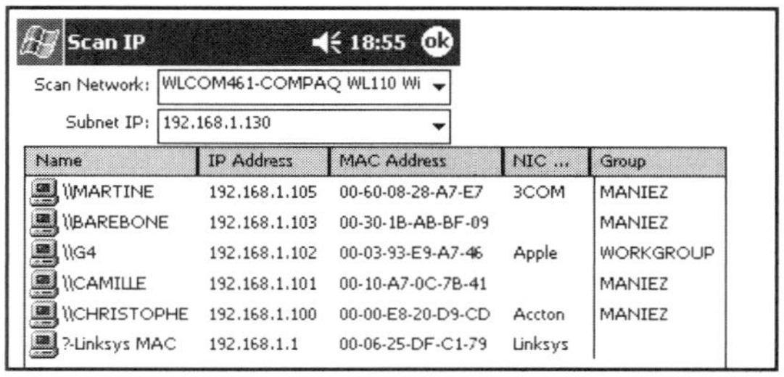

Figure 9-28 PocketLan recense tous les ordinateurs du réseau

Une fois tous les ordinateurs du réseau inventoriés, PocketLan permet de créer des partages *(figure 9-29)*.

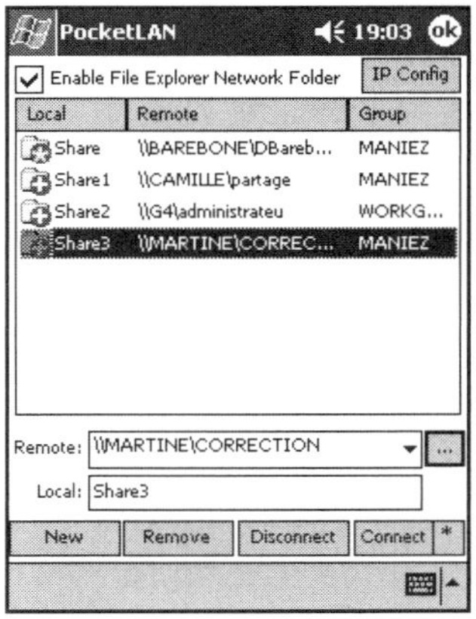

Figure 9-29 PocketLan permet de créer des partages

Quand tous les partages sont créés, il suffit de retourner dans l'explorateur de fichiers qui est à présent doté d'un dossier Réseau *(figure 9-30)*.

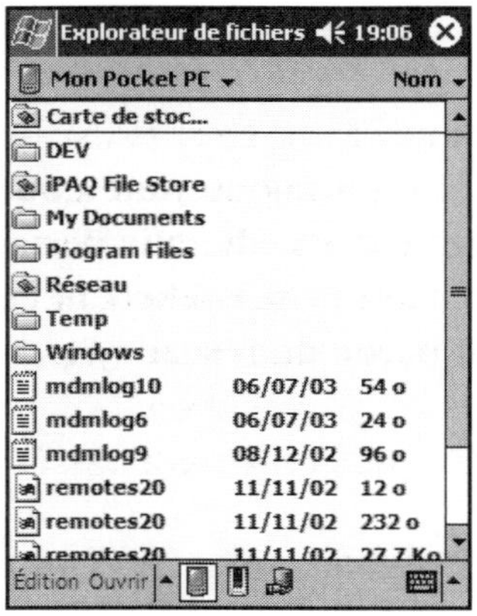

Figure 9-30 L'explorateur de fichiers contient un dossier Réseau

En cliquant sur le dossier Réseau, on peut ainsi accéder à tous les partages qui ont été définis précédemment *(figure 9-31)*.

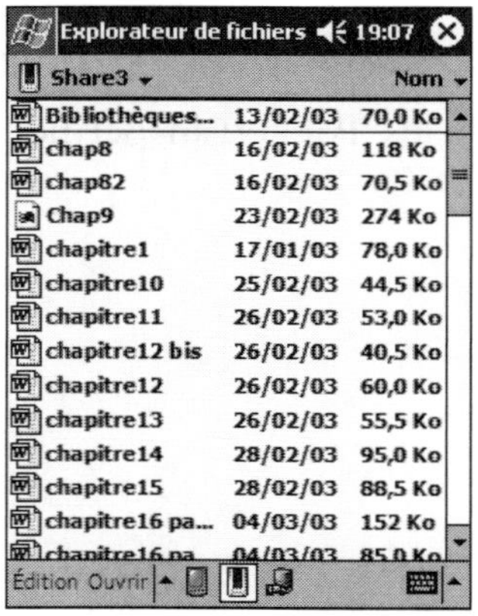

Figure 9-31 Affichage de dossiers partagés dans l'explorateur de fichiers

Note Pour ceux qui ont des besoins professionnels, le logiciel Colligo (disponible à `http://www.colligo.com/?`) permet d'optimiser les connexions sans fil sans recourir aux services d'un point d'accès.

Boingo

Quand vous aurez découvert les joies du Wi-Fi grâce à la Livebox, vous ne pourrez plus vous en passer et si vous êtes l'heureux possesseur d'un assistant numérique équipé en Wi-Fi, vous serez toujours à la recherche de signal réseau quand vous serez en déplacement. Si vous êtes chez des personnes qui possèdent une Livebox, il vous suffit de leur demander leur clé WEP pour leur emprunter un peu de signal ADSL afin de relever votre boîte aux lettres électroniques et ainsi écouter les messages que l'on vous a laissés sur votre ligne Wanadoo Phone *(voir le chapitre 7)*.

Si vous vous rendez souvent chez des gens qui ont une Livebox, la gestion des différentes clés WEP va vite devenir fastidieuse. Heureusement Boingo est là pour vous simplifier la tâche.

Vous pourrez télécharger ce logiciel à l'adresse suivante :

`http://www.boingo.com/download.html`

Grâce à ce logiciel, quand vous vous rendez chez quelqu'un qui a une Livebox dont vous avez déjà saisi la clé WEP, vous n'aurez plus qu'à choisir parmi toutes les connexions qui auront été sauvegardées.

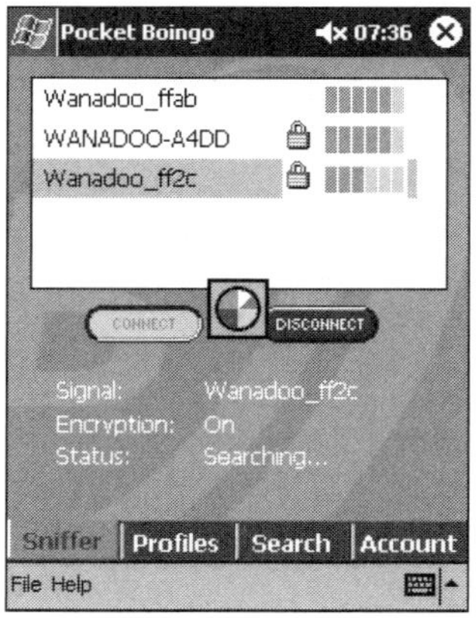

Figure 9-32 Choix d'un profil utilisateur dans Boingo

La gestion des profils est très simple et vous n'avez en fait que deux informations à saisir : le nom du profil et la clé WEP, le nom du réseau (SSID) étant automatiquement récupéré par Boingo *(figure 9-33)*.

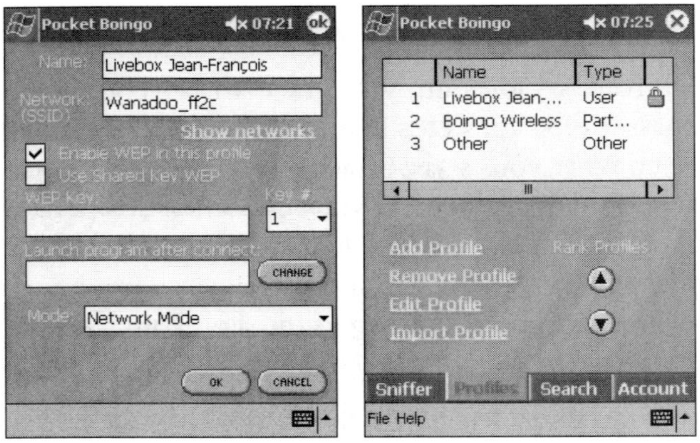

Figure 9-33 Gestion des profils dans Boingo

Grâce à la Livebox, vous allez vite prendre le virus du Wi-Fi et ne supporterez plus d'avoir un fil à la patte.

CHAPITRE 10

Sécuriser sa Livebox

Si dans ce chapitre nous allons voir techniquement comment améliorer la sécurité de votre Livebox, nous allons néanmoins commencer par faire un peu de psychologie. En effet, nous pensons qu'avant de se lancer tête baissée dans la protection de son système informatique dont la Livebox fait désormais partie, il convient de réfléchir aux causes profondes de l'insécurité informatique. La première étape d'une mise en place d'une réelle politique de sécurité passe donc par l'identification des menaces qui pèsent sur son environnement informatique. Cette étape est indispensable et constitue un passage obligé car on ne peut se protéger efficacement que lorsque l'on a réellement pris conscience des risques encourus. Sujet a priori rebutant, la sécurité informatique est malheureusement devenue aujourd'hui une nécessité si l'on veut profiter pleinement et sereinement des joies et des plaisirs procurés par sa Livebox.

Une situation alarmante

Alors que l'informatisation de la société n'a jamais été aussi poussée, on constate qu'aucun progrès réel n'a été réalisé en matière de sécurité informatique. Les études sur la sécurité informatique sont nombreuses et dressent malheureusement toujours le même constat : même si certains dirigeants d'entreprises sont bien conscients des enjeux de la sécurité informatique, ils ne voient pas la nécessité de mettre en œuvre une politique de sécurité de leur système d'information digne de ce nom. Pourtant en 2004, quelques pannes informatiques comme celle du système de réservation de la SNCF ou bien celle du réseau de téléphonie mobile de Bouygues Telecom, ont bien montré les conséquences désastreuses que pouvait engendrer un sinistre informatique.

Afin d'illustrer notre propos, vous trouverez ci-dessous quelques statistiques extraites de la dernière enquête du Clusif (Club de la sécurité des systèmes d'information français) :

- Une entreprise sur deux n'applique pas les correctifs majeurs de sécurité.
- Deux entreprises sur trois n'effectuent pas la mise à jour quotidienne de leur antivirus.
- 60% des réseaux Wi-Fi installés dans les entreprises ne sont pas chiffrés.

Note Vous pouvez vous procurer cette étude à l'adresse suivante :

`https://www.clusif.asso.fr/fr/production/sinistralite/docs/etude2003.pdf`

Les raisons de l'insécurité

Les chiffres que nous avons cités ci-dessus proviennent tous d'enquêtes qui étudient la sécurité dans les entreprises ; même s'il existe très peu d'études consacrées à la politique de sécurité informatique des particuliers, tout laisse à penser qu'ils sont encore bien plus mal lotis que les industriels.

Bien évidemment, cet ouvrage s'adresse en priorité aux particuliers qui disposent d'un ordinateur domestique et d'une Livebox et nous avons toutes les raisons du monde de penser que ceux-ci sont a priori bien plus vulnérables que les utilisateurs évoluant dans une entreprise où il existe un responsable des systèmes d'information. En effet, bien peu d'utilisateurs d'ordinateur domestique réfléchissent à un plan de sécurisation de leur système d'information. Les raisons de ce désintérêt pour les questions de sécurité sont nombreuses et méritent que l'on s'y attarde un moment afin de mieux mesurer l'ampleur du phénomène. Voici un petit catalogue des raisons bonnes ou mauvaises qui font que les utilisateurs ne s'intéressent pas à ce sujet :

La sécurité demande du temps

C'est vrai : maintenir à jour son système informatique et tenter de dresser un rempart contre toutes les menaces prend du temps. Il faut vérifier que l'on a bien la dernière version de son antivirus, mettre à jour son système d'exploitation et paramétrer son pare-feu. De plus, si l'on est consciencieux, il faut aussi faire un peu de veille technologique et se tenir au courant des principales failles de sécurité du moment. Tout cela prend du temps que l'on ne passe pas à faire autre chose de plus exaltant.

La sécurité coûte cher

En vertu de ce que nous venons d'écrire plus haut et compte tenu du fait que le temps c'est de l'argent, la sécurité a déjà un coût humain important. Mais le pire est qu'il faut également payer un abonnement pour que son antivirus reste continuellement à jour, payer l'option de contrôle parental, payer le filtre anti-spam, *etc.* et qu'au final tout cela a un coût non négligeable.

Je ne suis pas une entreprise et si mon système informatique s'arrête, je n'en mourrai pas

Vous avez raison : il est rare que l'arrêt de l'ordinateur d'un particulier mette son existence en péril. Cela étant, nous sommes tous devenus, à des degrés divers, extraordinairement dépendants des nouvelles technologies. Pour beaucoup, le courrier électronique est un moyen de communication dont ils ne peuvent plus se passer. Si votre Livebox vous sert à bénéficier des services du téléphone et de la télévision, vous ne serez pas content quand elle s'arrêtera de fonctionner pendant quinze jours. On pourrait ainsi multiplier à l'infini les exemples qui illustrent la manière dont les technologies numériques ont envahi notre quotidien. Et derrière chaque outil numérique se trouve un ordinateur qu'il y a lieu de protéger.

Pourquoi chercherait-on à me nuire alors que je ne fais de mal à personne ?

Il faut se rendre à la raison : le monde est peuplé de gens malhonnêtes, sans scrupules et pas vraiment enclins à l'altruisme. Cette réalité est peut-être psychologiquement difficile à admettre, mais faire preuve d'angélisme n'a jamais permis de régler les problèmes. Même si l'informatique peut paraître magique à certains égards quand on en découvre toutes les possibilités, les malfaisants et les escrocs ont aussi investi ce domaine.

Les problèmes de sécurité informatique n'arrivent qu'aux autres

Si vous n'êtes pas connecté à Internet et si vous n'êtes en contact avec aucun autre utilisateur, que ce soit par le biais d'une disquette ou bien d'une clé USB, vous êtes alors effectivement tranquille et ne risquez pas grand-chose. Mais cela n'est pas la vraie vie car nous sommes aujourd'hui perpétuellement en contact avec le monde extérieur et reliés en permanence à Internet grâce à votre Livebox. Dans ces conditions, faites-vous à l'idée que tôt ou tard vous serez confronté à une menace de votre système d'information.

La sécurité est un sujet technique qui est trop complexe pour moi

La sécurité est effectivement un domaine qui peut devenir rapidement d'une complexité redoutable. En général, les concepteurs de virus sont d'excellents programmeurs qui élaborent des logiciels extrêmement sophistiqués qui dépassent largement les capacités de l'informaticien lambda. Pour autant, il n'est pas très difficile de comprendre le principe de fonctionnement d'un virus et d'adopter des règles simples qui permettent de se prémunir efficacement contre ce type de risque. De la même manière, identifier toutes les menaces qui pèsent sur votre environnement informatique et en comprendre les grands principes est à la portée de n'importe quel utilisateur, quel que soit son niveau en informatique. C'est bien là souvent le plus important car le simple fait d'être conscient des problèmes suffit dans la majorité des cas à se protéger.

Notre conception de la sécurité

Notre conception de la sécurité informatique est double : premièrement, nous sommes persuadés que la sécurité est d'abord une affaire d'éducation et de mentalité. Deuxièmement, nous pensons que la sécurité informatique est un concept global qui dépasse bien largement le problème des virus. Dans ces conditions, nous pensons qu'éduquer l'utilisateur est la meilleure arme pour lutter contre l'insécurité et c'est ce que nous faisons présentement…

Le problème est en fait plus psychologique que technique car il faut arriver à faire prendre conscience aux utilisateurs que l'insécurité existe et que la sécurité est l'affaire de tous. En effet, il est important que chacun se sente concerné car il suffit de quelques ordinateurs mal protégés pour qu'un virus fasse le tour de la planète en quelques minutes, ADSL oblige. Même si vous pensez qu'il n'y a pas de secret sur votre ordinateur et que vous n'avez donc pas à vous protéger des intrus, pensez aux autres et aux dégâts que pourrait engendrer un hacker en utilisant votre ordinateur comme relais pour commettre une attaque (mail-bombing, déni de service, fraude à la carte bancaire, *etc.*). Outre le fait que vous pourriez être incriminé pénalement, vous participeriez, par votre négligence, au climat d'insécurité générale.

Dès que l'on raccorde son ordinateur à un réseau, qu'il s'agisse d'un réseau local ou d'Internet, le risque informatique augmente considérablement. La technologie propre aux réseaux sans fil est elle-même, comme nous allons le voir, un facteur aggravant.

Note Le Clusif (Club de la sécurité des systèmes d'information français) a publié une synthèse sur la sécurité des réseaux sans fil. Ce document peut être téléchargé à l'adresse suivante :

`https://www.clusif.asso.fr/fr/infos/event/pdf/RSF.pdf`

Avant de passer en revue les détails de la sécurisation de la Livebox, vous devez bien garder à l'esprit que la majeure partie des informations qui transitent sur un réseau ne sont pas cryptées et circulent donc en clair. Parmi ces informations, on peut citer, entre autres, les courriers électroniques reçus et envoyés, les pages Web visitées, le contenu des conversations des messageries instantanées (*chat*) et, ce qui est plus étonnant, l'identifiant et le mot de passe du compte de courrier électronique. Cela a pour conséquence qu'une personne qui écouterait le trafic d'un réseau pourrait assez simplement lire les informations qui sont transportées. Dans le cas d'un réseau filaire, il suffit d'être connecté au réseau pour pouvoir écouter ; dans le cas d'un réseau Wi-Fi, il suffit d'être dans la zone de couverture du réseau pour être capable d'enregistrer tout le trafic du réseau.

Changer le mot de passe par défaut de la Livebox

Nous avons vu plusieurs fois dans cet ouvrage comment accéder à l'interface Web d'administration de la Livebox. Quand la Livebox sort de l'usine, le mot de passe de l'utilisateur **admin** est initialisé à la valeur **admin**. Une mesure élémentaire de sécurisation de sa Livebox consiste à modifier le mot de passe par défaut.

Procédure pour la Livebox Sagem

Connectez-vous à l'interface Web d'administration de votre Livebox et saisissez l'identifiant de l'administrateur (admin) puis le mot de passe par défaut (admin). Dans le menu Basic, sélectionnez l'option Contrôle d'accès. Cliquez sur le bouton **Changer le mot de passe**. Saisissez l'ancien mot de passe et saisissez deux fois le nouveau mot de passe que vous aurez choisi avec soin (voir encadré ci-dessous).

Cliquez sur le bouton **Appliquer** pour enregistrer le nouveau mot de passe. Vous devez néanmoins sauvegarder cette modification dans la mémoire flash de la Livebox. Pour ce faire, cliquez sur le bouton **Maintenant**, saisissez votre nouveau .mot de passe, puis cliquez sur le bouton **Sauver** *(figure 10-1)*.

Procédure pour la Livebox Inventel

Connectez-vous à l'interface Web d'administration de votre Livebox et saisissez l'identifiant de l'administrateur (admin) puis le mot de passe par défaut (admin). Cliquez sur **Configuration** puis sur **Administrateur**. Saisissez le nouveau mot de passe que vous aurez choisi avec soin (voir encadré ci-dessous) et confirmez votre saisie.

Cliquez sur le bouton **Soumettre** pour enregistrer le nouveau mot de passe *(figure 10-2)*.

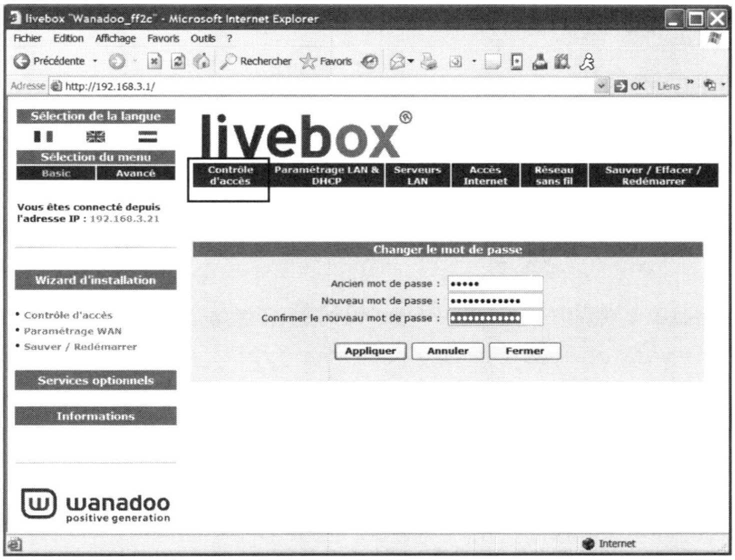

Figure 10-1 Changement du mot de passe par défaut pour le modèle Sagem

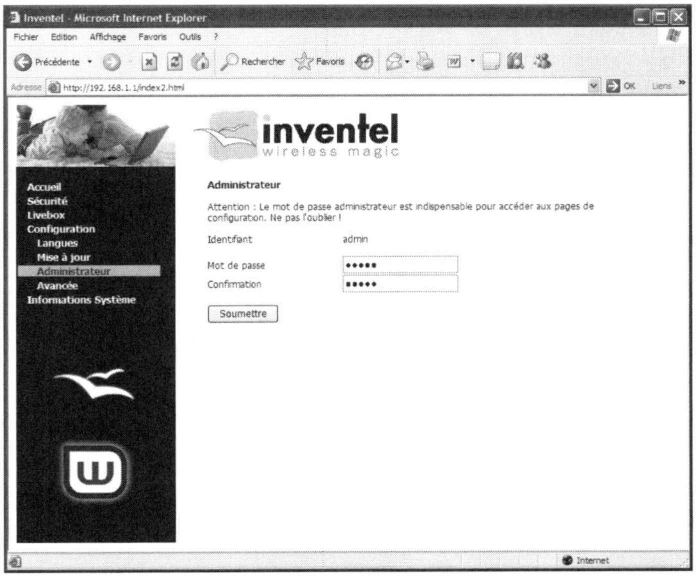

Figure 10-2 Changement du mot de passe par défaut pour le modèle Inventel

Du bon usage des mots de passe

Le dernier rempart de la sécurité informatique, qu'il s'agisse de l'accès à votre ordinateur, à votre compte de courrier électronique ou à votre clé privée, c'est bien évidemment le mot de passe. Vous pouvez bénéficier des dispositifs matériels et logiciels les plus sophistiqués, au bout du compte, il y aura toujours un mot de passe dont vous serez responsable. Dans cette optique, le choix du mot de passe et sa conservation deviennent primordiaux ; voici quelques conseils pour bien gérer vos mots de passe :

- Un mot de passe doit être long (au minimum 8 caractères).
- Un mot de passe ne doit pas avoir de signification.
- Un mot de passe ne doit pas faire référence à votre vie privée : ne choisissez pas le nom de votre chien, le prénom de votre maîtresse (pas plus que celui de celle du chien), votre date de naissance, *etc.*.
- Un mot de passe doit contenir tous les caractères possibles (minuscules, majuscules, chiffres, symboles, *etc.*).
- Un mot de passe doit être changé régulièrement.
- Un mot de passe ne doit jamais être écrit nulle part, hormis dans un coffre-fort dont la combinaison ne sera jamais écrite.
- Ne faites pas mémoriser vos mots de passe par vos logiciels.
- Ne révélez jamais votre mot de passe à qui que ce soit.
- Utilisez un écran de veille muni d'un mot de passe.

Note Si vous avez égaré le mot de passe de votre Livebox, vous ne pouvez plus avoir accès à la modification des paramètres. Il ne vous reste plus qu'une seule solution : effectuer un retour à la configuration usine de la Livebox pour que les paramètres par défaut soient à nouveau effectifs.

Paramétrer le pare-feu de la Livebox

Un pare-feu (en anglais *firewall*) est un dispositif matériel ou logiciel qui contrôle les connexions réseau de votre ordinateur, aussi bien en entrée qu'en sortie. Dans le cadre d'une utilisation domestique, le pare-feu est la plupart du temps un logiciel qui est installé sur l'ordinateur (par exemple, ZoneAlarm ou bien le pare-feu de Windows) ; il peut cependant également faire partie d'un équipement réseau tel qu'un routeur ou une passerelle résidentielle et c'est le cas avec votre Livebox.

Comme nous l'avons dit plus haut, les informations sur Internet, ainsi que sur un réseau local, transitent sous la forme de paquets IP. Le rôle du pare-feu est de filtrer ces paquets ; il peut dans certains cas autoriser la communication et dans d'autres cas la bloquer. Outre cette fonction de rempart contre les éventuels assaillants, certains pare-feux ont d'autres fonctions comme celle de masquer les informations qui permettent de donner des renseignements aux hackers qui écoutent les ports ouverts de votre connexion TCP/IP. Ainsi, votre ordinateur passe en mode furtif et ne répond pas aux sollicitations des connexions extérieures qui n'ont même pas la confirmation de l'inexistence de votre ordinateur. Votre machine est invisible sur Internet et ne répond qu'aux programmes qui sont dûment autorisés et qu'aux ordinateurs que vous avez approuvés.

Certains pare-feux permettent également de tenir un journal (en anglais *log*) de toutes les tentatives d'intrusion sur votre ordinateur. Ces statistiques peuvent par la suite être étudiées par des spécialistes ou la police.

Attention Ce n'est pas parce que vous avez installé un pare-feu qu'il faut vous sentir invulnérable. Un pare-feu n'arrête pas les virus ni les chevaux de Troie. Sachez qu'en matière de sécurité informatique, il vaut mieux rester prudent et humble. La protection à 100 % n'existe pas et même si votre système est à jour, équipé d'un antivirus et un pare-feu, il existe toujours un risque potentiel. Si vous pensez être à l'abri des hackers parce que vous ne possédez aucune information de valeur sur votre ordinateur et ne détenez aucun secret qui pourrait se monnayer, ne croyez pas pour autant que vous ne courrez aucun risque. N'oubliez pas que comme les sportifs les hackers doivent s'entraîner pour rester performants et essayer de trouver de nouvelles failles de sécurité. Et croyez-nous, quand ils s'entraînent, les hackers frappent n'importe où, sans distinction aucune.

Quel pare-feu choisir ?

Comme nous l'avons déjà signalé, certains utilisateurs arrivent à bloquer complètement leur réseau en accumulant les pare-feux et les configurant mal. Un cas classique est celui de la personne qui a activé le pare-feu de la Livebox, celui de Windows XP et qui a en plus téléchargé puis installé la version gratuite de Zone Alarm. Quand votre réseau ne fonctionne plus (vous n'arrivez pas, par exemple, à voir un ordinateur qui fait partie de votre groupe de travail), commencez déjà par désactiver temporairement tous les pare-feux que vous avez installés pour voir si cela résout le problème. Quand vous aurez isolé la source du problème, vous pourrez commencer à y regarder de plus près.

Attention Le paramétrage fin d'un pare-feu demande de solides connaissances en matière de réseau TCP/IP. Si tel n'est pas votre cas, ne cherchez pas à optimiser la configuration de votre pare-feu. Adoptez le réglage par défaut qui est proposé par le constructeur de la Livebox.

Dans la mesure où la Livebox dispose d'un pare-feu et où cet équipement constitue la porte d'accès à votre réseau, nous vous conseillons vivement d'activer le pare-feu de votre Livebox. Cela constituera un premier filtre qui bénéficiera à l'ensemble des ordinateurs qui sont connectés à votre réseau.

Si vous voulez en plus avoir un pare-feu au niveau de votre ordinateur, nous vous conseillons soit d'utiliser le pare-feu intégré à Windows XP, soit d'utiliser la version gratuite de ZoneAlarm (téléchargeable à l'adresse `http://fr.zonelabs.com`).

Note Le chapitre 12 indique comment utiliser un pare-feu personnel.

S Paramétrage du pare-feu de la Livebox Sagem

Pour accéder au pare-feu, allez dans le menu **Avancé**, sélectionnez **Parefeu** et choisissez l'option **Politiques** *(figure 10-3)*.

Figure 10-3 Accès au pare-feu de la Livebox Sagem

Si vous n'êtes pas un spécialiste réseau, cliquez sur le bouton **Politique par défaut**. Si vous avez des compétences en réseau TCP/IP, vous pouvez définir des règles pour votre pare-feu. Pour ce faire, il suffit de cliquer sur le bouton **Ajouter**. Reportez-vous à la rubrique 5.6.4.2 de la documentation électronique de la Livebox (disponible à `http://www.sagem.com/support/site/livret/288060374-01.zip`) pour apprendre le détail des renseignements à fournir pour ajouter des règles.

Paramétrage du pare-feu de la Livebox Inventel

Pour accéder au pare-feu, allez dans le menu **Sécurité**, sélectionnez **Pare-feu**. Par défaut, le niveau est paramétré à Moyen, ce qui correspond à une utilisation normale.

Si vous n'êtes pas un spécialiste réseau, vous pouvez choisir entre les niveaux Moyen et Elevé. En revanche, si vous avez des compétences en réseau TCP/IP, vous pouvez définir des règles pour votre pare-feu. Pour ce faire, il suffit de sélectionner l'option **Personnalisé** *(figure10-4)*.

Ingénierie sociale

Ingénierie sociale est la traduction du terme anglais *social engineering*. Par cette expression, on désigne une tentative d'extorsion d'informations par la ruse. Prenons un exemple simple et réaliste : vous recevez un jour un appel téléphonique d'une personne s'annonçant comme travaillant pour le compte de Wanadoo. Elle vous dit que le central téléphonique dont vous dépendez va être l'objet d'une opération de maintenance si bien que votre connexion Internet va être interrompue pendant quelques heures et que vous allez devoir changer d'identifiant de connexion. Vous remerciez cette personne de vous avoir prévenu et quand elle se propose de vous aider à choisir votre nouvel identifiant et votre nouveau mot de passe, vous lui indiquez votre ancien identifiant ainsi que votre mot de passe parce qu'elle vous a mis en confiance. Voici un bel exemple d'ingénierie sociale qui est tout à fait plausible et très facile à réaliser. En effet, quand vous envoyez un courrier électronique à quelqu'un, vous lui confiez en général votre nom ainsi que le nom de votre fournisseur d'accès. Mais grâce à l'en-tête Internet du message, votre correspondant peut aussi arriver à trouver en quelques secondes le nom de la plaque ADSL (c'est-à-dire du central téléphonique) dont vous dépendez, c'est-à-dire la zone géographique où vous résidez. Si votre numéro de téléphone n'est pas en liste rouge, il pourra également aller sur le site de Degrouptest et tout connaître des caractéristiques de votre ligne ; il pourra ainsi se faire passer pour un employé de France Telecom et la simple mention du nom de votre central téléphonique suffira à endormir votre vigilance.

Avant d'utiliser des méthodes informatiques très sophistiquées, de très nombreux hackers procèdent de la sorte pour recueillir des informations qui leur permettront de commettre leur forfait. Vous n'imaginez pas le nombre de mots de passe qui sont confiés par téléphone à de soit disant ingénieurs système...

Prenez la bonne habitude de ne jamais communiquer par écrit ou par téléphone de renseignements susceptibles d'être utilisés pour compromettre la sécurité de votre système informatique.

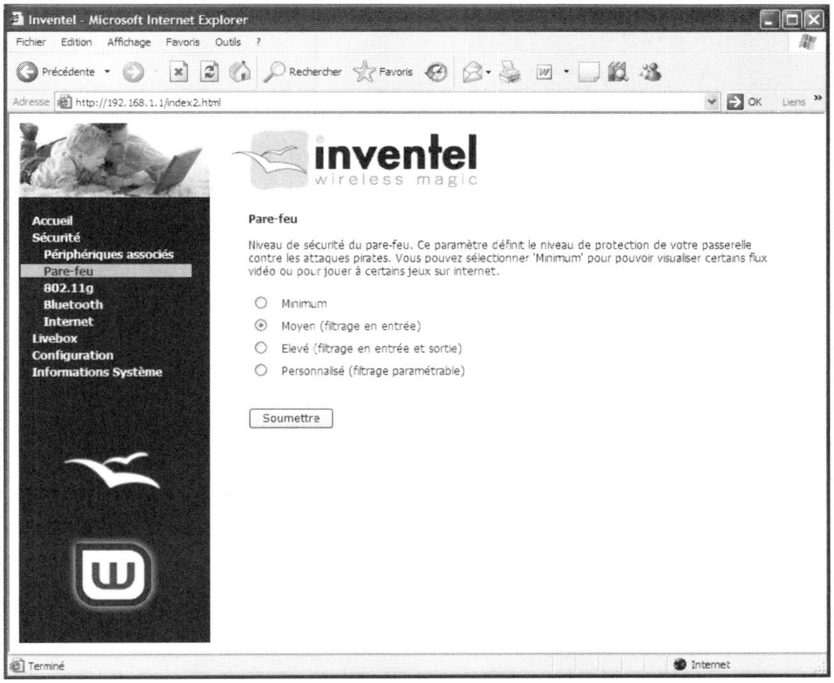

Figure 10-4 Accès au pare-feu de la Livebox Inventel

Protéger le réseau Wi-Fi

Non seulement de très nombreux sans fil ne sont absolument pas protégés, mais qui plus est le cryptage proposé par défaut n'est pas très efficace. Nous allons tout d'abord vous parler d'un sport d'un nouveau genre qui commence à faire fureur dans certains milieux, le wardriving, puis nous évoquerons les différentes manières d'améliorer la sécurité d'un réseau Wi-Fi

Le wardriving : mythe ou réalité ?

Si vous vous intéressez aux réseaux Wi-Fi, vous avez forcément entendu parler de cette nouvelle forme de guérilla urbaine que constitue le wardriving. Nous ne nous expliquons pas les raisons de cet engouement de certains journalistes pour ce phénomène, mais force est de constater que les fantasmes font ici bon ménage avec la réalité. De quoi s'agit-il ? Le wardriving consiste à arpenter les rues d'une ville, son ordinateur portable branché et équipé d'une carte Wi-Fi, à la recherche des réseaux sans fil non sécurisés. Pour le wardriver, le but est de pirater l'accès au réseau sans fil ou bien, s'il a des visées altruistes, de démontrer qu'il existe des problèmes de sécurité…

Comme nous l'avons déjà dit, il existe réellement un problème avec les réseaux sans fil car les ondes radio ne s'arrêtent pas à la porte de votre habitation. Nous habitons, par exemple, le troisième étage d'un immeuble qui en compte trois. Il se trouve que l'on arrive à capter les signaux de notre Livebox depuis le rez-de-chaussée. En théorie, si mon réseau n'était pas sécurisé, un wardriver pourrait venir garer sa voiture en bas de chez nous, sortir son ordinateur portable Wi-Fi et profiter de notre connexion ADSL. Outre le fait que cette activité n'est pas très discrète, il faut tout de même reconnaître que l'on est mieux à surfer chez soi que dans sa voiture !

Nous ne dirons pas pour autant que nous ne nous sommes jamais promené avec un assistant numérique à la main tout en exécutant MiniStumbler. Cela fait-il de nous un wardriver ? Nous ne le pensons pas car le wardriver doit également se livrer au warchalking (que certains ont traduit habilement par craiefiti). Dans la mythologie moderne des illuminés du Wi-Fi, rendons grâce à Matt Jones qui a popularisé le concept de warchalking (`http://www.warchalking.org/`). Cette activité artistique d'un nouveau genre consiste à indiquer à la craie (chalk en anglais) l'existence d'un réseau Wi-Fi accessible depuis la rue. Il existe un code pour indiquer les paramètres de sécurité du réseau sans fil *(figure 10-5)*.

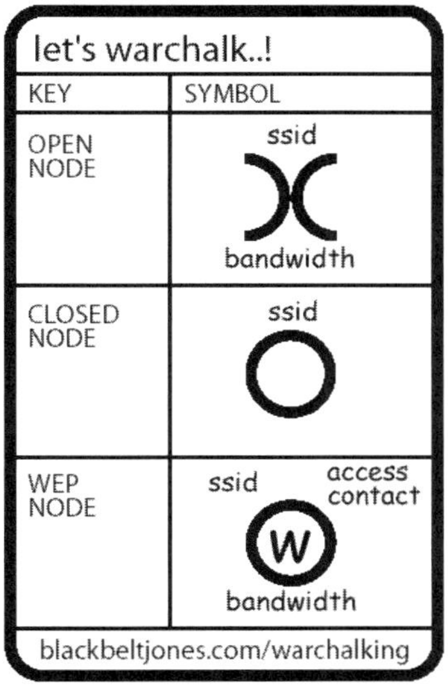

Figure 10-5 Symboles à utiliser quand on s'adonne au warchalking

Nous pensons personnellement que c'est ce langage ésotérique, qui fleure bon les sociétés secrètes, qui plaît tant aux folliculaires en mal de copie. Si l'on peut s'accorder à dire que ce phénomène existe, son importance nous paraît cependant excessivement exagérée.

Rappel de la loi

Nous souhaitons rappeler ici à tous les esprits forts qui envisagent de s'adonner aux joies du wardriving que la LCEN punit très sévèrement « *le fait d'accéder ou de se maintenir, frauduleusement, dans tout ou partie d'un système de traitement automatisé de données* ».

Audit personnel de sécurité

À la lecture des lignes qui précèdent, on peut être tenté de céder à la panique et de se replier sur soi-même en coupant tous les accès au réseau. Cette attitude serait déraisonnable et nous allons voir que la sécurité d'un système informatique s'apprécie de manière globale.

Faisons une analogie : si vous souhaitez vous protéger contre les cambrioleurs, vous allez prendre en compte de nombreux facteurs, comme la zone géographique dans laquelle vous résidez, votre type d'habitation, son architecture et enfin les biens que vous avez à protéger. Il est donc évident qu'une démarche sécuritaire doit prendre en compte aussi bien l'environnement extérieur qu'intérieur. En clair, on ne protège pas de la même manière une villa isolée qui renferme des tableaux de valeur et un petit appartement situé au dernier étage d'une HLM.

Pour déterminer les risques que vous encourrez à utiliser un réseau Wi-Fi, vous allez devoir apprécier deux éléments : votre situation géographique et l'importance stratégique des données qui sont sur votre réseau.

Analyse de l'environnement

Il convient dans un premier temps de voir si vos voisins proches peuvent capter les ondes radio émises par votre réseau Wi-Fi. Un portable ou un PDA exécutant NetStumbler fera l'affaire. Si vous habitez une grande maison et que le signal ne sort pas de votre propriété privée, vous êtes en théorie tranquille. En revanche, si vous habitez un immeuble dans un quartier dense, le nombre de personnes susceptibles d'écouter le trafic de votre réseau peut être relativement élevé. Il est même possible que l'on puisse vous « entendre » de l'autre côté de la rue. Dans votre estimation, essayez de vous mettre dans la peau d'un wardriver et tentez d'imaginer où il irait se nicher s'il voulait écouter votre réseau. Certaines configurations de terrains facilitent l'écoute clandestine (un parking par exemple) alors que d'autres la rendent impossible (pas d'espace ou bien espace à découvert).

Analyse des données à protéger

Les mesures de protection que vous allez adopter doivent être en adéquation avec les données que vous avez à protéger. Il est en effet parfaitement inutile de doter son appartement d'un système d'alarme coûteux et très sophistiqué si vous n'avez aucun bien de valeur. C'est donc à vous de déterminer l'importance et la nature des données qui sont stockées sur les disques durs de votre réseau. Si vous êtes un particulier, vous n'avez en général pas beaucoup d'informations confidentielles sur votre ordinateur ; faites cependant attention à certaines données comme les informations bancaires (accédez-vous à votre banque par Internet ?). Si vous travaillez à domicile, les risques peuvent être plus importants car vous devez forcément communiquer avec des tiers. Enfin, si vous vous occupez du réseau sans fil d'une PME, il est clair que les données relatives à la clientèle ou à la production sont capitales pour la survie de l'entreprise. En fonction de la situation dans laquelle vous vous trouvez, vous devez adapter les mesures de protection aux risques encourus.

Conseil Je suis un particulier, je n'ai rien à cacher et je ne possède aucune donnée confidentielle sur mon ordinateur : dois-je protéger mon réseau Wi-Fi ? Vous n'avez peut-être rien à cacher (encore que...), mais vous possédez peut-être des documents qui ont une valeur sentimentale (photos, textes, *etc.*) et dont la perte constituerait un préjudice. Donner un accès à n'importe qui à votre réseau sans fil parce que vous ne le protégez pas est le plus sûr moyen de mettre ces données en danger. D'autre part, en laissant la porte de votre réseau Wi-Fi ouverte, votre ordinateur risque de servir de base arrière à des pirates qui commettent des actions délictueuses. Dans ce cas, vous prenez le risque de voir débarquer la maréchaussée chez vous.

Mesures élémentaires de sécurité

Vous avez analysé les risques que vous courrez en installant un réseau Wi-Fi et vous êtes décidé à mettre en œuvre une protection efficace. Nous allons dans un premier temps étudier les manipulations de base qui constituent une approche minimaliste.

Modification du SSID par défaut

Nous avons vu que chaque Livebox possède un nom, le SSID. Par défaut, ce SSID commence par Wanadoo_ pour les Livebox Sagem et WANADOO- pour les Livebox Inventel. Il est préférable de modifier ce nom car il est significatif pour un hacker. En effet, grâce à ce nom, un hacker sait que vous êtes abonné à Wanadoo et que vous avez une Livebox. Une bonne habitude de sécurité consiste à donner le moins de renseignements possibles à vos ennemis.

Le SSID peut avoir jusqu'à 32 caractères et fait la différence entre les minuscules et les majuscules. Pour modifier le nom du SSID, vous devez utiliser l'interface Web de paramétrage de la Livebox.

Note Attention ! Quand vous modifiez le nom du SSID, vous devez reconfigurer tous les terminaux du réseau qui accèdent en sans fil à votre Livebox pour qu'ils prennent en compte le nouveau nom. De la même manière, si vous effectuez la modification à partir d'une station reliée en sans fil à la Livebox, la connexion au réseau sera interrompue une fois que vous aurez appliqué la modification.

Procédure pour la Livebox Sagem

Allez dans le menu **Basic** et sélectionnez **Réseau sans fil**. Dans le champ **SSID**, modifiez le nom de votre réseau. Cliquez sur le bouton **Appliquer** *(figure 10-6)*.

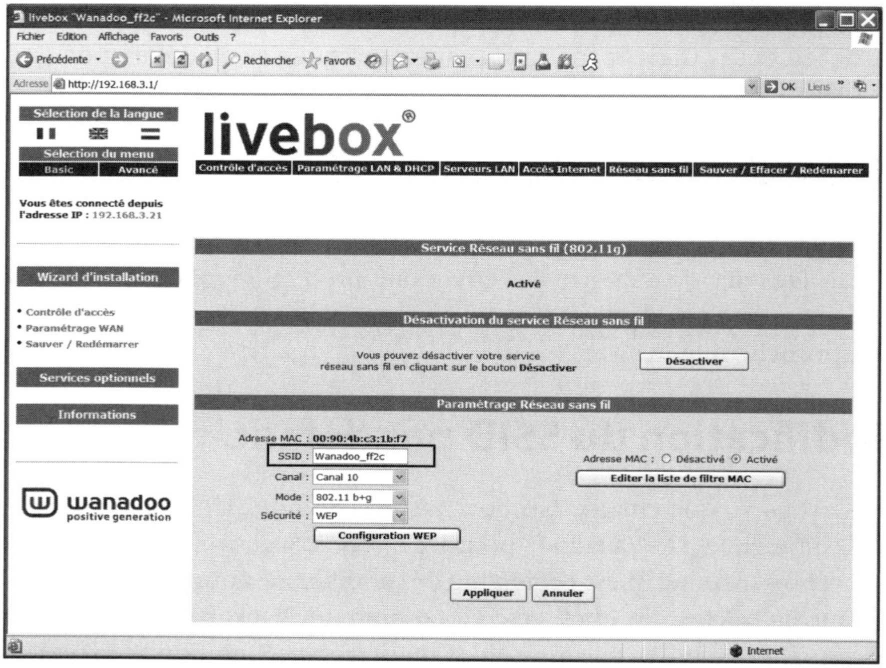

Figure 10-6 Modification du SSID de la Livebox Sagem

Procédure pour la Livebox Inventel

Allez dans le menu **Configuration**, choisissez **Avancée**, puis sélectionnez **Sans fil**. Dans le champ **ESSID 802.11g**, modifiez le nom de votre réseau. Cliquez sur le bouton **Soumettre** *(figure 10-7)*.

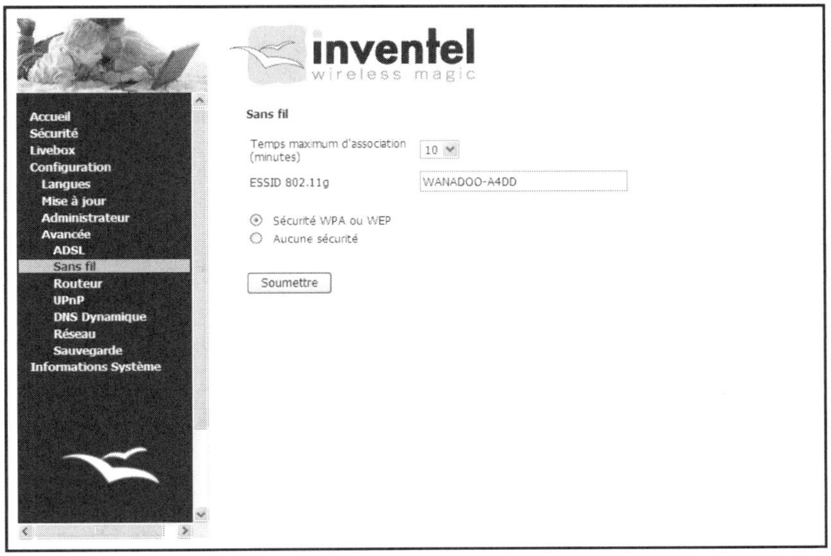

Figure 10-7 Modification du SSID de la Livebox Inventel

Important Par défaut, le nom du réseau (SSID) est diffusé en permanence par la Livebox (on appelle cela le broadcasting). La plupart des points d'accès sans fil possèdent une fonctionnalité de masquage du SSID. Grâce à cette fonctionnalité, le point d'accès n'est plus repéré par les logiciels tels que NetStumbler. Malheureusement, cette fonction n'est pas disponible sur la Livebox.

Filtrage des adresses MAC

Nous avons déjà vu que chaque carte réseau possède un identifiant matériel, appelé adresse MAC. Il est possible d'opérer un filtrage des stations pouvant accéder à la Livebox en fonction de leur adresse MAC (voir au chapitre 5 le rôle de la procédure d'association). Pour ce faire, il suffit d'aller dans l'interface Web de paramétrage de la Livebox et de sélectionner les bons réglages.

Par défaut, le filtrage des adresses MAC est activé dans la Livebox, mais nous vous conseillons de vérifier que ce paramètre est correctement initialisé *(figure 10-8)*.

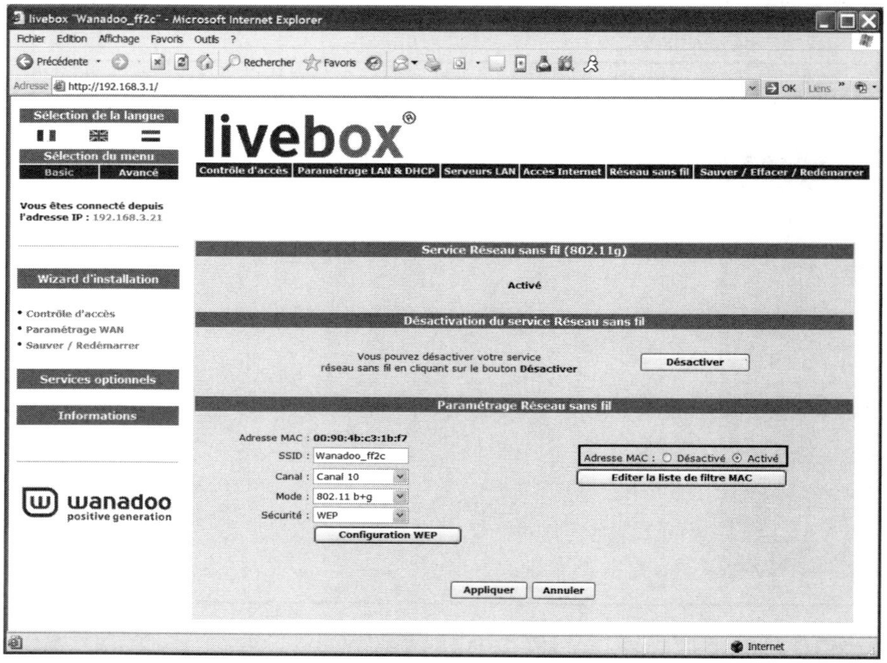

Figure 10-8 Activation du filtrage des adresses MAC sur le modèle Sagem

Note Sur le modèle Inventel, le filtrage des adresses MAC est activé par défaut et il n'est pas possible de le désactiver. La seule possibilité est de supprimer une adresse MAC qui a été associée à la Livebox (Menu Sécurité, puis Périphériques associés).

Conseil Pour connaître l'adresse MAC de votre carte réseau, tapez sous Windows, en mode ligne de commande, l'instruction IPCONFIG / ALL. En face du champ Adresse physique, vous pourrez lire l'adresse MAC de votre adaptateur réseau.

Pour autant, ce moyen peut être contourné car les adresses MAC des cartes réseau, même sur un réseau crypté avec WEP, circulent en clair. Un pirate peut très bien intercepter l'adresse MAC d'une de vos cartes réseau et modifier l'adresse MAC de sa carte (certaines cartes offrent cette possibilité) afin de se faire passer pour celui qu'il n'est pas.

Cryptage WEP

WEP est le sigle de *Wired Equivalent Privacy* (Confidentialité équivalente aux réseaux câblés). Il s'agit d'une norme de chiffrement intégrée au standard 802.11. En activant le cryptage WEP, on crée un réseau fermé où toutes les données qui circulent sur le réseau sont chiffrées à l'aide d'une clé dont la longueur est variable, la Livebox utilisant des clés de 128 bits (par défaut) ou des clés de 64 bits.

Vous pouvez modifier la longueur et le code de la clé qui vous a été attribuée par défaut lors de la configuration usine de la Livebox (celle qui figure sur l'autocollant au dos du boîtier du CD-ROM).

Procédure pour la Livebox Sagem

Allez dans le menu **Basic** et sélectionnez **Réseau sans fil**. Cliquez sur le bouton **Configuration WEP**. Quand vous avez terminé vos modifications, cliquez sur le bouton **Appliquer** *(figure 10-9)*.

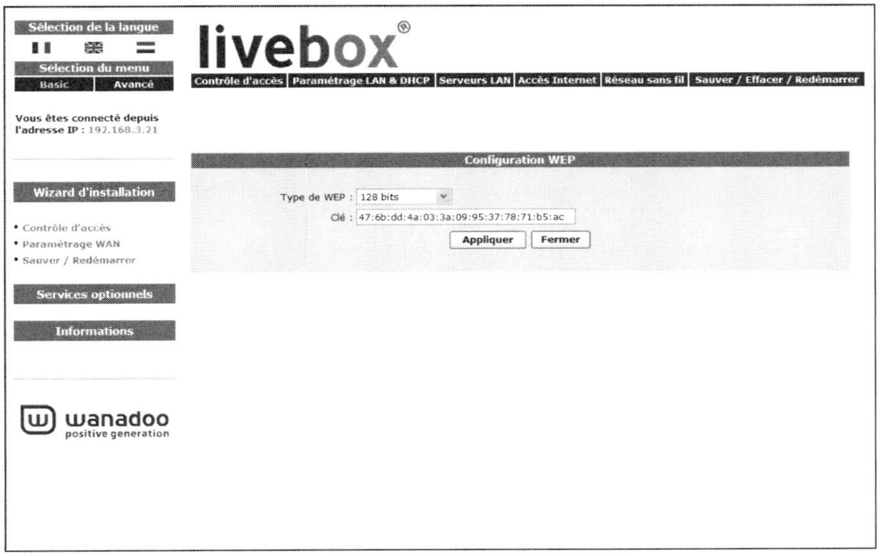

Figure 10-9 Modification de la clé WEP de la Livebox Sagem

Procédure pour la Livebox Inventel

Allez dans le menu **Sécurité** et sélectionnez **802.11g**. Dans le champ **Clef 128 bits**, modifiez la clé qui doit être composée de 26 chiffres hexadécimaux. Cliquez sur le bouton **Soumettre** *(figure 10-10)*.

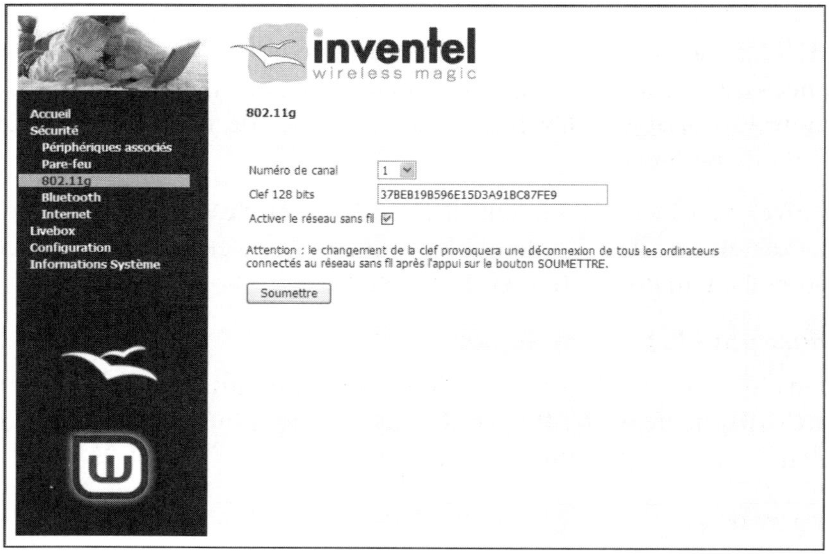

Figure 10-10 Modification de la clé WEP de la Livebox Inventel

Inconvénients du cryptage WEP

Si les clés WEP sont très faciles à générer, elles peuvent se révéler à la longue pénibles à saisir dans chaque station. Les clés de 64 bits sont relativement courtes (10 chiffres), mais les clés de 128 bits font quand même 26 chiffres. Imaginez la perte de temps quand il faut saisir une dizaine de clés, sans parler des sources d'erreur puisque la saisie s'opère principalement en mode masqué. Dans la mesure où tous les constructeurs recommandent de changer ces clés très régulièrement (une fois par semaine, par exemple), vous risquez d'être très vite lassé par cette gymnastique.

Mais il y a surtout un inconvénient majeur dans le cryptage WEP : il n'est pas fiable dans la mesure où l'on trouve sur Internet des programmes (au nom évocateur comme WEPCrack ou AirSnort) qui arrivent à casser des clés WEP dans des délais très raisonnables…

Note Les lecteurs anglophones liront avec profit le compte rendu d'une expérience menée par le FBI lors d'une tentative de cassage d'une clé WEP de 128 bits.

`http://www.tomsnetworking.com/Sections-article111.php`

Un autre désavantage du cryptage est qu'il ralentit le débit du réseau car les opérations de cryptage et de décryptage prennent du temps.

Toutes ces raisons font que la Wi-Fi Alliance a planché sur une alternative au cryptage WEP, à savoir le protocole WPA.

Cryptage WPA

WPA est l'acronyme de Wi-Fi Protected Access, marque déposée par la Wi-Fi Alliance. Il s'agit d'un protocole de sécurité qui va remplacer à terme le cryptage WEP.

D'un point de vue technique, l'utilisateur du protocole WPA doit saisir une clé ou un mot de passe dans le point d'accès et dans chaque machine qui est reliée au réseau Wi-Fi. Une fois le mot de passe saisi, WPA s'occupe du reste sans aucune autre intervention de la part de l'utilisateur. La grande différence par rapport au protocole WEP est que WPA utilise un mécanisme baptisé TKIP (Temporal Key Integrity Protocol ou protocole d'intégrité à clé temporelle). Avec ce procédé, des clés sont créées à intervalle régulier par dérivation à partir du mot de passe original. Ces changements de clé se font de manière transparente pour l'utilisateur ; le cryptage devient beaucoup plus robuste car les clés changent rapidement (ce qui empêche le décryptage) et ne sont jamais réutilisées.

Le protocole WPA a été conçu pour fonctionner sur les matériels existants. Il suffit donc de mettre à jour le firmware des équipements. La Wi-Fi Alliance a déjà annoncé qu'une première série de produits avait passé avec succès les contrôles d'interopérabilité WPA. La Livebox Inventel a adopté le protocole WP dès sa sortie et il a fallu attendre quelques mises à jour du firmware pour que le modèle Sagem propose un cryptage WPA.

Les utilisateurs de Windows XP peuvent également télécharger une mise à jour pour la prise en charge du protocole WPA à l'adresse suivante :

http://www.microsoft.com/downloads/details.aspx?displaylang=fr&familyid=009d8425-ce2b-47a4-abec-274845dc9e91

Des explications complémentaires (en anglais) se trouvent à l'adresse suivante :

http://support.microsoft.com/?kbid=815485

Dans la mesure où le cryptage WPA est bien meilleur que le cryptage WEP, nous vous recommandons de l'adopter, sous réserve que vos adaptateurs Wi-Fi le supportent.

S Procédure pour la Livebox Sagem

Allez dans le menu **Basic** et sélectionnez **Réseau sans fil**. Dans liste déroulante **Sécurité**, sélectionnez WPA. Cliquez sur le bouton **Configuration WPA**. Choisissez une phrase qui servira de générateur de clé. Vous pouvez laissez la méthode de cryptage proposée par défaut (TKIP). Quand vous avez terminé vos modifications, cliquez sur le bouton **Appliquer** *(figure 10-11)*.

I Procédure pour la Livebox Inventel

Par défaut, la Livebox Inventel propose un cryptage WPA et vous n'avez pas la possibilité de choisir le type de cryptage. La documentation du constructeur n'est d'ailleurs pas très claire sur ce point-là. En allant dans le menu **Configuration**, puis **Avancée** et **Sans fil**, vous avez la possibilité de désactiver le cryptage *(figure 10-12)*.

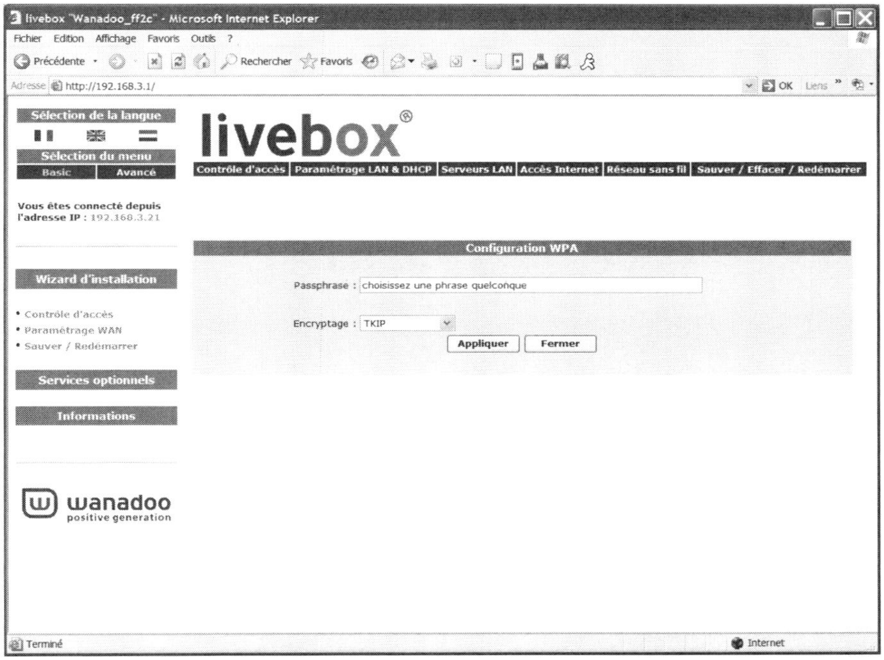

Figure 10-11 Modification de la clé WPA de la Livebox Sagem

Figure 10-12 Activation du cryptage WPA de la Livebox Inventel

CHAPITRE 11

Les secrets de la Livebox

Dans ce chapitre, nous allons plonger dans les entrailles de la Livebox et vous donner envie d'aller plus loin dans la connaissance de ce merveilleux objet en vous indiquant des pistes de recherche.

Ouvrir sa Livebox

Si vous aimez l'électronique ou si vous êtes tout simplement curieux, vous avez peut-être envie de voir ce qui se cache derrière le joli capot nacré de votre Livebox. L'ouverture de la Livebox n'est pas une opération complexe et si l'on prend les précautions d'usage, il n'y a aucun danger à ouvrir sa boîte qu'on l'ait achetée ou bien louée.

Si vous ne souhaitez pas tenter l'aventure, vous vous contenterez d'admirer les photos que nous avons prises ; dans le cas contraire, vous vous munirez d'une clé alen ou bien d'un tournevis à embout torks. Avant d'ouvrir la Livebox, vous prendrez soin de :

- débrancher l'alimentation électrique de la Livebox ;
- vous sécher les mains ;

- décharger l'électricité statique que vous avez emmagasinée en touchant un objet métallique.

Muni de l'outil adéquat, vous démonterez les quatre petites vis qui se trouvent au dos de la Livebox.

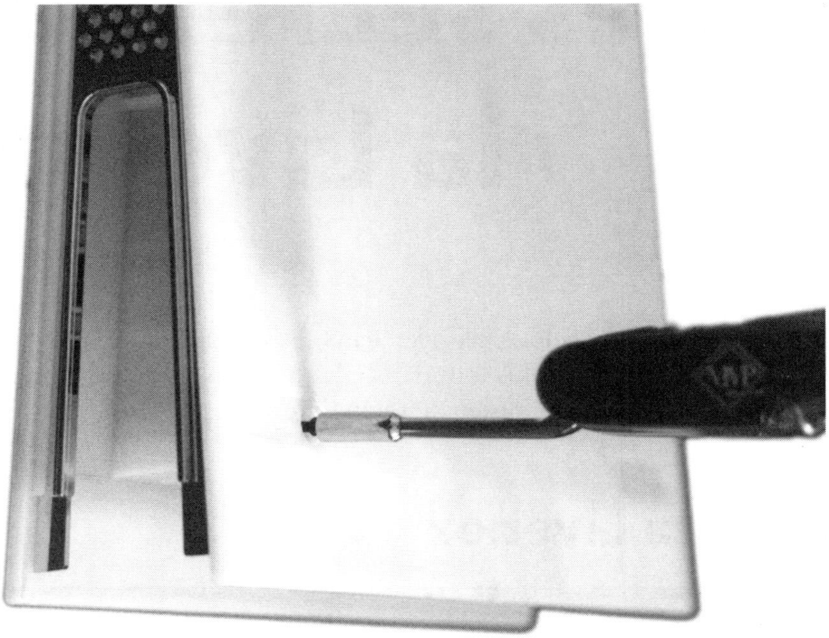

Figure 11-1 Ouverture du modèle Sagem avec un tournevis torks

Le logement des vis étant plus profond sur le modèle Inventel, il est préférable d'utiliser une clé alen *(figure 11-2)*,.

Une fois les quatre vis enlevées, vous enlèverez délicatement le couvercle du modèle Sagem en le faisant coulisser.

L'ouverture du modèle Inventel est un peu moins facile. Il faudra d'abord, à l'aide d'un cutter, inciser l'étiquette autocollante qui se trouve sous la Livebox *(figure 11-3)* ; en effet, cette étiquette empêche l'ouverture de la Livebox et il vaut mieux l'inciser proprement en suivant la rainure plutôt que de la déchirer.

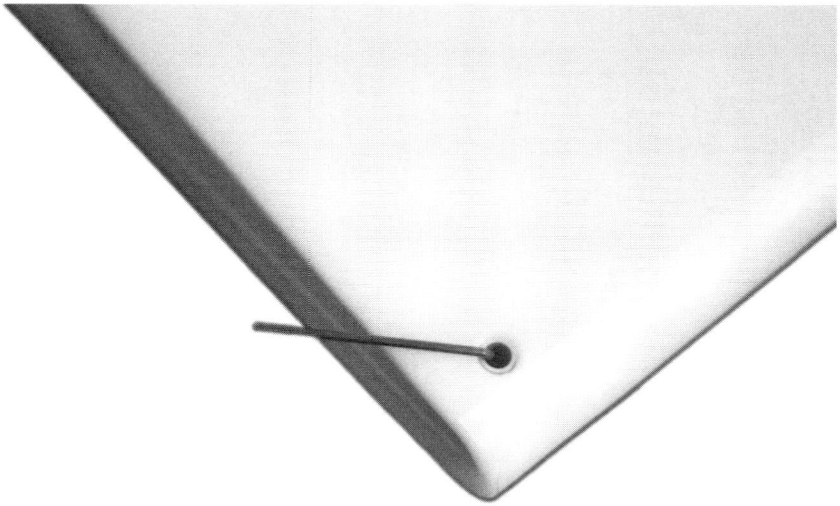

Figure 11-2 Ouverture du modèle Inventel avec une clé alen

Ensuite, vous soulèverez délicatement le couvercle afin de le déclipser de son support *(figure 11-3)*, puis vous le ferez coulisser doucement.

Figure 11-3 Il faut déclipser le couvercle du modèle Inventel pour le retirer

Une fois le capot enlevé, vous pourrez admirer le travail des ingénieurs de Sagem.

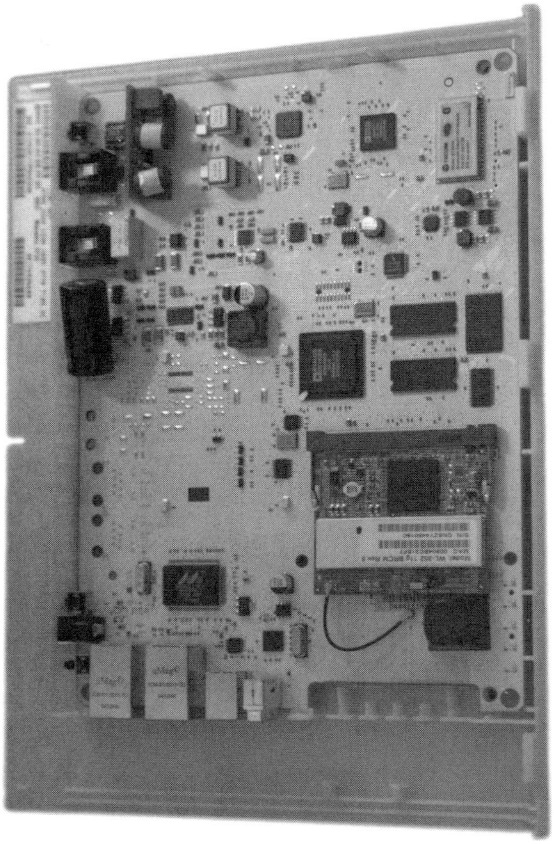

Figure 11-4 Le cœur de la Livebox Sagem

Pour le modèle Inventel, il faudra patienter encore quelques secondes. En effet, c'est l'envers de la carte qui apparaît quand on enlève le capot *(figure 11-5)*.

Délicatement, vous pouvez retourner la carte afin de pouvoir la contempler.

Ces manipulations, outre le fait qu'elles pourront satisfaire une curiosité bien légitime, permettront à ceux qui ont des compétences en électronique de noter les références des composants, ce qui constitue la première démarche à entreprendre quand on veut étudier à fond un matériel électronique.

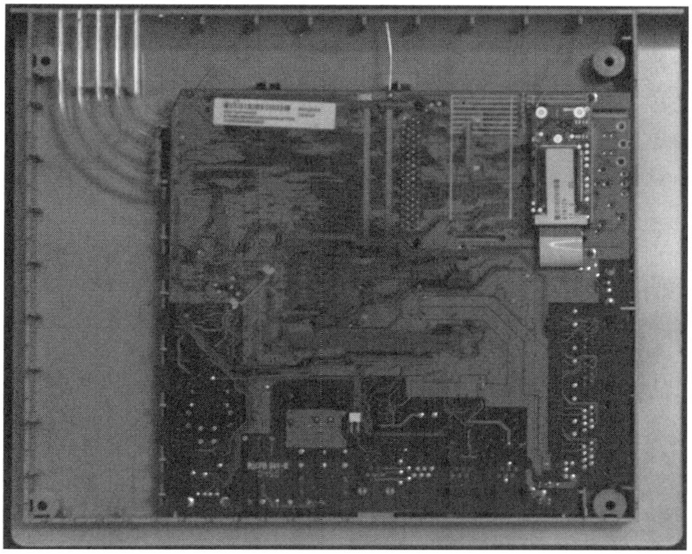

Figure 11-5 La carte de la Livebox Inventel apparaît à l'envers

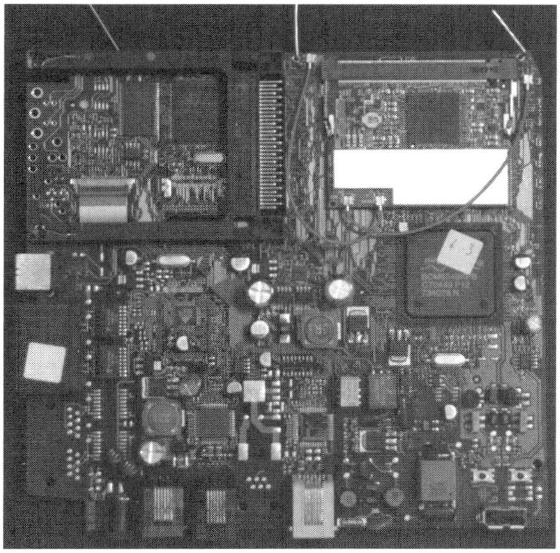

Figure 11-6 Le cœur de la Livebox Inventel

De plus, si vous envisagez de monter une antenne Wi-Fi externe afin d'augmenter la portée de votre Livebox, vous devrez nécessairement passer par cette étape de démontage.

Quand vous aurez terminé l'analyse de l'intérieur de la bête, vous remonterez soigneusement le capot et fixerez les quatre vis.

Note Vous trouverez une très belle visite guidée du modèle Inventel à l'adresse suivante :

`http://www.issy-sanfil.net/article.php3?id_article=32`

Le cerveau de la Livebox

Après nous être penché sur le cœur de la Livebox, nous allons à présent étudier son cerveau, c'est-à-dire le logiciel qui permet de piloter tous les composants électroniques de la passerelle résidentielle.

Dans le cas de la Livebox Sagem, il est possible d'avoir accès aux commandes de base du logiciel qui pilote la Livebox. Pour ce faire, il suffit d'utiliser Telnet (ou un programme qui assure les mêmes fonctions que Telnet). Telnet est à l'origine un protocole réseau (décrit dans les RFC 854 et 855) qui permet de faire communiquer deux machines. Sur tout système d'exploitation, il existe une commande Telnet qui permet d'ouvrir une session Telnet et ainsi de dialoguer avec un autre ordinateur. Grâce à ce protocole, vous pouvez, par exemple, relever votre courrier électronique si vous n'avez pas de logiciel de messagerie installé sur une machine. Pour ce qui nous concerne, nous allons ouvrir une session Telnet pour communiquer avec la Livebox et découvrir tous ses secrets.

Attention L'ouverture d'une session Telnet n'est possible, pour l'instant, qu'avec une Livebox Sagem.

Ouverture d'une session Telnet

L'ouverture d'une session Telnet est très simple ; il suffit, sous Windows, d'ouvrir une fenêtre de commandes (Démarrer, puis Exécuter cmd) et de saisir, à l'invite de commande, **telnet 192.168.1.1**. Le programme vous demande alors un login et vous saisirez **root** et validerez votre saisie par l'appui sur la touche Entrée. Il vous sera ensuite demandé un mot de passe (Password) et vous saisirez **1234**. Prenez garde au fait que la saisie s'effectue en mode masqué, si bien que vous n'avez aucun écho à l'écran de ce que vous saisissez. Validez votre mot de passe par l'appui sur la touche Entrée.

Figure 11-7 Ouverture d'une session Telnet sur la Livebox Sagem

Dès que vous avez saisi votre mot de passe, l'invite de commande (appelée également prompt) se transforme en **[root @ home]$**. Si vous avez un peu de culture Unix ou Linux, vous savez que root est le nom de l'administrateur du système. Si l'on se trouve en présence d'un système Unix, la première commande que l'on saisit en général quand on rentre dans un système que l'on ne connaît pas est **ls**. Cette commande permet de lister le contenu d'un répertoire (elle correspond à la commande DIR du DOS).

Au prompt, saisissez **ls** et validez par l'appui sur la touche Entrée (toutes les commandes, pour être validées, doivent être suivies de l'appui sur la touche Entrée, ce que nous ne le repréciserons plus).

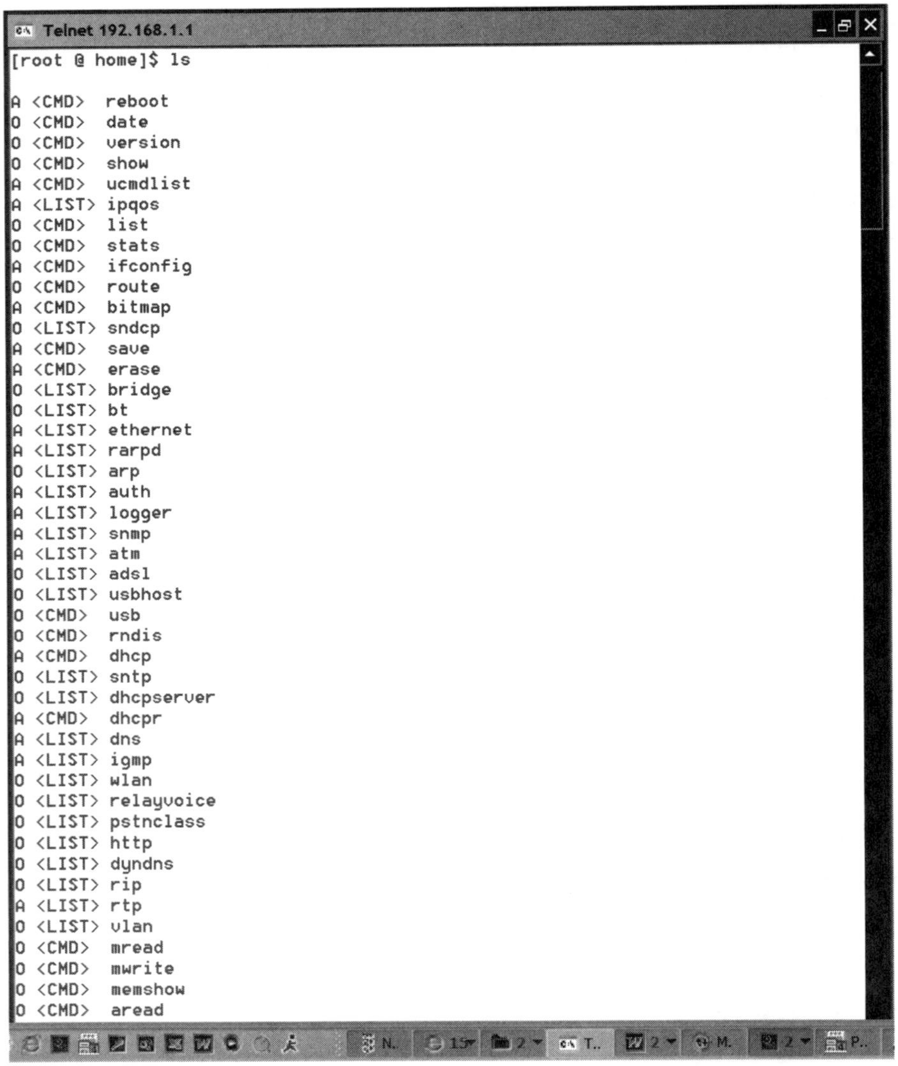

Figure 11-8 Résultat de la commande ls après ouverture d'une session Telnet

Vous vous trouvez alors en présence d'une liste qui se compose de deux catégories d'éléments :

- les commandes, indiquées par <CMD> ;
- les dossiers, indiqués par <LIST>.

Comme leur nom l'indique, les commandes peuvent être exécutées. On distingue deux types de commandes : les commandes préfixées par la lettre O peuvent être exécutées par n'importe quel utilisateur et les commandes préfixées par la lettre A peuvent être exécutées uniquement par l'administrateur. Cette distinction n'a pas grand sens pour vous dans la mesure où vous vous êtes connecté en tant qu'administrateur et, qu'à ce titre, vous avez donc le droit d'exécuter toutes les commandes. On pourrait cependant imaginer un système où l'administrateur de la Livebox crée des utilisateurs et ces derniers n'auraient pas le droit d'exécuter l'ensemble des commandes.

Pour exécuter une commande, il suffit de saisir son nom à l'invite de commande.

Par exemple, si vous saisissez la commande **version**, elle renvoie l'information suivante :

```
AD6843 Security Router Software3202_220228
```

qui est le numéro de version du firmware de la Livebox.

Si vous ne savez pas commander utiliser une commande, vous pouvez vous servir de la commande **help** de la manière suivante :

```
help -o nom de la commande
```

Par exemple, la commande :

`help -o reboot` renvoie l'information suivante :

```
DESCRIPTION
Reboot the target.
USAGE
reboot
```

Pour les dossiers, indiqués par la mention <LIST>, vous pouvez y accéder tout simplement en saisissant leur nom.

Ainsi, si vous saisissez **wlan**, vous entrez dans le dossier wlan. Le prompt est modifié et passe de [root @ home] à [root @ wlan]. Comme vous l'aurez compris, **home** représente la racine des dossiers. Une commande ls permet de lister le contenu du répertoire.

```
Telnet 192.168.1.1
[root @ home]$ wlan
[root @ wlan]$ ls

0 <CMD>  wl
0 <CMD>  mode
0 <CMD>  radio
0 <CMD>  ssid
0 <CMD>  channel
0 <CMD>  apname
0 <CMD>  status
0 <CMD>  statistics
0 <CMD>  restdef
0 <CMD>  fragthresh
0 <CMD>  rtsthresh
0 <CMD>  beacint
0 <CMD>  rate
0 <CMD>  dtim
0 <CMD>  preamble
0 <CMD>  authentication
0 <CMD>  wepmode
0 <CMD>  defwepkey
0 <CMD>  wepkey64_1
0 <CMD>  wepkey64_2
0 <CMD>  wepkey64_3
0 <CMD>  wepkey64_4
0 <CMD>  wepkey128_1
0 <CMD>  wepkey128_2
0 <CMD>  wepkey128_3
0 <CMD>  wepkey128_4
0 <CMD>  assocclients
0 <CMD>  macfiltering
0 <CMD>  macaccesstype
0 <CMD>  addstation
0 <CMD>  delstation
0 <CMD>  accesslist
0 <CMD>  flushlist
0 <LIST> wpa
[root @ wlan]$ _
```

Figure 11-9 Contenu du répertoire wlan

À la lecture des noms qui s'affichent, vous aurez sans doute compris que le w de wlan signifie wireless et qu'il s'agit ici du dossier qui gère le Wi-Fi de la Livebox. Ce dossier est composé quasi exclusivement de commandes, mais possède un dossier (wpa) dans lequel vous pouvez vous rendre en saisissant tout simplement **wpa**. Ce dossier contient trois commandes : status, wpa_enable et wpa_disable.

Pour passer d'un dossier à l'autre, vous disposez de la commande **home** qui permet de remonter à la racine, ou bien de la commande **..** (deux points à la suite l'un de l'autre) qui permet de remonter d'un niveau dans l'arborescence.

Pour ceux d'entre vous qui ont une âme de hacker (au sens premier du terme, c'est-à-dire celui qui aime connaître à fond l'architecture interne d'un système), l'ouverture d'une session Telnet sur la Livebox est une véritable mine d'or. L'exploitation totale de toutes ces informations nécessiterait un livre entier et nous nous contenterons dans cet ouvrage d'ouvrir des pistes.

Note Pour ceux qui veulent creuser le sujet, vous trouverez un excellent document de travail qui présente l'intégralité des commandes disponibles :

`http://www.ammoniac.net/telnet/Telnet.doc`

Attention La puissance de certaines commandes disponibles en mode Telnet a pour conséquence que vous pouvez produire des effets contraires à ceux que vous désirez. En cas de plantage extrême de votre Livebox, il sera éventuellement nécessaire de revenir à la configuration usine, ce qui impliquera la ressaisie de tous les paramètres. Soyez donc bien conscient des risques que vous prenez quand vous commencer à tester ces commandes. Ne soyez pas non plus effrayé par les conséquences : au pire, vous perdrez du temps, mais c'est le prix à payer si vous voulez accroître vos connaissances en informatique…

Vous devez bien comprendre que l'ouverture d'une session Telnet vous donne la possibilité de paramétrer de manière beaucoup plus fine votre Livebox que vous ne pouvez le faire en mode interactif grâce à l'interface Web. Certaines commandes ne sont en effet disponibles que grâce à l'ouverture d'une session Telnet. Dans l'ancienne version du firmware de la Sagem, il était par exemple possible de créer des listes de numéros ou de préfixes de numéros de téléphone que l'on pouvait bloquer. Par exemple, grâce à la commande **lock area 06**, il devenait possible d'interdire d'appeler des téléphones mobiles à partir du téléphone IP de la Livebox. Malheureusement, cette commande (ainsi que toutes celles relatives au protocole H323 qui gère la VOIP) a disparu du nouveau firmware. Mais rassurez-vous, il reste encore des centaines de commandes à explorer.

Et le modèle Inventel ?

La Livebox Inventel ne permet pas d'ouvrir une session Telnet pour la piloter. Cependant, le logiciel qui sert à gérer la Livebox Inventel a été développé sous Linux et, conformément à la tradition du logiciel libre, il est disponible.

Si vous vous rendez dans le dossier \FR\Inventel\dwb du CD-ROM d'installation de la Livebox, vous constaterez d'ailleurs la présence d'un fichier intitulé GPL.txt dont le contenu est le suivant :

```
The GPL source code contained in this product is available
for free download at http://www.inventel.com.
If you would like a copy of the GPL source code in this
product on a CD, please send $13 to Inventel for the costs
of preparing and mailing the CD to you.Please refer to our
web site to see where to send it
```

GPL ne signifie pas Gaz Propane Liquéfié dans ce contexte, mais General Public License. Il est donc possible d'étudier le code source du logiciel qui pilote la Livebox Inventel. Le format du fichier Firmware_v5-00-RC25-fr.dwb qui contient le firmware de la Livebox Inventel peut d'ailleurs être lu sur une machine Linux. Vous trouverez plus d'informations sur cette manipulation à l'adresse suivante :

```
http://www.didierg.com/lbgeeks/article.php3?id_article=13
```

Vous trouverez aussi sur le site Web d'Inventel le code source des logiciels de gestion des passerelles :

```
http://www.inventel.com/gateway/gpl_software/
```

Dans ces conditions, il ne serait pas étonnant que dans un futur proche on constate l'apparition sur Internet de firmware non officiels, bidouillés par quelques programmeurs de génie, qui rajoutent des fonctions supplémentaires à la Livebox.

Le futur de la Livebox

Il est clair que la Livebox n'a pas encore donné le meilleur d'elle-même. La distribution régulière de nouveaux firmware indique bien que l'œuvre n'est pas encore parfaite et peut être améliorée.

Vous avez d'ailleurs peut-être remarqué qu'il existe des ports sur la Livebox dont nous n'avons jamais encore parlé. Nous voulons ici notamment faire référence à ce que l'on appelle le port USB maître. Il existe en effet sur la Livebox Sagem (port indiqué USB ACC) et sur le modèle Inventel (port situé au dos, sous les deux boutons) un port USB qui n'a pour l'instant aucune utilité.

Figure 11-10 Port USB maître sur la Livebox Sagem

Figure 11-11 Port USB maître sur la Livebox Inventel

Nous ne savons pas ce qu'il y a dans la tête des ingénieurs qui conçoivent la Livebox, mais on pourrait imaginer de nombreuses utilisations d'un tel port, comme le branchement d'une imprimante qui serait partagée par tout le réseau, la connexion d'un disque dur qui pourrait diffuser du contenu musical à tout le réseau, *etc*.

Nous savons également qu'outre les Livebox destinées aux entreprises, France Telecom travaille sur un téléphone sans fil qui pourra être relié à la Livebox. Ce téléphone aura des fonctions de synchronisation avec le carnet d'adresses de Wanadoo.

Une toute nouvelle application vient également d'être mise en place : il s'agit de la prise de contrôle à distance de la Livebox. Cette fonctionnalité devrait faciliter le service après-vente en offrant la possibilité à un technicien d'intervenir directement sur votre Livebox (après votre accord préalable, bien évidemment).

France Telecom travaille également au développement d'une caméra Wi-Fi qui pourrait assurer des fonctions de télé-surveillance. On imagine en effet très bien une caméra Wi-Fi reliée sans fil à la Livebox et envoyant un courriel en cas de détection d'une présence dans votre habitation. Il serait également possible de visualiser à distance les images prises par la caméra.

CHAPITRE 12

Utilisation d'un pare-feu personnel

Pare-feu de Windows XP

Prenant conscience des problèmes de sécurité qui se posent aux utilisateurs de PC qui sont majoritairement connectés à Internet, Microsoft a tenté dans la dernière version de son système d'exploitation d'améliorer la protection de Windows. C'est la raison pour laquelle figure un pare-feu dans Windows XP. Ce pare-feu a d'ailleurs été bien amélioré dans le correctif logiciel baptisé Service Pack 2 (SP2).

Si vous avez installé le SP2, le pare-feu est activé par défaut. Vous pouvez accéder à son paramétrage par le biais du Panneau de configuration, soit en passant par l'outil Centre de sécurité, soit en sélectionnant directement l'icône Pare-feu Windows *(figure 12-1)*.

Figure 12-1 Pare-feu Windows

Dans l'onglet **Général**, vous avez le choix entre l'activation ou la désactivation du pare-feu. Lors de l'installation du SP2, Windows l'active par défaut et vous n'avez a priori aucune raison de le désactiver. Vous pouvez à l'extrême le désactiver temporairement si vous n'arrivez plus à vous connecter à Internet afin de tester si le problème vient de l'activation du pare-feu. Vous serez également obligé de le désactiver si vous choisissez d'utiliser un autre pare-feu.

Le principe de fonctionnement du pare-feu de Windows est simple : il bloque tout le trafic réseau, mais autorise par défaut la navigation sur Internet et le courrier électronique. Dès qu'une connexion réseau qui n'a pas été approuvée se présente, le pare-feu affiche une fenêtre d'alerte et vous demande de prendre une décision *(figure 12-2)*.

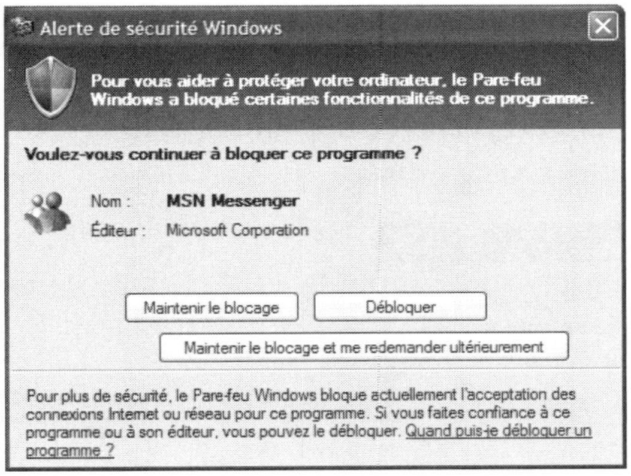

Figure 12-2 Le pare-feu a bloqué un programme

Dans notre exemple, le pare-feu a bloqué le programme de chat MSN Messenger. Dans la mesure où ce programme ne comporte aucun danger (hormis celui de désapprendre l'orthographe...), nous devons cliquer sur le bouton **Débloquer** pour que le pare-feu autorise les connexions réseau et pouvoir ainsi exécuter toutes les fonctionnalités du programme. D'une manière générale, vous devez débloquer tous les logiciels que vous avez choisi d'exécuter et dans lesquels vous avez confiance. *A contrario*, si le pare-feu émet une alerte de sécurité alors que vous n'avez pas demandé l'exécution d'un programme, il y a tout lieu d'être méfiant et de cliquer sur le bouton **Maintenir le blocage**. Le fait de cliquer sur le bouton **Maintenir le blocage et me redemander ultérieurement** ne bloque pas l'application définitivement, ce qui permet, en cas de doute, de se renseigner sur le programme en question et de modifier éventuellement son jugement ultérieurement. En la matière, le principe de précaution doit jouer et vous devez absolument bloquer un programme si vous avez le moindre doute.

Au départ, quand vous allez activer votre pare-feu, vous risquez de recevoir assez souvent des alertes de sécurité. Au fur et à mesure que vous aurez accepté certains programmes et bloqué définitivement d'autres, les alertes de sécurité vont se faire de plus en plus rares. Il ne faut surtout pas négliger cette phase d'apprentissage de votre pare-feu et débloquer à tout va les programmes qui font émettre des alertes de sécurité au pare-feu. Même si vous avez le sentiment de perdre du temps, prenez le temps de réfléchir au meilleur choix et vous verrez qu'au fil du temps, votre pare-feu se fera de plus en plus discret.

Quand vous débloquez un programme, cela crée une entrée dans la liste des programmes et services de l'onglet **Exceptions**.

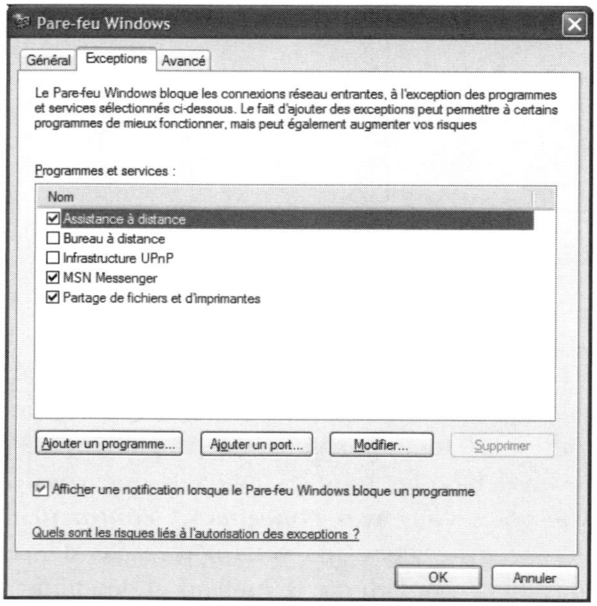

Figure 12-3 Gestion des programmes à débloquer

Dans cette liste *(figure 12-3)* on trouve une série d'applications déjà saisies (Assistance à distance, Partage de fichiers et d'imprimantes, *etc.*) ainsi que la liste de tous les programmes qui ont été débloqués par l'utilisateur (dans notre exemple, MSN Messenger). Quand la case est cochée, le programme est débloqué et quand la case n'est pas cochée, le programme est bloqué. Vous pouvez ainsi temporairement activer ou désactiver une application.

En cliquant sur le bouton **Ajouter un programme**, le pare-feu affiche une liste des programmes qui sont enregistrés sur votre ordinateur et vous pouvez ainsi sélectionner toute application que vous ne souhaitez pas voir bloquée par le pare-feu. Bien évidemment, il ne sert pas à grand-chose de rajouter des applications qui ne se connectent pas à Internet. De toutes les façons, le fait d'ajouter des entrées dans cette liste n'est pas définitif et vous pouvez toujours détruire une entrée en la sélectionnant et en cliquant sur le bouton **Supprimer** *(figure 12-4)*.

Figure 12-4 Ajout d'un programme à la liste des exceptions

Le fait d'ajouter un programme par ce biais-là a exactement le même effet que si vous cliquez sur le bouton **Débloquer** dans la boîte de dialogue d'une alerte de sécurité.

Quand vous avez ajouté une application dans la liste des programmes et services, vous pouvez également restreindre votre autorisation à un groupe d'ordinateurs. Pour ce faire, sélectionnez une application et cliquez sur le bouton **Modifier**.

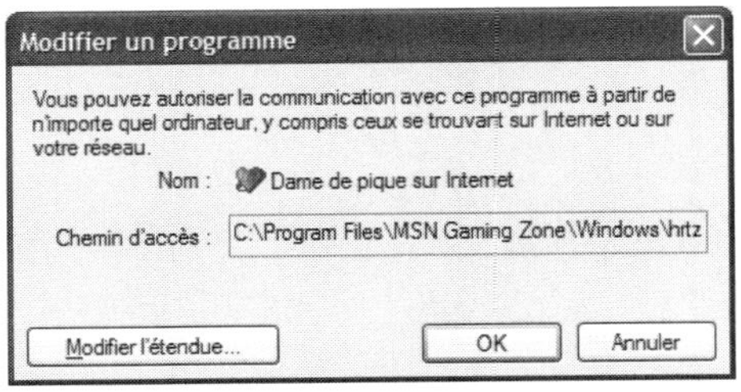

Figure 12-5 Modification d'un programme

Dans notre exemple *(figure 12-5)*, nous avons voulu restreindre l'étendue du jeu Dame de pique. En cliquant sur le bouton **Modifier l'étendue**, on peut autoriser tous les ordinateurs, ce qui signifie que le pare-feu acceptera les connexions en provenance d'Internet (c'est la valeur par défaut). Sinon, on peut choisir de restreindre aux ordinateurs du réseau local ou bien encore à une liste d'ordinateurs dont on saisira l'adresse IP *(figure 12-6)*.

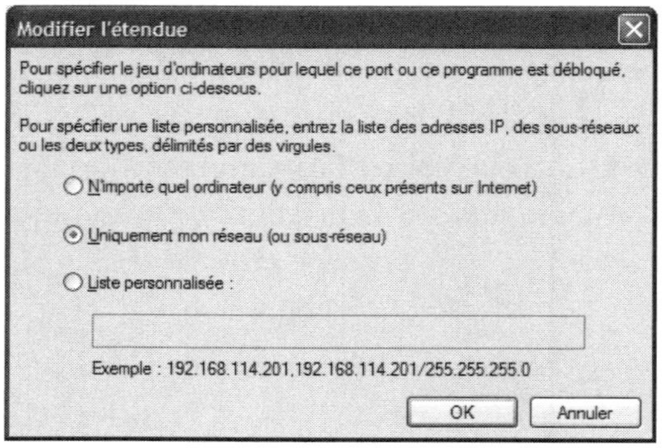

Figure 12-6 Modification de l'étendue d'un programme

En cliquant sur le bouton **Ajouter un port**, vous avez la possibilité d'ouvrir un port TCP/IP (ou UDP qui est un autre protocole réseau). Cette action sera nécessaire dans quelques cas précis, notamment si vous jouez en réseau. Si vous souhaitez aussi transformer votre ordinateur en serveur de fichiers de manière à ce que d'autres internautes puissent aller récupérer des fichiers sur votre disque dur grâce à un logiciel de FTP, vous serez également obligé d'ouvrir le port 21 puisque c'est le numéro du port TCP/IP utilisé par le protocole FTP *(figure 12-7)*.

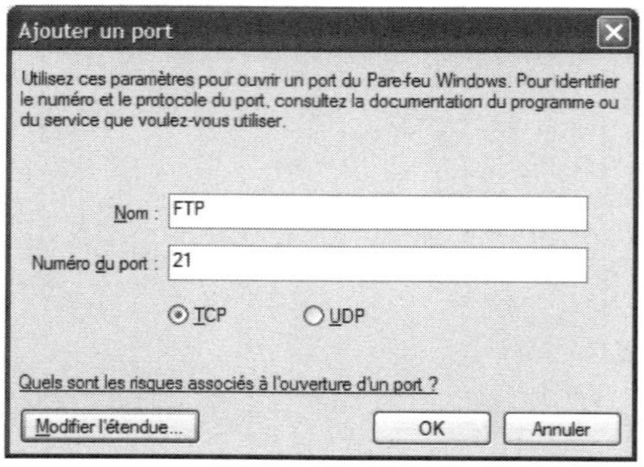

Figure 12-7 Ouverture d'un port TCP/IP

Quand vous ouvrez un port, vous avez aussi la possibilité d'en modifier l'étendue et ainsi de restreindre son utilisation à un groupe d'ordinateurs.

L'onglet **Avancé** du pare-feu Windows, comme son nom l'indique, propose des options de paramétrage avancées. Ces options ne présentent pas un grand intérêt pour l'utilisateur lambda et il ne vaut mieux pas aller bidouiller dans cette zone du pare-feu, un mauvais paramétrage pouvant assez facilement bloquer tout l'ensemble. Si vous êtes dans ce cas-là, vous trouverez cependant l'option **Paramètres par défaut** intéressante. En cliquant sur le bouton **Par défaut**, vous revenez à la configuration initiale du pare-feu. Cela a également pour conséquence de supprimer tous les réglages personnalisés que vous avez pu faire *(figure 12-8)*.

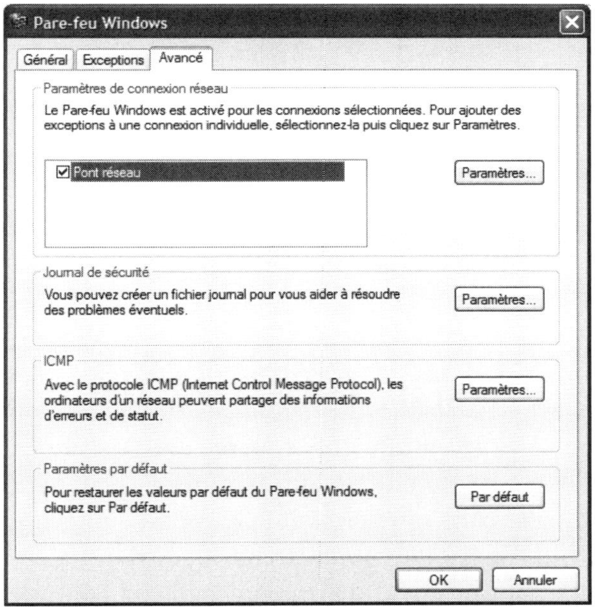

Figure 12-8 Paramètres avancés du pare-feu Windows

Pare-feu commerciaux

Si vous jugez que le pare-feu livré avec Windows XP ne vous convient pas ou si tout simplement vous utilisez encore Windows 2000, vous pouvez vous laisser tenter par un logiciel de pare-feu. De nombreux éditeurs proposent gratuitement ou à un prix tout à fait raisonnable d'excellents logiciels. Le tableau suivant énumère les principaux pare-feu disponibles en langue française.

Éditeur	Pare-feu	Site Web
Kerio	Kerio Personal Firewall	`http://www.kerio.com/kpf_download.html`
Zone Labs	ZoneAlarm	`http://fr.zonelabs.com/`
McAfee	Personal Firewall Plus	`http://www.mcafee.com/fr/`
Symantec	Norton Personal Firewall	`http://www.symantec.com/region/fr/`

ZoneAlarm

Nous avons choisi de vous présenter ce pare-feu comme une solution d'échange à celui de Windows XP car ce logiciel a beaucoup d'atouts pour lui : il en existe d'abord une version gratuite qui est livrée avec un tutoriel et une documentation claire et complète en français. D'autre part, ce pare-feu a une excellente réputation et sa richesse fonctionnelle est bien plus grande que celle du pare-feu de Windows XP. Plus sophistiqué, il conviendra cependant mieux aux utilisateurs qui ont envie d'avoir un meilleur contrôle de leur ordinateur. Ceux qui ne souhaitent pas rentrer dans les détails de la configuration d'un pare-feu se contenteront parfaitement du pare-feu de Windows car ZoneAlarm a pour principal inconvénient d'être un peu bavard quand on commence à l'utiliser. En effet, il multiplie les alertes de sécurité et les néophytes seront d'une part vite lassés par cette avalanche de mise en garde et seront d'autre part souvent indécis face aux questions posées par le pare-feu. Il n'est ainsi pas rare de voir des utilisateurs bloquer complètement leur accès Internet à la suite d'un mauvais paramétrage de ZoneAlarm. Si vous n'avez pas de grandes connaissances en informatique, il est donc peut-être préférable de vous cantonner au pare-feu de Windows.

Vous pourrez télécharger la version gratuite de ZoneAlarm à l'adresse suivante :

`fr.zonelabs.com/download/trial_zaFamily.html`

Attention Si vous voulez installer un autre pare-feu que celui de Windows XP, prenez bien soin de désactiver ce dernier. Vous ne serez pas mieux protégé si vous avez deux pare-feu et vous risquez au contraire d'avoir de fâcheuses interactions entre les deux logiciels.

Une fois le logiciel installé, ZoneAlarm vous pose quelques questions sur votre matériel et votre connexion Internet. Ensuite, vous devez configurer l'accès au Web. Choisissez l'option par défaut qui permet d'autoriser les programmes courants comme le navigateur Internet et les composants Web par défaut. Quand l'assistant de configuration a terminé le paramétrage, vous devez redémarrer votre ordinateur. Après le redémarrage, ZoneAlarm vous propose de visionner un tutoriel qui se compose de dix étapes. Nous vous recommandons vivement de lire chacun de ces écrans car les textes sont très courts. En peu de temps, vous apprendrez ainsi à vous servir de ZoneAlarm.

Ne soyez pas effrayé lors des premières minutes d'utilisation du logiciel car vous serez bombardé de fenêtres d'alerte *(figure 12-9)*.

Figure 12-9 Alerte de ZoneAlarm

En général, la première à s'afficher quand vous avez l'ADSL est celle qui est illustrée à la figure 12-9. L'application SVCHOST.EXE sert à accéder à Internet et vous devez donc autoriser ce programme. Pour ne plus être ennuyé par la suite, prenez soin de cocher la case **Conserver ce paramètre** avant de cliquer sur le bouton **Autoriser**. L'IP de destination, dans notre exemple, est le serveur DNS de notre fournisseur d'accès à Internet (en l'occurrence Wanadoo). Quelques secondes plus tard, vous recevrez une autre alerte concernant ce programme. Il s'agira d'une alerte de programme serveur et ZoneAlarm vous avertira que Generis Host Process for Win 32 Services veut accepter des connexions Internet. Comme auparavant, vous devez autoriser l'accès et mémoriser ce paramètre.

Ensuite, au fur et à mesure que vous allez travailler, vous recevrez d'autres messages d'alerte, notamment de programmes que ZoneAlarm ne connaît pas *(figure 12-10)*.

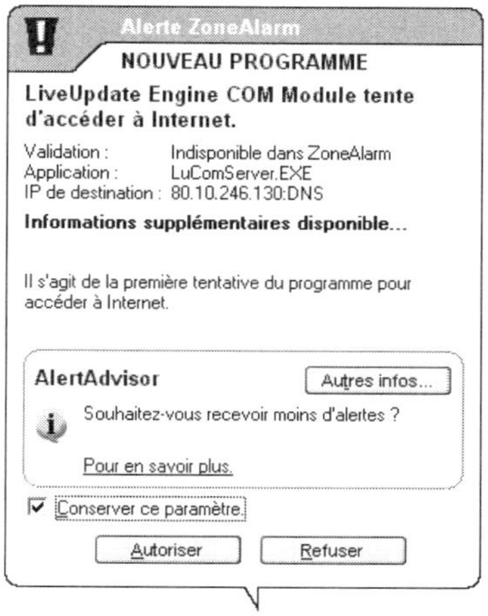

Figure 12-10 Alerte de programme inconnu

Dans ce cas-là, vous devez examiner le nom du programme et décider de la conduite à tenir. Dans notre exemple, il s'agit du module de mise à jour de l'antivirus et il faut donc bien évidemment autoriser la connexion.

ZoneAlarm offre un tableau de bord à partir duquel on peut accéder aux différentes fonctions du logiciel. En jonglant entre toutes les fonctionnalités du logiciel et toutes ses options, vous découvrirez un monde riche et passionnant qui permet d'apprendre énormément de choses sur le fonctionnement du réseau Internet *(figure 12-11)*.

Après une journée d'utilisation, ZoneAlarm se fera plus discret et vous en apprécierez la richesse fonctionnelle. Si vous trouvez utile ce programme, vous serez peut-être tenté d'acquérir la version Pro qui est payante, mais qui propose des fonctions supplémentaires comme la protection de la vie privée et le blocage des fenêtres publicitaires.

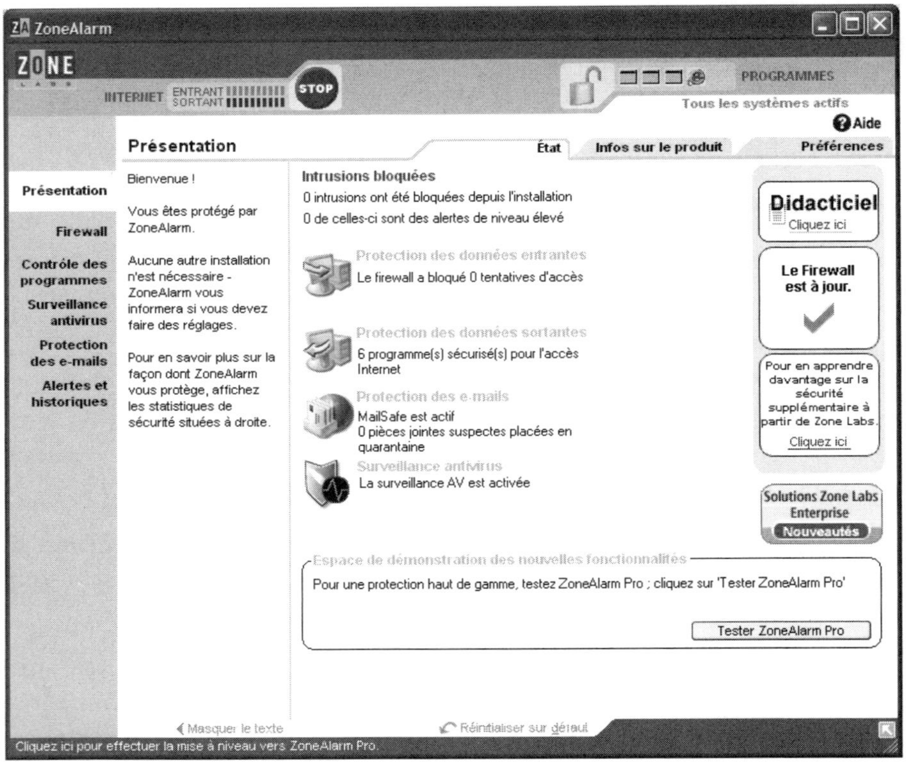

Figure 12-11 Tableau de bord de ZoneAlarm

Conclusion

Au terme de cet ouvrage, nous espérons avoir rempli notre mission et vous avoir éclairé sur les nombreux points obscurs de votre Livebox. Bien évidemment, compte tenu du cadre qui nous était imparti, nous n'avons pas pu être exhaustif et nous avons par conséquent ignoré certains sujets dignes d'intérêt. Nous pensons notamment à la liaison Bluetooth qui intéressera les lecteurs qui ont un assistant numérique qui ne supporte pas le protocole Wi-Fi, mais qui accepte ce type de liaison sans fil. Signalons également la possibilité d'avoir une adresse IP fixe (fonctionnalité baptisée DynDNS) qui vous évitera de vous abonner au service payant de Wanadoo (qui est quand même facturé 17,94 euros par mois...) si vous voulez héberger sur votre ordinateur votre propre site Web.

Note Vous trouverez un excellent tutoriel sur la fonction DynDNS à l'adresse suivante :

`http://livebox.forumactif.com/viewtopic.forum?t=12191`

Cependant, même si nous n'avons pas pu donner toutes les réponses à vos questions, nous pensons que nous vous avons fourni les moyens de résoudre les problèmes les plus courants.

Les premiers utilisateurs de la Livebox ont souvent eu l'impression (à juste titre) d'essuyer les plâtres et de jouer le rôle de beta-testeurs. Cette pratique a tendance à se généraliser dans le monde de l'informatique et nous ne nous pouvons que la regretter. Cela étant, c'est parfois le prix à payer pour que les choses bougent et il faut peut-être se résigner à retrouver cet esprit pionnier qui a régné au début des années 1980, lors de l'invention de la micro-informatique. Si l'on veut rester optimiste, on dira qu'une dizaine de mois après sa sortie la Livebox a déjà fait beaucoup de progrès et qu'il ne lui manque plus grand-chose pour qu'elle fonctionne correctement. En tous les cas, nous espérons que cet ouvrage vous aura permis de l'utiliser de manière plus sereine.

Index

Nombres

A

B

C

D

E

F

G

H

I

J

L

M

N

O

P

R

S

T

U

V

W

Z

Achevé d'imprimer par Corlet, Imprimeur, S.A. - 14110 Condé-sur-Noireau
N° d'Imprimeur : 85188 - Dépôt légal : juin 2005 - *Imprimé en France*